송근존의 미국대통령 이야기 2

송근존의 미국대통령 이야기2

송근존

큰동

5명의 미국대통령에게 배우는 한국 정치의 해법

이 책은 앞서 출간된 〈송근존의 미국대통령 이야기1〉의 후속 편이다. 1권에서 워싱턴, 제퍼슨, 잭슨, 포크, 링컨을 다룬데 이어 2권에서는 시어도어 루즈벨트, 우드로 윌슨, 플랭클린 루즈벨트, 해리 트루먼, 로널드 레이건. 이렇게 5명의 미국 대통령을 다룬다.

1권에서 다룬 5명의 대통령이 주로 건국과 국가형성 과정에서 탁월한 리더십과 희생정신으로 오늘날 미국의 초석을 닦은 대통령들이라면 2권에서 다룬 5명의 대통령은 모두 20세기 미국의 번영과 확대를 이끌어 오늘날 세계 최강대국 미국의 파워를 형성한 사람들이다.

시어도어 루즈벨트는 20세기 초반 거대 독점기업과의 투쟁으로 커다란 정치적 이정표를 남긴 인물이다. 그는 거대한 철도회사들 간의 연합을 와해시킴으로써 '반독점'의 상징적 인물이 되었고 이후 '셔먼 법'의 제정에 의해 반독점 소송들이 이어졌다. 이로써 오늘날 자유 시장경제에서 독점은 무엇인가 생각하게 만드는 사회적 고민의 기원이 형성되었다.

대학교수 출신으로 대통령이 된 우드로 윌슨은 1차 세계대전이라는 전례없는 위기국면에서 철학적인 리더십을 발휘했다. 그는 민족자결주의를 주창했고, 더 이상 전쟁의 비극이 없는 세계를 생각하며 국제연맹의 창설을 추진했다. 결국 실패하긴 했지만, 윌슨의 이러한 구상은 2차 대전이후 세계 각국이 UN을 창설하는 전지구적 노력의 계기가 된다.

플랭클린 루즈벨트는 대공황이라는 초유의 경제위기를 돌파한 대통령이다. 그가 내세운 이른바 '뉴딜'정책은 지금까지도 전세계적인 관심과 논쟁의 대상이 되고 있다. 그는 미국의 공공정책을 크게 전환시켰고 이 과정에서 국가의 역할에 대한 근본적인 재설정이 시도되었다. 그의 경제 전략이 과연 대공황을 극복했는지에 대해서는 재평가가 활발하지만, 어려웠던 시절 그가 미국인의 자신감을 회복하는데 중요한 역할을 했던 것은 분명하다.

트루먼은 2차 대전 이후 냉전체제 수립과 관련해서 결코 빼놓을 수 없는 인물이다. 그는 일본에 원자폭탄 투하를 결정하고, 반공을 전면에 내세운 트루먼 독트린을 선포하였다. 파괴된 유럽을 재건하고, 자본주의 질서를 공고히 하기 위해 이른바 '마셜 플랜'을 추진하기도 했다. 이 같은 그의 정책들은 전후 '냉전 체제'를 구성하는 결정적인 요소들로 작용한다.

레이건은 뛰어난 지식인도 아니었고, 엘리트 출신도 아니었지만, 특유의 대중적 친화력으로 미국인의 머릿속에 큰 인상을 남겼다. 그는 레이거노믹스를 통해 고율의 소득세에 시달리던 미국경제에 새로운 노선을 제시했으며, 군사적으로는 '힘을 바탕으로 한 평화'를 표방해 냉전체제를 와해시키는 큰 역할을 했다.

우리가 오늘의 시점에서 미국의 번영을 이끈 대통령들에게 주목하는 이유는 그들의 지도력과 전략적 판단이 국가의 미래에 과연 어떤 결과를 초래했는지 새삼 되짚어 봐야할 필요가 있기 때문이다.

왜 어떤 나라는 부강하고 어떤 나라는 가난한가?

이 질문에 대한 여정은 이제 시작이다.

2019년 7월 송 근 존

차례

2. 우드로 윌슨　　　　　　　　69

3. 프랭클린 루즈벨트 131

4. 트루먼   227

5. 레이건   289

1 시어도어 루즈벨트
Theodore Roosevelt. Jr.

단연코 인생이 주는 최고의 상은
할 만한 가치가 있는 일에서
온 힘을 다할 기회이다.

북부출신 아버지와 남부출신 어머니

시어도어 루즈벨트 주니어(Theodore Roosevelt, Jr.)는 1858년 10월 27일 뉴욕에서 태어났다. 아버지 시어도어 루즈벨트 시니어(Theodore Roosevelt, Sr.)는 뉴욕의 명문가 출신으로 그의 선조는 네덜란드 사람이었다. 뉴욕은 원래 네덜란드의 식민지로 뉴암스테르담이라고 불렸다. 루즈벨트 가문은 200년 동안 맨해튼에 거주했고 일찌감치 사업에 성공해 시어도어가 태어날 때는 뉴욕의 손꼽히는 부호였고 어머니 미티(Mittie Roosevelt) 역시 남부의 대지주 집안 출신이었다. 시어도어는 이 집안의 둘째이자 첫아들로 태어났다. 그는 어려서부터 티디(Teedie)라는 별명으로 불렸다.

 시어도어 루즈벨트의 아버지는 금수저 집안에서 태어났지만, 자선 사업을 중시했다. 그는 거리를 방황하는 아이들을 돌보았고 이들을 돕기 위한 자선단체를 설립하기도 했다. 시어도어 루즈벨트는 공화당원으로 대통령이 되었지만 사회, 경제 문제에 있어 진보주의 정책을 추진한 이유에는 이런 아버지의 영향이 컸다.

 티디는 덩치도 크고 건장했던 아버지를 우상으로 생각했다. 하지만, 티디를 포함, 이 집안의 자녀들은 모두 건강이 좋지 않았다. 큰딸에게는 정신 질환이 있었고 티디 역시 여러 질병에 시달렸다. 특히, 천식이 심했다.

 티디는 건강 때문에 어린 시절 주로 집 안에 머물러 있어야 했지만, 그렇다고 가만히 있는 아이는 아니었다. 그는 오히려 에너지가 넘쳐 잠시도 가만히 있지 않았고 일찍이 뛰어난 지적 능력을 보여주었다. 어려서부터 집안에 있는 책을 섭렵했고 글을 쓰는 것도 즐겼다. 그는 자연에 관심이 많아 자연사 관련 책을 많이 읽었는데, 자연에 대한 동경으로 나중에 미국 대통령으로서는 처음으로 여러 곳에 〈국립공원〉을 설립했다.

티디의 부모는 남북전쟁이 발발하면서 곤란에 처했다. 아버지는 북부출신, 어머니는 남부출신이었기 때문이다. 아버지 시어도어는 공화당 지지자로 연방의 유지를 위해 연방 군대 입대를 원했지만, 처제들과 총칼을 겨누어야 하는 현실에 포기했다. 그는 대신 링컨 정부의 군인복지지원 위원회의 위원으로 일했다. 반면, 어머니 미티는 시어도어를 생각하여 드러내놓고 연맹을 지지하지는 않았지만, 남편 몰래 연맹군에게 필요한 물자를 집에서 만들어 보냈다. 티디는 전쟁의 의미를 제대로 이해하기에는 너무 어렸지만, 부모들 사이에 형성된 냉기를 느끼며 어렴풋이 전쟁의 현실을 느꼈다.

그랜드 투어로 세상을 배우다

1869년 시어도어 루즈벨트의 가족은 유럽으로 그랜드 투어를 떠났다. 1년간 영국, 네덜란드, 독일, 스위스, 이탈리아와 프랑스를 거치는 긴 여정이었다. 티디는 여행 중 거의 매일 일기를 썼고 수많은 책을 읽었다. 그는 여행이 반도 지나지 않았던 시점에서 이미 50권이 넘는 소설을 읽었다. 그러나 책보다 그를 더 자극한 것은 여행을 통해 접한 새 세상이었다. 그는 역사의 현장들을 직접 목격했다. 특히, 로마를 방문해 풍성한 서구 문명의 기원을 접했고 교황과의 만남을 통해 큰 자부심을 느꼈다. 1869년 10월 출발한 여정은 1870년 여름에 끝났다. 길고 힘든 여정이었지만, 티디의 지적 자양분은 더 풍부해졌다.

하지만 그랜드 투어 후에도 여전히 건강이 좋지 않아 자주 누워 있어야했다. 아버지는 아들에게 "시어도어, 너는 지능은 있지만 건강이 없어. 그런데 건강 없이는 너의 지능이 멀리 가지 못해"라며 신체를 단련하라고 권했다.

티디는 곧바로 아버지의 충고에 응답했다. 아버지가 집안에 마련한 체력장에서 매일 체력 단련을 했다. 그를 독서와 자연으로 이끌었던 강한 의지는 체력 단련에도 똑같이 적용되었다. 체력 단련은 효과가 있었다. 이후 그의 몸은 점점 건강해졌다. 티디는 내성적인 성격도 고치고 싶었다. 그는 두렵고 위험한 일에 의식적으로 도전하면서 성격을 바꾸려 노력했다.

왜소한 하버드 대학생

티디의 대학 진학을 위해 시어도어 시니어는 하버드 대학 출신의 아서 커틀러(Arthur Cutler)를 과외 선생으로 채용했고 티디는 8개 과목을 모두 우수한 성적으로 통과하여 하버드 대학에 진학했다.

하버드 대학에 입학한 티디는 여전히 안경을 낀 왜소하고 불안한 모습의 청년이었고 친구를 쉽게 사귀지 못했다. 그러나 그는 특유의 노력으로 하버드에서 우수한 성적을 받았다. 당시 학생들 사이에서는 일부러 공부를 안 하는 척하는 것이 유행이었는데, 티디는 아랑곳하지 않고 수업 시간에도 교수에게 적극적으로 질문하고 답변하며 공부에 매진했다. 이런 티디의 모습에 동창들도 서서히 그를 인정하기 시작했다.

수업이 없는 시간에는 도서관에서 대부분의 시간을 보냈다. 어렸을 때부터 홀로 책을 읽는 것을 즐겼던 티디에게 하버드의 도서관은 거대한 놀이터였다.

그는 무슨 일이든지 미루지 않고 미리 끝냈다. 루즈벨트의 부통령이었던 태프는 "나는 어떤 일이든지 그처럼 일찍 끝내는 사람을 보지 못했다."며 혀를 내두르곤 했다. 티디는 공부뿐만 아니라 체력 단련도 똑같은 열정으로 임했다. 그는 복싱과 레슬링을 했고 테니스를 치며 하루 6, 7km를 달렸다. 그의 몸은 점점 강해졌고 어느 모임에서든 지지치 않는 모습을 보였다. 그는 적극적으로 자신을 불편한 자리로 내몰면서 성격도 외향적으로 바뀌었다. 이렇게 변해가는 그의 모습을 보며 티디는 어느새 하버드에서 인기 있는 학생으로 바뀌었다.

티디와 아버지는 남다른 부자 관계를 유지했다. 시어도어는 대학으로 떠나는 아들에게 "너를 보내던 날, 나는 내가 완벽하게 믿을 수 있고 신뢰할 수 있는 아이가 이제 세상에서 자신의 몫을 찾기 위해 첫 출발을 하는 모습을 보았다"며 티디에게 무한한 신뢰를 보냈다. 티디도 "아버지야말로 나의 가장 가깝고 친밀한 친구"라며 아버지에 대한 사랑을 표현했다. 하지만 그토록 신뢰하고 사랑했던 아버지는 티디가 대학교 2학년이 되었을 때, 위독한 병에 걸렸다.

아버지와의 이별

아버지가 병에 걸리기 2달 전, 헤이즈 대통령은 그를 뉴욕항구의 관세 징수자로 임명했다. 개혁적인 외부인사의 임명이었다. 하지만, 기득권층의 저항이 강했다. 그의 임명 동의를 놓고 상원에서 치열한 싸움이 벌어졌고 결국 정치 보스들의 완강한 거부에 시어도어의 취임은 실패하고 말았다.

시어도어의 임명이 좌절 된 지 6일 후, 그는 병원에서 장암 말기 진단을 받았다. 시어도어는 티디에게 '걱정하지 말라'고 했지만 46세였던 시어도어의 마지막 날은 고통의 연속이었다. 진통제도 소용없었다. 1878년 2월 9일, 그동안 시어도어에게 아버지의 상태를 숨겨오던 가족은 시어도어에게 하루빨리 집으로 돌아오라고 전신을 보냈다.

시어도어가 야간 기차를 타고 뉴욕에 도착했을 때, 아버지는 이미 눈을 감은 상태였다. 그는 "사랑했던 아버지가 돌아가시던 시간에 나는 보스턴에 있었다. 나는 마지막 순간 아무것도 하지 못했다." 며 통곡했다.

아버지 루즈벨트는 평생 동안 많은 헌신과 희생을 감수한 사람이었다. 그가 죽자 그가 돌보았던 고아와 불우한 소년, 소녀들이 몰려들었다. 장례식에서 윌리엄 애덤스 목사는 "이토록 수고했던 사람의 삶은 절대 끝나지 않는다. 왜냐하면 그의 선행은 죽음 후에도 계속 결실을 볼 것이기 때문"이라고 했다.

아버지의 갑작스러운 죽음 이후 티디는 말할 수 없는 슬픔과 상실감에 빠졌다. 그러나 장례식이 끝난 후 그는 곧바로 하버드에 돌아가 중간고사를 준비해야 했다. 그는 한동안 눈앞의 시험 준비에 매진하며 하루하루를 견뎠다. 시험이 끝나고 집으로 돌아온 티디는 비로소 아버지가 사라진 빈자리를 느꼈다. 그는 슬픔을 피하기 위해 미친듯이 수많은 일에 매달렸다. 운동하고 책 읽고 글 쓰며 잠시도 자신이 텅 빈 현실로 돌아오지 못하도록 했다. 그러나 아버지의 빈자리는 좀처럼 채워지지 않았다.

일곱 달 만의 청혼

공허함과 슬픔을 이겨내기 위한 본능이었을까? 루즈벨트는 3학년 때 앨리스 해서웨이 리(Alice Hathaway Lee)와 사랑에 빠졌다. 둘은 첫 눈에 반했다. 시어도어는 사랑도 열정적이었다. 앨리스를 만난 후 시어도어의 일기장은 그녀에 대한 사랑으로 가득 찼다. 앨리스를 마치 여신처럼 여겼던 그는 만난 지 7개월 만에 청혼했다. 20살밖에 되지 않았던 시어도어의 청혼에 앨리스는 당황했지만 시어도어는 이후 그녀의 결혼 승낙을 받기위해 열정을 다 바쳤다. 그는 "나는 당신에 대한 생각으로 온통 가득하다."며 앨리스에 대한 사랑을 전했다.

앨리스의 마음도 움직였다. 앨리스는 시어도어가 졸업하는 해 1월에 그의 청혼을 받아들이고 같은 해 가을에 결혼하기로 했다. 앨리스의 마음을 얻은 시어도어는 기쁨에 넘쳤다. 사랑과 공부, 둘 다 놓치지 않았던 시어도어는 230명의 동기 중에서 21등으로 졸업했다. 그는 원래 박물학자가 되고 싶었지만, 앨리스와의 결혼이 결정되자 생업을 위해 법을 공부하기로 했다. 그는 뉴욕의 컬럼비아 로스쿨에 진학했다. 이제 겨우 21

앨리스 해서웨이 리(Alice Hathaway Lee)

살이었지만, 인생의 가장 큰 슬픔과 행복을 모두 경험한 그는 그만큼 빨리 성장했다.

1880년, 컬럼비아 로스쿨에 입학한 티디는 분주한 나날을 보냈다. 학교에서 수업을 들으며 틈틈이 결혼 준비를 했고, 22번째 생일이기도 했던 10월 27일 결혼식을 올렸다. 신혼여행에서 돌아온 뒤로는 학업으로 바쁜 와중에 아버지가 운영했던 자선 단체의 이사직에 취임했다.

학업, 아버지의 사망, 연애와 결혼. 보통 사람이라면 어느 한 가지만으로도 벅찼을 이 시간 동안 그는 책을 쓰기 시작했다. 그는 하버드 대학 4학년 때부터 1812년 전쟁의 해군 전쟁사를 쓰기 시작했다. 그는 영국의 윌리엄 제임스가 쓴 〈영국 해군사〉를 읽고 미국 해군사도 정리해야겠다고 결심했다. 티디는 도서관에서 많은 시간을 보내며 법 공부와 책 쓰는 일을 병행했다. 이렇듯 그는 지칠 줄 모르는 인생을 살았다.

스물 세 살, 뉴욕주의원

루즈벨트가 쓴 책은 호평을 받았다. 결혼과 로스쿨 졸업, 그리고 책 저술까지 성공한 이 젊은이는 자신 앞에 놓인 많은 길 중에서 정치인의 길을 선택했다.

이것은 다소 의외의 선택이었다. 당시 루즈벨트와 같은 금수저 집안에서는 정치를 '비루한 직업'이라며 기피했기 때문이다. 특히 뉴욕 정치는 각 계파의 보스를 중심으로 비리와 부정이 횡횡했던 시절이었다. 정치인들은 돈과 이권으로 표를 샀고, 획득한 권력을 무기로 다시 지지 세력을 모았다.

이런 뉴욕 정치의 현실에서 루즈벨트는 상대적으로 덜 타락했던 공화당으로 정치에 입문했다. 루즈벨트의 정치 역정은 뉴욕 공화당의 21선거구 본부에서 시작되었다. 담배 연기가 가득했던 이곳에 루즈벨트의 등장은 의외였다. 거기 모인 사람들은 자신들과는 전혀 어울리지 않는 루즈벨트가 왜 정치를 하려는지 의아해했다. 그러나 그는 특유의 의지로 매주 모임에 나갔고 시간이 날 때마다 이들이 어울리는 장소에 들러 시간을 보냈다. 루즈벨트는 그들의 언어를 말하고 행동을 따라 했다. 어느새 사람들은 그를 받아들이기 시작했다.

공화당 보스도 처음에는 루즈벨트를 낯설어했고 그가 정치를 할 수 있을지 회의적이었다. 하지만, 루즈벨트는 결국 조 머레이(Joe Murray)라는 보스의 총애를 받기 시작했다. 조는 1881년 가을 선거에서 21선거구의 공화당 현역이 부정부패 사건에 휘말리자 당시 23살이었던 루즈벨트에게 도전을 권했다. 사람들은 어린 루즈벨트를 선정한 조의 결정에 놀랐지만, 조는 공화당이 조직표를 방어하고 루즈벨트가 대학 출신의 상류층 표를 모은다면 공화당에 대한 부정적인 여론에도 민주당을 이길 수 있다고 설명했다. 루즈벨트는 지칠 줄 모르는 에너지로 거리를 누비며 유권자를 만났고 연설을 했다.

조의 판단은 맞아떨어졌다. 뉴욕의 상류층이 루즈벨트를 지지하고 나섰다. 공화당의 조직표와 지금껏 투표하지 않던 상류층 공화당 지지자까지 끌어들인 루즈벨트는 23살의 나이로 최연소 뉴욕주의회 의원에 당선되었다.

Manners maketh man

1882년 1월 2일, 시어도어 루즈벨트는 최연소 주의원으로 뉴욕주 의회에 등원했다. 루즈벨트는 처음 한동안은 침묵을 지키며 의회의 일상을 지켜보는데 집중했다. 의회의 절차와 관례를 익혔고 무엇보다 주변 의원들의 기질과 성향을 파악했다. 특히, 적수였던 민주당을 탐색하기 바빴다.

그러던 어느 날 작은 사건이 발생한다. 루즈벨트가 주의회 인근 허스트 주막에 들어섰는데, 깡패 3명이 그에게 시비를 걸었다. 그는 애써 이들을 무시했지만, 계속 물러서지 않자 안경을 벗어 주머니에 넣고 복싱 펀치로 단숨에 두 명을 제압했다. 나머지 한명은 그냥 도망갔다. Manners maketh man의 한 장면이었다.

주막에서의 싸움은 어느새 의회에서도 회자되었다. 특히 루즈벨트가 때려눕힌 두 사람을 일으켜 세운 뒤에 술까지 같이 한잔 했다는 이야기에 루즈벨트는 단숨에 화제의 인물이 되었다.

그는 이렇게 사람들과 만나며 정치를 위해서는 언론과의 관계가 중요하다는 사실을 깨달았다. 그는 의회 뉴스를 담당했던 기자들과 가깝게 지내며 이들을 자신의 편으로 만들었다. 기자들도 루즈벨트에 호감을 가졌다. 넘치는 에너지와 해박한 지식, 그러면서도 정치의 거친 세계를 제압하고 나서는 그에게서 사람들은 카리스마를 느꼈다. 기자들은 새로운 인물의 등장에 흥분했다.

루즈벨트는 등원한 지 두 달도 되지 않아 정치인으로서 첫 시험대에 올랐다. 부패한 주 대법원 판사 웨스트부르크의 비리를 폭로하며 탄핵에 앞장섰던 것이다. 그런데 웨스트부르크 판사의 뒤에는 철도왕 제이 굴드라는 거물이 버티고 있었다.

1882년 3월, 루즈벨트는 웨스트부르크 판사가 관여했던 철도회사 비리사건을 조사할 위원회 구성을 제안했다. 그러자 반대파 의원들은 각종 핑계를 대며 조사위 구성을 막으려 했다. 루즈벨트는 굴하지 않고 열정적인 연설로 안건통과를 요청했다. 하지만 반대파는 노련했다. 루즈벨트에게 증거를 가져오지 않으면 명예훼손에 걸릴 것이라고 충고했다. 결국 루즈벨트는 의회에서의 첫 대결에서 패배했다. 하지만, 이 과정을 거치며 그는 뉴욕 정치의 샛별로 떠오르기 시작했다.

루즈벨트의 명성은 순식간에 뉴욕에 퍼져나갔다. 이듬해 11월 재선거에서 루즈벨트는 더 많은 표로 재선에 성공했다. 1883년 1월, 뉴욕 주의회가 구성되었을 때, 공화당 의원은 그를 최연소 원내 대표로 선출했다. 그러나 젊은 날의 성공은 사람을 들뜨게 하기 마련이다. 이 시절 그의 연설은 독설로 가득했고 너무나 독선적인 자세로 의원들에게 명망을 잃어 갔다. 시간이 흐를수록 동료 의원들은 그를 멀리했고 그는 점점 고독해졌다. 나중에 루즈벨트는·교만에 찼던 당시를 이렇게 회상하기도 했다. "나는 그때 현실감을 잃었다. 동료와 함께하지 않으면 아무 일도 할 수 없으며, 뭔가 주고받음이 있어야 함을 깨달았다."

아내와 어머니를 한 번에 잃다

1884년 2월, 루즈벨트의 아내인 앨리스는 첫 아이를 낳기 직전이었고 어머니는 독감으로 크게 고생하고 있었다. 앨리스의 분만이 얼마 남지 않았지만, 루즈벨트는 그보다 감기에 시달리고 있던 어머니의 건강이 더 걱정이었다.

마침, 앨리스는 분만을 위해 어머니 집에 머물고 있었다. 병간호를 하던 루즈벨트에게 앨리스가 딸을 낳았다는 소식이 전해졌다. 첫 아이를 갖게 된 루즈벨트는 기쁨에 젖어 앨리스가 머물고 있던 방으로 갔다. 그런데 앨리스의 건강이 갑자기 악화되었다. 의사는 앨리스의 콩팥에 생긴 염증이 출산 중에 악화되었다고 진단했다. 병은 급격히 악화되어 앨리스의 폐에 물이 차기 시작했다. 숨을 제대로 쉴 수 없었던 앨리스는 고통에 시달렸다.

그런데, 비슷한 순간 루즈벨트의 어머니 미티도 독감이 악화되어 혼수상태를 오가기 시작했다. 어머니와 아내가 동시에 생사를 헤매면서 루즈벨트의 집안은 패닉에 빠졌다.

이때, 아래층에서 올라온 하인이 루즈벨트에게 어머니를 마지막으로 보고 싶으면 즉시 내려오라는 말을 했다.

새벽 3시, 미티는 자식들이 모여 있는 중에 사망했다. 그녀는 겨우 49살이었다. 어머니의 죽음을 슬퍼할 겨를도 없이 그는 다시 3층에서 생사를 헤매는 앨리스를 찾아 올라갔다. 그는 애달픈 마음으로 앨리스를 끌어안았다. 오후 3시, 22살이었던 앨리스도 루즈벨트의 품 안에서 사망했다. 어머니는 장티푸스로, 아내는 신장 기능 정지로 같은 날, 같은 집에서 사망했다.

성장하는 개혁 정치인

아버지를 잃은 지 6년 만에 어머니와 아내를 같은 날 잃어버린 루즈벨트는 망연자실했다. 그는 이날 일기장에 커다란 X자를 적고 그 밑에 "내 인생의 빛이 사라졌다."라는 한 줄을 남겼다. 루즈벨트에게 닥친 비극에 주의회도 놀랐다. 뉴욕주의회는 월요일까지 휴회를 선포 했다.

루즈벨트는 슬픔을 이기기 위해 아버지 때와 마찬가지로 다시 일에 파묻히기로 결심했다. 그는 "나에게 생각할 시간이 주어진다면 나는 미쳐버릴 것이다."며 장례식이 끝난 즉시 뉴욕을 떠났다.

슬픔을 의지로 이겨내겠다는 루즈벨트의 결심은 앨리스에 대한 철저한 억제로 이어졌다. 그는 원래 딸아이가 태어나면 어머니의 이름을 따라 앨리스라고 지으려 했다. 하지만, 그녀가 죽은 후에는 (앨리스를 세례명으로 쓰는 것을 허용했을 뿐) 평상시에는 베이비 리(Baby Lee)라고 부르게 했다. 그는 하버드 시절부터 그녀에게 썼던 모든 연애편지와 함께 찍은 사진을 태워버렸다. 그는 '나약한 자들이 과거에 머문다'고 생각했다. 그는 무슨 일이든 의지로 극복했다.

주의회로 돌아온 루즈벨트는 매일 일에 파묻혀 살았다. 그가 이끌었던 도시위원회는 현장을 다니며 많은 개혁 법안을 내놓았다. 그는 정치 보스들의 권한을 축소하고 시장의 권력을 강화했다. 루즈벨트의 개혁 정책이 입안되자 언론은 그가 무혈혁명에 성공하고 있다고 칭송했다. 그러나 그가 모든 개혁 정책을 밀어붙일 수 있는 것은 아니었다. 특히, 법원의 보수적인 판결로 지나치게 광범위한 개혁 법안은 이해관계자들에게 소송 대상이 될 수 있기 때문에 조심해야 했다. 종종 루즈벨트의 지나친 고

집으로 개혁 법안이 좌절될 때마다 언론은 "그의 강점은 토론이지만, 의회 절차는 그의 약점이다."라며 타협에 약한 루즈벨트의 단점을 지적했다. 그래도 루즈벨트는 주의회 활동을 통해 이후 정치 여정에 필요한 중요한 경험을 쌓았다. 그는 초선으로 웨스트부르크 판사의 탄핵에 앞장섰고 그 과정에서 순식간에 주의회의 리더가 되었다. 이어 담배제조법, 공무원법 등 여러 개혁 법안을 통과시켰고 이 과정에서 여론과 동료 의원의 중요성을 인식했다. 그는 거친 정치의 세계에서 구체적 성과를 만들어 낼 수 있는 정치적 자질을 충분히 보여주었다. 무엇보다 당시 관행이던 보스 정치에 자신만의 색깔로 대항하는 모습을 통해 개혁을 열망하는 많은 지지자를 얻게 되었다. 이렇게 준비된 루즈벨트의 앞길에 중앙정치가 기다리고 있었다.

목장 경영으로 시련을 달래다

그는 정치인으로 성공했지만, 아무리 노력해도 어머니와 아내를 잃은 슬픔으로부터 벗어날 수 없었다. 1884년 공화당 전당대회가 끝난 후, 루즈벨트는 어머니와 아내를 잃은 슬픔으로부터 벗어나기 위해 서부로 떠난다. 그는 서부의 다코다 지역에서 목장을 시작하기로 결심하고 상속받은 재산의 절반을 쏟아 부었다.

서부의 광활한 초목과 자연 속에서 그는 목축업에 온 힘을 쏟아 부었다. 그는 하루 16시간씩 말을 타며 목장을 손질했고 소를 키웠다. 그렇게 농장의 힘든 일상을 통해 앨리스에 대한 슬픔을 잊으려 했다. 세월은 서서히 루즈벨트의 마음을 치유했다. 상처가 조금씩 아물어 가자 행복했던 어린 시절에 대한 그리움이 떠올랐다. 특히 어린 시절 친구 중에서 가깝게 지냈던 이디스 캐로(Edith Carrow)가 생각났다.

이디스는 부유한 할아버지 덕분에 어린 시절 유복하게 자랐다. 그녀의 집안은 루즈벨트 집안과 가까웠고 두 사람은 자연스럽게 친구가 되었다. 그러나 행복은 오래가지 못했다. 이디스의 아버지가 갑자기 파산했기 때문이었다. 부친이 알코올 중독자가 되자 이디스는 루즈벨트와의 우정이 유일한 위안이 되었다. 하지만 그가 하버드로 떠나면서 이디스와도 자연스럽게 멀어졌다.

루즈벨트는 다코다의 농장과 뉴욕을 오가던 어느 날, 마침 뉴욕을 떠나려는 이디스와 재회했다. 오랜만에 마주친 두 사람은 어느새 지난날의 감정이 다시 되살아났다. 두 사람은 재회한 지 3주 만인 1885년 11월 17일, 비밀리에 약혼했다.

당시 이디스는 "나는 다른 그 누구도 사랑할 수 없었을 겁니다. 나는 사랑을 전혀 모르는 소녀의 심정으로 당신을 사랑합니다."라며 루즈벨트에

시어도어 루즈벨트와 이디스 캐로(Edith Carrow)

대한 자신의 감정을 기록했다. 어린 시절 가정의 몰락으로 고통스러운 시절을 보냈던 이디스는 자기보다 더 큰 상처를 짊어진 루즈벨트와 함께 하며 서로를 보듬었다.

둘은 결혼을 결심했지만 루즈벨트는 여전히 두 번째 결혼을 망설였다. 그는 한동안 결혼을 비밀로 하자고 했다. 이디스는 이런 루즈벨트의 제안을 존중해 주었다.

이디스와 결혼을 결심한 후 루즈벨트는 목장 정리에 들어갔다. 목장사업은 한겨울 혹한으로 많은 소가 죽어 사실상 파산 상태였다. 루즈벨트는 목장 사업 실패로 많은 돈을 날렸지만, 광활한 자연 속에서 자신의 상처를 치유할 수 있었다.

1886년 12월 결혼을 앞두고 루즈벨트가 뉴욕으로 돌아오자 사람들은 그를 가만두지 않았다. 사람들은 루즈벨트에게 그 해 있을 연방하원 선거에 도전해 달라고 요청했다. 하지만 출마를 요청받은 지역은 민주당원이 공화당원보다 50,000명이나 더 많은 선거구였다. 그의 당선은 불가능했다. 그러나 루즈벨트는 선거의 당락을 떠나 정치 이력에 도움이 될 것이라고 판단했다. 이 선거에는 민주당 중진이던 아브라함 휴윗과 진보 진영의 지도자, 헨리 조지(Henry George)같은 거물급 인사들이 출마를 앞두고 있었기 때문이었다.

루즈벨트는 당시 가장 유명한 인사 중 하나였던 헨리 조지의 주장을 정면으로 반박했다. 루즈벨트는 "대부분의 미국인은 당신이 말하는 그런 비참한 삶을 살고 있지 않다.... 당신에게 진정한 미국의 정신이 있다면, 미국에는 계급이 없다는 것을 인정할 것이다."라며 정면으로 각을 세웠다.

이 선거에서 결국 아브라함 휴윗이 당선되었지만, 루즈벨트는 전국적인 정치인으로 부상했다.

서부를 차지하는 방법

뉴욕 하원의원 선거가 끝난 직후, 시어도어는 영국으로 떠나 1886년 12월 2일 조촐한 결혼식을 치르고 3주간 유럽으로 신혼여행을 떠났다. 1887년 3월, 뉴욕으로 돌아왔을 때 이디스는 이미 임신 3개월이었다.

이디스와 결혼한 후 시어도어는 한동안 집에 머물면서 저술에 몰두했다. 이때 그의 중요한 저서 "서부를 차지하는 방법(Winning of the West)"를 쓰기 시작했다.

시어도어는 조용히 집에 머물러 있을 성격이 아니었다. 시어도어는 이제 연방정부로의 진출을 원했다. 그는 내심 해리슨 정부의 국무부 차관으로 입각하고 싶었다. 하지만, 해리슨 대통령은 고집불통이었던 시어도어에게 중요 부서의 차관 자리를 주고 싶지 않았다. 대신, 공무원위원회(The Civil Service Commission)의 위원 자리를 제안했다. 시어도어의 가족은 이 자리가 루즈벨트에게 너무 하찮은 자리라며 반대했지만, 본격적인 중앙 정치 경력을 원했던 루즈벨트는 보따리를 싸들고 워싱턴으로 떠났다. 이디스는 그를 막을 수 없다는 것을 알았다. 한해 전 유산으로 아이를 잃고 두 번째 임신 중이던 그녀는 루즈벨트를 따라 워싱턴으로 이주했다.

루즈벨트는 당당히 공무원위원회를 찾아가 수위에게 "제가 신임 위원입니다."라며 곧바로 업무를 시작했다. 젊고 활기찬 인물의 등장으로 위원회의 분위기도 바뀌었다. 루즈벨트는 정치인들이 눈엣가시로 여길 만큼 철저히 정치적 기득권들을 부정하며 개혁을 밀고 나갔다. 공무원위원회가 원칙대로 열심히 일을 할수록 워싱턴 정가에서 푸대접을 받았지만 활력과 에너지를 회복한 루즈벨트는 기득권층의 뜨거운 눈총에도 굴하지 않고 한층 더 과감하게 개혁을 추진했다. 서부에서 자연과 생사를 겨루었던 시간들에 비하면 정치는 한가한 일상이었다.

열정이 적을 만들다

정치를 선과 악의 대결 쯤으로 생각했던 루즈벨트에게 공무원 개혁은 당연히 선한 일이었고 이를 반대하는 세력은 악한 사람들이었다. 루즈벨트는 정치인들이 직업 공무원 자리를 자신의 지인들이나 지지자에게 나눠주는 것은 비민주적일 뿐만 아니라 효율적이지도 않다고 생각했다.

루즈벨트가 공무원 개혁에 앞장서자 언론은 즉시 루즈벨트를 주목하기 시작했다. 그는 일을 시작하기 전, 먼저 여론의 힘을 얻기 위해 언론을 적극적으로 활용했다. 그는 우선 언론이 좋아하는 뉴스를 제공하기로 결심하고 당시 부정부패의 온상이었던 뉴욕관세청을 조사하기 시작했다. 언론은 열광했다.

그는 사실이 확인된 제보를 언론에 제공하였고 언론은 제보를 근거로 자체 조사를 통해 기사를 냈다. 그 결과 미국의 다른 지역에서도 공무원 부정부패 문제가 드러났고 심지어는 해리슨 대통령의 측근도 내칠 수 있었다.

결과적으로 루즈벨트의 열정은 많은 정적을 양산했다. 그는 많은 공무원들과 다투었고 위원회의 다른 위원들과도 관계가 나빠졌다. 심지어는 해리슨 대통령까지 그를 멀리할 정도였다. 루즈벨트는 공무원위원회 시절 단 한 번도 대통령 만찬에 초대받지 못했다. 루즈벨트의 튀는 행보로 인해 공무원위원회 자체가 모든 정치인의 표적이 되다시피 했다.

그러나 그는 물러서지 않았다. 루즈벨트는 누구의 눈치도 보지 않았다. 그는 오히려 공무원들과의 투쟁을 통해 대중적 지지를 결집시키고 이를 자산으로 기존 정치인들과의 싸움을 확대하는 전략을 고수했다.

태프트와의 만남

루즈벨트는 이 시절 평생 동지인 윌리엄 태프트(William Taft)를 만났다. 태프트는 미국 역사상 대통령과 연방대법원장을 모두 역임했던 유일한 인물로 우리에게는 가쓰라-태프트 조약으로도 알려진 인물이다.

태프트는 루즈벨트보다 한해 앞선 1857년 오하이주의 신시네티에서 태어났다. 태프트도 루즈벨트 못지않은 금수저였다. 그의 아버지는 연방정부의 법무장관과 전쟁장관으로 일했다. 태프트는 예일 대학을 나와 20대에 판사가 되었다. 그는 해리슨 정부에서 법무차관을 맡게 되어 워싱턴으로 왔다. 루즈벨트와 태프트는 워싱턴에 도착한 지 며칠 되지 않아 버더워스 의원의 소개로 만났다. 둘 다 공화당 내의 개혁 성향이었기 때문에 둘은 만나자마자 친구가 되었다.

둘은 아침마다 함께 걸어서 사무실로 출근하며 더욱더 친해졌다. 두 사

람이 함께 걷는 모습은 워싱턴에서 자주 목격되었는데 몸이 크고 살이
쪘던 태프트와 단단한 근육질이었던 루즈벨트는 묘한 대조를 이루었다.

시어도어 루즈벨트와 윌리엄 태프트(William Taft)

참을 수 없는 정치의 꿈

1892년 글로버 클리블랜드(Glover Cleveland)가 민주당 후보로 대통
령에 당선되면서 민주당은 링컨 이후 부통령으로 대통령직을 승계한 앤
드루 존슨 이후 처음으로 백악관을 차지하게 되었다. 해리슨 정권이 교
체되자 루즈벨트의 자리도 불안해졌다. 루즈벨트는 대통령에게 사직서
를 냈지만, 클리블랜드는 사표를 수리하지 않고 계속 공무원위원회를 맡
아달라고 했다. 루즈벨트가 남게 되었다는 소식에 언론도 환호했다. 하
지만, 공무원 개혁에 있어 공화당과도 자주 부딪쳤던 루즈벨트는 민주당
과 일하기는 더 어려울 것이라고 생각했다.

그때 뉴욕의 정치 보스가 '뉴욕 시장 출마'를 제안했다. 다가오는 시장
선거는 승산이 있었다. 그는 당장 뉴욕으로 가고 싶었지만, 이디스가 반

대했다. 낙선할 경우 미래가 불투명해졌기 때문이었다. 선거비용의 과도한 지출로 가세가 더 어려워질 것도 걱정했다.

루즈벨트는 선거에 뛰어들고 싶었지만 늘어난 식구와 이디스의 반대로 결국 포기했다. 모처럼 찾아온 기회를 포기했던 루즈벨트는 우울증에 빠졌다. 그는 일생에 한번 올까 말까 한 기회를 놓쳤다며 낙담했다. 이런 루즈벨트의 모습을 보면서 반대했던 이디스도 미안해했다. 다음에 다시 기회가 오면 반대할 수 없다는 것을 알게 되었다. 루즈벨트에게는 너무도 강렬한 정치의 피가 흘렀다.

뉴욕으로 돌아갈 기회는 생각보다 빨리 찾아왔다. 뉴욕 시장으로 새로 선출된 스트롱 시장이 그를 경찰위원회 위원으로 선임했기 때문이다. 1895년 5월 6일, 그는 3명의 다른 위원과 함께 경찰위원회 본부로 향했다. 위원에는 민주당 추천 2명과 공화당 추천 2명이 선임되었는데, 루즈벨트는 위원 중에서도 위원장으로 선임될 예정이었다.

뉴욕으로 돌아온 루즈벨트는 우선 언론인들을 만났다. 루즈벨트가 만난 기자들은 수십 년간 뉴욕 경찰을 취재하며 경찰에 대해 누구보다 더 잘 알았고 각종 부정부패 문제를 다루면서 온갖 비리를 고발하고 있었다. 루즈벨트는 이들의 도움을 받아 뉴욕 경찰개혁을 위한 계획을 세우기 시작했다.

루즈벨트는 첫 기자회견에서 앞으로 경찰 선발은 철저히 능력위주로 진행할 것이라고 선언했다. 대부분의 경찰위원장이 취임사에서는 이런 말을 했기 때문에 사람들은 별다른 기대를 걸지 않았다. 하지만, 그는 취임한 지 3주 만에 번스 서장과 윌리엄스 경위를 불러 사표를 요구했다.

그의 과감한 인사 조치에 사람들은 그가 헛말을 한게 아니라는 것을 인정했다.

　루즈벨트는 새벽 2시에 거리를 다니며 경찰들의 업무 실태를 파악했다. 그는 새벽에도 열심히 일하는 경관들에게는 격려를 했고, 졸거나 식사를 즐기는 경관은 다음날 바로 사무실로 호출했다. 언론은 "새로운 시대가 도래했다."고 루즈벨트를 칭찬했다. 그의 새벽 암행감사는 뉴욕뿐만 아니라 미국 전역에서 화제가 되었다. 그의 명성이 전국으로 알려지면서 만화가들은 그의 캐리커처를 그리며 루즈벨트의 활약을 보도했다.

　암행감사는 경찰의 근무 기강 확립에는 도움이 되었지만, 뿌리 깊은 부패의 고리를 끊어내기 위해서는 보다 과감한 조치가 필요했다.

　루즈벨트는 부정부패의 온상이던 술집을 법대로 일요일에는 반드시 문을 닫도록 했다. 이 법은 40년 전 입안되었지만, 경찰의 부패로 실제 집행이 되지 않고 있었다. 경찰과 주점들 사이에는 검은 거래가 일상화된 상태였다.

　당시 뉴욕에는 1만개가 넘는 주점이 있었는데, 주인이 경찰에게 상납만하면 일요일에도 영업이 가능했다. 특히, 뉴욕 민주당을 통제했던 테마니 홀은 자신들에게 상납하는 주점은 영업을 허용하고 그렇지 않은 주점은 문을 닫게 했다.

루즈벨트는 주일 주점 영업 금지법을 적극적으로 시행하면서 많은 반발에 부딪칠 것을 각오했다. 뉴욕의 정치 보스들은 중요한 자금원이었던 주점 영업 금지로 막대한 타격을 받았다.

주일에도 당연히 술을 마실 수 있었던 시민들은 갑작스러운 영업금지에 반발했다. 하지만 루즈벨트는 의회가 법을 바꾸기 전에는 법대로 집행할 수밖에 없다며 1895년 6월 23일부터 단속에 들어간다고 했다. 이후 3주가 지나자 주점의 95%가 주일 영업을 하지 않았다. 영업을 한 주점들도 경찰에게 더 이상 뒷돈을 줄 필요가 없었다. 루즈벨트의 정책은 성공했지만, 수많은 사람들의 반발과 원성을 샀다.

법대로 합시다

주일 주점 영업 단속은 그 어느 때 보다 심한 반발에 처했다. 항의 편지가 경찰위원회 사무실로 쏟아졌고 뉴욕의 공화당 보스와 스트롱 시장은 루즈벨트의 지나친 개혁에 브레이크를 걸려 했다. 시민들은 주점 영업 단속에 반대하여 대규모 시위를 계획했는데, 루즈벨트를 조롱하기 위해 그에게도 초청장을 보냈다.

하지만, 루즈벨트는 이런 저항에 굴복하지 않았다. 오히려 그는 자신도 이 시위에 참석하겠다고 했다. 실제로 시위에 150,000명의 시민들이 "루즈벨트는 물러나라"고 시위를 했는데, 루즈벨트는 자신이 직접 그 시위에 참여하여 자신을 조롱하는 여러 구호들 중에 하나를 골라 '사무실로 가져가도 되겠느냐'며 시위대의 현수막을 가져가기도 했다.

루즈벨트의 돌발적인 행동에 시위대도 잠시 웃을 수밖에 없었지만, 그렇다고 여론의 불만이 잠잠해진 것은 아니었다. 루즈벨트의 주말 영업 규제는 얼마 못 가 공화당의 선거 참패로 이어지고 말았다. 이 때문에 공화당의 적까지 되어 버린 루즈벨트는 공화당 보스로부터 당장 사임하라는 압력을 받았다.

골치가 아팠던 루즈벨트는 1896년, 대통령 선거를 통해 상황을 뒤집고자 했다. 뉴욕의 개혁으로 전국적인 인사가 되었던 루즈벨트는 매킨리 대통령 후보를 위한 선거운동에 나선 것이다. 그는 내심 매킨리에 대해 좋게 생각하지는 않았지만, 대통령 선거에서 열심히 뛰어 그동안 공화당 보스의 눈 밖에 난 상황을 만회해 보려 했다.

결국 매킨리의 승리로 루즈벨트도 다시 자신의 존재감을 확인할 수 있게 되었다. 그는 선거 운동의 대가로 매킨리 정부에서 요직을 맡고 싶어 했다. 그는 다시 국무부 차관을 선호했지만 튀는 성격을 싫어했던 매킨리는 그가 자신의 정부의 요직에서 일하는 것을 원하지 않았다.

하지만, 친구였던 태프트 등의 로비 덕분에 국무부 차관 대신 해군부 차관직에 임명되었다. 루즈벨트는 매킨리 정부의 각료로 임명되면서 그를 골치 아프게 했던 뉴욕 경찰위원회 자리로부터 자연스럽게 퇴임할 수 있었다.

해군 차관을 맡은 루즈벨트는 일찍이 미국 해군사를 쓸 정도로 해군에 정통했었다. 그는 해군력이 국력을 좌우한다는 마한의 주장을 따라 즉각 미 해군 전력 강화를 추진했다.

그 무렵 미국은 스페인과의 갈등 관계에 있었다. 당시 쿠바는 스페인의 식민지였는데 매킨리 대통령이 쿠바의 독립을 지지하자 양국이 일촉즉발 상황에 들어간 것이다. 곧이어 1898년 2월. 쿠바에 파견된 미국 군함

메인호가 아바나항(港)에서 격침되자 루즈벨트가 그토록 바랐던 전쟁이 시작되었다.

전사가 되다

1898년 봄. 미국과 스페인이 한 걸음씩 전쟁에 다가갈 무렵, 루즈벨트의 가정에는 비상이 걸렸다. 아내 이디스의 건강이 악화되어 척추 주변의 부스럼을 제거하는 큰 수술을 받아야 했다. 수술은 잘 끝났지만, 건강을 회복하기 위해서는 긴 치료와 보살핌이 필요했다.

하지만, 스페인과의 전쟁으로 직접 전투에 참전할 기회가 생긴 루즈벨트는 후방에 머물러 있을 수 없었다. 그는 전쟁에 직접 나서 영웅이 되고 싶었다. 그는 국가를 위해 목숨을 걸 각오가 있어야 진정한 국가의 지도자라고 생각했다. 매킨리는 직접 전투현장에 나가겠다는 루즈벨트의 고집을 꺾을 수 없어 대령 계급장을 주고 부대를 지휘하게 하려고 했지만, 실제 전투 경험이 없어 우선은 친구였던 레오나르도 우드 밑에서 중령으로 참전하기로 했다.

우드와 루즈벨트는 카우보이, 사냥꾼, 광부 등 다양한 지원자들로 구성된 〈러프 라이더(Rough Rider)〉라는 부대를 창설했다. 언론은 아이비리그 출신들이 이끄는 이 부대에 매료되었다. 이 부대와 함께 스페인 전쟁을 취재하기 위해 당대 최고의 종군 기자였던 리처드 하딩 데이비스가 동행했다.

〈러프 라이더〉는 라스 구아시마스(Las Guasimas)에서 스페인과 첫 전투를 벌였다. 이 전투는 약 90분간 장대 같은 풀밭에서 진행되었는데,

러프 라이더가 공격을 개시하자 스페인 군대의 강렬한 저항에 부딪혔다. 전투가 시작되자마자 12명이 사망하고 36명이 부상을 당했다. 이때 루즈벨트의 본능적인 리더십이 발휘되었다. 그는 선봉에서 부대를 지휘하여 결국 스페인의 저항선을 뚫었다. 루즈벨트는 부대의 후방에서 말을 타고 앞으로 돌진했다. 사기가 충천한 부대원들은 그를 쫓아 고지를 향해 달렸다. 총알이 빗발치는 가운데 말에서 꼿꼿이 허리를 펴고 부대를 지휘하는 광경을 지켜보던 사람들은 "아무도 루즈벨트가 저렇게 말을 몰면서 살아남을 것이라 생각하지 못했다."며 당시를 회고했다.

7월 4일, 미국독립기념일에 루즈벨트의 부대가 빗발치는 스페인의 총알을 뚫고 고지를 점령했다는 소식이 전해졌다. 사람들은 말에 올라타 칼을 치켜세우며 부대원들에게 진격을 명령한 루즈벨트의 모습에서 영웅의 탄생을 보았다.

스페인은 13일 후 미국에 항복했고 루즈벨트와 러프라이더는 스페인 전쟁의 전설이 되었다. 루즈벨트는 정치개혁의 전사에서 진짜 전쟁터의 전사가 되었고 이후, 평상시 삶의 현장으로 돌아간 러프 라이더는 루즈벨트의 동지로 이후 그의 정치 역정에 가장 중요한 자산이 되었다.

러프 라이더(Rough Rider)

타협하는 법을 배우다

　루즈벨트의 명성이 높아지자 개혁파 인사들은 쿠바에서 돌아온 루즈벨트를 찾아가 뉴욕 주지사로 출마할 것을 종용했다. 이들은 루즈벨트가 뉴욕의 보스 정치를 일망타진해 주기를 바랐다.

　하지만, 정치 현실은 녹록치 않았다. 루즈벨트는 전국적인 정치인으로 성장했지만, 뉴욕 주지사 당선을 위해서는 뉴욕 정치 보스의 지지가 필요했다. 특히, 뉴욕 정치의 대부였던 플랫(Thomas Collier Platt) 상원의원의 도움 없이는 공화당 후보조차 되기 어려웠다. 플랫 상원의원은 루즈벨트와 같은 개혁적인 후보를 필요로 했지만, 루즈벨트의 과감한 개혁으로 피해를 보았던 정치 보스들은 그의 당선을 반기지 않았다.

　그러자 주변 인사들은 루즈벨트가 이제는 무소속으로 출마해도 당선될 수 있다고 부추겼다. 하지만, 어느덧 정치의 도사가 되었던 루즈벨트는 조직의 도움 없이는 당선은 물론, 당선이후에도 의회와의 협력 관계를 유지하기가 어렵다는 것을 잘 알고 있었다.

　결국, 루즈벨트는 일정 부분 플랫과 협력할 수밖에 없었다. 루즈벨트는 자신의 주지사 출마 가능성을 타진하기 위해 플랫을 만났다. 이 만남 후 플랫 상원 의원은 루즈벨트가 무소속으로는 출마하지 않을 것이라며 그의 무소속 출마를 차단했다. 이런 플랫의 계산된 발언으로 루즈벨트의 무소속 출마를 기대했던 루즈벨트의 지지자들도 그가 플랫과 타협을 했다며 그에 대한 지지를 철회했다.

　그러나 어떤 일이든지 최선을 다하지 않고서는 그만둘 줄 모르는 루즈벨트는 이번에도 선거 운동에 뛰어들었다. 이런 루즈벨트의 노력을 정치 보스들은 처음에는 반기지 않았다. 전통적으로 선거운동은 자신들의 영역이며 후보가 직접 선거운동을 하는 것에 대해서는 부정적이었기 때문이었다.

그러나 루즈벨트가 직접 대중 앞에 나서자 사람들은 열광했고, 특히 함께 쿠바에서 싸웠던 러프라이더들은 자진하여 선거운동에 나서주었다. 루즈벨트는 대중 연설뿐만 아니라 직접 거리를 다니며 유권자 개개인을 만났다. 이런 노력 끝에 그는 18,000표라는 적은 표로 간신히 주지사로 당선되었다.

이때 정치학 교수였던 버클리 교수는 학생들에게 "여러분, 이 나라의 성장 정도는 루즈벨트가 공인으로서 얼마나 성공하느냐로 여부로 판단할 수 있습니다."라고 말하기도 했다.

뉴욕에 부는 변화의 바람

1899년 1월 2일. 루즈벨트의 주지사 취임식이 있었다. 언론은 "주지사 취임식에 이토록 많은 사람이 모인 적은 처음이다."라며 뉴욕 주민들이 루즈벨트에게 거는 기대를 표현했다.

루즈벨트는 이전 주지사와는 완전히 다른 모습을 보였다. 아침 일찍 출근하여 300~400통의 편지를 읽고 필요한 서신에 대해서는 답신을 준비했다. 그의 사무실은 10시에 열렸는데, 이후부터는 거의 분단위의 일정을 소화했다. 그는 정치인, 일반 시민, 언론인 등 다양한 인사를 만나서 일을 처리했다. 항상 직선적이었던 루즈벨트는 사람들을 만나면 곧바로 문제의 핵심을 물었고 이에 필요한 다음의 일을 분명히 했다. 그의 사무실은 5시에 문을 닫았지만, 그는 저녁 7시까지 남아 각종 업무를 처리했다. 이어 저녁 시간은 아무리 급한 일이 있어도 가족과 함께 보냈다. 개인적인 충전의 시간을 방해하지 못하도록 했다.

시어도어는 개혁 정책에 필요한 보스 정치와의 현실적인 협력을 위해 매주 보스들과의 면담을 가졌다. 시어도어는 언론과도 자주 만나기 위해 하루 두 차례 기자 회견을 갖고 자신의 정책과 일정을 알려주겠다고 약속했다. 언론은 일제히 환영했다. 특히, 해박한 지식과 열정적인 추진력으로 업무를 완벽하게 장악하고 있었던 루즈벨트는 기자 회견을 통해 자신의 입장을 명확히 밝힐 수 있었고 언론은 루즈벨트의 능력에 매료되었다.

루즈벨트는 각종 개혁을 추진하면서 정치 보스들과 유대관계를 유지하려 애를 썼다. 하지만 프랜차이즈 세법의 개정 과정에서는 강렬한 반대에 부딪혔다.

뉴욕주에서는 기업이 철도, 전화, 전선 사업 등을 하려면 정부의 허가를 받아야 했다. 이런 사업권은 기업에 막대한 이익을 가져다주었지만, 주정부는 이러한 영업권 부여에 상응하는 세금을 전혀 받지 않았다. 그 이면에는 정치 보스들이 기업에 영업권을 부여해주는 대신 기업이 알아서 정치 보스가 지원하는 후보에게 정치 자금을 기부하는 문화가 있었다.

이러한 정경유착의 배경을 알지 못했던 루즈벨트는 기업들이 막대한 이익을 얻어가면서 세금을 전혀 내지 않는 것은 공정하지 못하다고 생각했고, 민주당의 존 포드(John Ford)의원이 제출한 프랜차이즈 세금 징수 법안을 지지하기로 했다.

루즈벨트가 포드 법안을 지지한다는 소식에 플랫 등 뉴욕의 정치 보스들은 일제히 반발했다. 법안이 통과되면 기업으로부터의 정치 자금이 크게 줄어들 상황이었기 때문에 보스들은 루즈벨트에게 이 법안 지지철회를 노골적으로 요구했다. 기업 측 변호사들도 루즈벨트를 찾아가 이 법안이 통과되면 기업이 더 이상 뉴욕에서 사업을 할 수 없을 것이라고 협박했다.

그러나 루즈벨트는 압력에도 불구하고 포드 법안을 지지했고 법안은 주의회를 통과했다. 그러자 정치 보스와 기업은 이제 루즈벨트에게 노골적으로 거부권 행사를 요구했다.

루즈벨트는 포드 법안에 거부권을 행사할 뜻이 전혀 없음을 명확히 했지만, 정치 보스의 협력 없이는 세법이 통과되기 어렵다는 현실도 알고 있었다. 그는 결국 세율의 결정을 주정부가 아닌 지역단위 정부에서 정할 수 있도록 재량권을 부여하는 등의 타협안을 제시했다. 결국 보스들은 루즈벨트의 타협안을 받아들여 포드 법안은 통과되었다.

부통령은 하기 싫어요

루즈벨트가 매킨리 이후 공화당의 유력한 대선 후보라는 점에는 이견이 없었다. 하지만, 개성이 강하고 개혁 성향이었던 루즈벨트에 대해 공화당의 보스들은 곱지 않은 눈총을 보내고 있었다. 루즈벨트는 이런 상황에서 어떻게 차기 대통령을 노릴 수 있을지 고민했다.

대선이 다가오자 루즈벨트는 자의 반 타의 반 부통령 후보로 거론되었다. 뉴욕과 서부에서 동시에 인기가 있던 루즈벨트는 매킨리의 당선에 당연히 도움이 되는 인물이었다. 또한, 플랫과 같은 뉴욕의 정치 보스들은 이 기회에 루즈벨트를 연방정부의 영향력 없는 자리에 앉혀서 워싱턴으로 그를 보내고 싶었다.

루즈벨트는 부통령 자리가 썩 내키지 않았다. 우선 역대 부통령 중에서 대통령직에 오른 사람들은 대부분 대통령의 유고로 인해서였지 선거로 승리한 경우는 거의 없었다. 무언가를 해야만 직성이 풀렸던 그는 부통령과 같은 상징적인 자리는 맡고 싶지 않았다.

그는 필리핀 식민지의 총독 자리에 관심이 있었다. 필리핀에서 절대적인 권력으로 필리핀의 근대화를 성공적으로 이끄는 일은 그의 제국주의적인 기질과 야심에 가장 적합한 일이었다.

하지만 부통령을 수락하는 것이 필리핀 총독 자리를 따내는 방법이 될 수 있겠다는 생각이 들었다. 결국 그는 대중의 요구, 정치 보스의 정략적 필요, 차기 대통령 자리를 위해 부통령직을 수락한다.

1900년 11월 루즈벨트는 매킨리의 러닝메이트로 부통령에 당선되었다. 하지만, 그의 앞길은 불투명했다. 무엇보다 내심 기대했던 필리핀 총독 자리는 친구인 태프트에게로 돌아갔다. 당시 루즈벨트는 "여기는 모든 것이 정치다. 나는 대통령이 되고 싶고 그 일을 잘 할 수 있다고 믿지만, 현재 확실한 것은 내가 대통령이 되기 위해 현재의 자리가 가장 부적합하다는 사실 뿐이다."라며 비관했다.

하지만, 그의 운명은 1901년 9월 6일 매킨리 저격 사건으로 하루아침에 바뀌고 만다. 이 사건으로 인해 겨우 42살이었던 루즈벨트는 최연소 대통령이 되었다.

굴러 떨어진 대통령 자리

갑자기 대통령 자리에 오른 루즈벨트가 미국이라는 거대한 배를 과연 제대로 끌고 갈 수 있을지, 그의 지나친 개혁적 성향이 미국을 다시 갈등의 소용돌이로 몰아넣지는 않을지 모두가 숨을 죽이고 바라보기 시작했다.

보수주의자들은 루즈벨트가 무책임한 정책을 개혁이라는 명분으로 밀어붙이는 상황을 우려했고 개혁주의자들은 루즈벨트가 공화당을 링컨 시대의 개혁 정당으로 다시 되돌려 놓아주기를 기대했다.

루즈벨트는 충격에 빠진 국민을 안정시키기 위해 우선은 그가 매킨리 정부의 정책 기조를 그대로 이어나갈 것이라고 했다. 그리고 매킨리가 임명했던 장관들에게도 사임하지 말 것을 당부했다.

그는 백악관에 입성한 첫날 AP 등 언론사를 초청했다. 언론인 초청은 당시로써는 매우 이례적인 일이었다. 루즈벨트는 이 자리에서 이전에 뉴욕 경찰위원장과 주지사 시절에 그랬던 것처럼 언론과 현안을 논의하겠다고 약속했다.

취임 후, 그의 열정과 현안에 대한 해박한 지식은 주변의 사람들을 압도했다. 그를 만난 사람들은 대화하는 중에 그에게 빠져들었고 군중은 그의 연설에 빠져들었다.

루즈벨트는 백악관에서도 늘 바쁜 일정을 소화했다. 관료 회의가 없는 날 오전 10시부터 12시까지 그의 사무실은 사람들로 북적댔다. 그는 수많은 사람들과 연속으로 만나며 특유의 직설적인 화법으로 일을 처리했다. 정오가 지나면 사무실은 일반인들에게 열렸다. 루즈벨트에게 매료되었던 수많은 국민들이 그를 직접 보기 위해 백악관을 찾아왔다. 그는 사무실을 가득 채운 사람들을 일일이 만나 고충과 의견을 들었다. 점심시

간에는 다양한 인사를 초청하여 함께 식사를 하며 다양한 화제로 대화를 나누었다. 늦은 오후에는 말을 타거나 테니스를 치며 체력 단련의 시간을 가졌다. 마지막으로 오후의 업무를 마친 후에는 이디스와 아이들이 기다리는 가정으로 향했다.

트러스트와의 전쟁

대통령이 된 후 루즈벨트는 주지사 시절에 이루지 못한 트러스트 개혁에 나서기로 결심했다. 당시 기업주들은 기업 간 결합인 트러스트를 통해 독과점을 확보하는 경우가 많았다. 트러스트가 형성된 이후에는 일반적으로 가격 상승, 임금하락, 업무환경의 악화 등과 같은 폐단이 드러났기 때문에 일반 국민들 사이에서는 반기업 정서가 확산되고 있었다.

루즈벨트는 공화당이 이 문제에 대한 대안을 제시하지 못한다면 국민의 지지를 얻을 수 없다고 생각했다. 루즈벨트는 연두교서를 통해 너무 많은 부(富)가 특정인에게 집중되고 있다고 주장했다. 소비자에게 정당한 효용을 제공하는 기업의 이윤은 타당하고 부의 축적을 범죄시해서는 안 되지만, 기업의 부당한 행위를 막기 위해서는 기업의 운영 실태를 대중에게 공개해야 한다고 주장했다. 루즈벨트는 본격적인 기업 공개 법안을 추진했다.

하지만, 정치인들은 당과 기업 간의 관계가 악화되는 것을 원하지 않았다. 루즈벨트 입장에서도 정치 보스와의 대립이 심해지면 1904년 재선 목표가 좌절될 수 있었다. 각 주의 정치 보스는 정치적 영향력을 유지하기 위해 돈이 필요했고 이 돈은 기업이 공급하는 상황이었다.

1901년 12월 3일. 제57차 연방의회가 개회되자 루즈벨트는 개혁 과제 1호로 생각하고 있던 트러스트 문제에 대해 '선동이 아닌 차분하고 냉정한 검토를 바탕으로' 해결할 것을 주문했다.

그는 "회사가 정부로부터 사업권을 부여받았다면, 이를 진실에 기반하여 운영하도록 요구하는 것이 사유 재산에 대한 제약이나 계약의 자유를 해치는 것은 아니다."라며 "위대한 기업들의 배경에는 국가의 뒷받침이 필요하기 때문에 기업이 기관과 공존하도록 하는 것은 우리의 권리이자 의무"라고 했다. "국가 기관이 기업과 상호 협력하기 위해서는 기업이 사실을 공개하도록 해서 정부가 기업이 어떻게 운영되고 있는지를 조사할 수 있어야 한다."는 말도 덧붙였다. 루즈벨트는 오늘날 기업 규제의 핵심 논거인 투명성의 원리를 설명했던 것이다.

1901년 11월, 뉴욕에서는 미국의 철도왕들이 모여 새로운 트러스트 설립을 위한 협상 중이었다. 새 트러스트의 주요 주주는 그레이트 노던 철도(Great Northern Railroad)의 제임스 힐과 유니언 퍼시픽(Union

Pacific)의 해리먼이었다. 이 협상을 중재하기 위해 제이 피어폰트 모건 (J. Pierpont Morgan)도 참석했다. 경쟁 관계에 있었던 두 철도회사는 모건의 노스 퍼시픽(North Pacific Railroad)을 합병하기 위해 경쟁 중이었는데 서로 출혈이 심해지자 트러스트를 형성하기로 했다. 이들은 세 철도회사를 합병하여 4억불 규모의 트러스트를 만들기로 했다. 노던 증권사(Northern Securities)라고 불린 이 트러스트는 스탠다드 오일 회사에 이어 두 번째로 규모가 큰 회사가 되었다. 당시에 이미 셔먼 반독점법이 있었지만, 사법부의 보수적인 판결로 이러한 트러스트의 형성은 법적 문제가 없는 것으로 여겨졌다.

11월 12일, 노던 증권사의 설립 소식을 전해 들은 루즈벨트는 트러스트를 규제하기 위한 새로운 방안을 결심했다. 그는 트러스트와의 전쟁을 위해 법무장관이었던 필란더 녹스(Philander C. Knox) 장관에게 셔먼 반독점법을 근거로 트러스트에 정부가 소송을 걸 수 있는지 검토해달라고 했다. 녹스는 여러 트러스트 중에 노던 증권사만큼은 정부가 소송을 걸면 승산이 있다고 했다. 루즈벨트는 설사 정부가 소송에 진다고 해도 이 소송을 통해 트러스트 문제를 국민에게 부각시키고 최소한 여론에 의한 도덕적 타격을 가할 수 있다고 판단했다.

트러스트 측 변호인단은 연방정부가 노던 증권회사를 상대로 제기한 반독점소송을 저지하려고 했지만 루즈벨트는 이 소송을 통해 자신이 트러스트라는 거대한 골리앗에 맞선다는 이미지를 만들었다. 루즈벨트의 소송 제기로 월가는 패닉에 빠졌고 루즈벨트에 대한 원성이 하늘을 찔렀다. 이렇게 트러스트와의 전쟁이 시작되었다.

탄광 파업을 중재하다

루즈벨트는 트러스트뿐만 아니라 파업 문제도 해결해야 했다. 당시 펜실베이니아 스쿨길 카운티(Schuylkill)에서는 탄광 파업이 진행 중이었다. 주로 동유럽 슬라브족 출신의 이민자들이 많던 탄광 노동자들은 술도 끊은 채, 마치 종교 투쟁을 연상하는 시위를 이어갔다. 탄광 파업은 탄광연대(United Mine Workers)의 지도자였던 32살의 존 미첼(John Mitchell)이 이끌었다. 그는 노조의 중요성을 설파하며 비폭력 투쟁을 계속 이어갈 것을 종용했는데 노조원들은 마치 목사의 지시를 듣기라도 하듯 미첼을 따라 파업을 이어갔다.

반면 탄광업체 측 대리인이었던 리딩 철도회사의 조지 베어(George F. Baer)는 탄광 노조의 요구를 단호하게 거절했다. 주 정부는 무력으로 탄광 시위를 막아볼 생각도 했지만, 자칫 최악의 유혈사태로 이어질 수도 있었기 때문에 공권력 행사도 쉽지 않았다.

이 무렵, 지역을 순방 중이던 루즈벨트가 사고를 당하는 일이 벌어졌다. 북동부 지역의 주민을 방문했던 루즈벨트는 9월 3일 마지막으로 오픈 캐리지(open carriage, 덮개가 없는 마차)를 타고 피츠버그로 향하고 있었는데 내리막길을 달리던 마차가 갑자기 다른 마차와 충돌하는 일이 벌어졌다. 충돌 충격으로 루즈벨트는 마차에서 튕겨 나갔다. 다행히, 목숨에는 지장이 없었지만, 그의 경호원은 마차에 깔려 숨졌다. 매킨리가 암살당한 지 1년도 되지 않아 미국은 또 한 번 대통령 유고 사태를 맞을 뻔했다.

사고 이후 루즈벨트의 다친 다리는 점점 악화되었고 계속되는 통증에 결국 수술을 받았다. 루즈벨트는 마취제 삼아 술을 먹고 코카인을 환부에 뿌려 신경을 마비시킨 후 수술을 받았다. 다행히 수술은 잘 끝났지만, 당분간 휠체어를 타고 다녀야 했다.

공격은 강렬하게

루즈벨트의 다리는 조금씩 회복되고 있었지만, 펜실베이니아의 탄광 파업은 악화 일로를 걸었다. 겨울이 다가오자 북동부 주는 점점 줄어가는 석탄으로 겨울을 버틸 수 있을지 걱정하기 시작했다. 9월 말, 북동부 주의 학교는 난방이 되지 않아 휴교령을 내렸다. 이어 병원과 정부 건물도 석탄 부족으로 문을 닫아야 하는 처지에 이르렀다.

겨울이 다가오면서 탄광 경영진은 소비자들의 생활이 불편해지면서 여론이 자기들 편을 들어줄 것이라고 생각했지만, 탄광노조 지도자였던 미첼의 성자와 같은 이미지로 인해 여론은 미첼과 탄광노조를 더 지지하게 되었다. 여론의 화살은 서서히 미국의 대기업의 이익을 대변한다는 공화

당으로 향했다. 북동부 주에서 반공화당 정서가 확대되었고 일부에서는 연방정부가 당장 탄광을 국유화해야 한다는 주장까지 나왔다.

비난의 화살이 공화당으로 향하자 루즈벨트는 진화에 나섰다. 그는 녹스 법무장관에게 연방정부가 노동자와 경영진 간의 대립에 개입할 근거가 있느냐고 물었다. 그러나 연방정부가 사기업 내의 갈등에 직접 개입할 근거는 없었다. 대신, 그는 국가적 위기 상황에서 대통령은 국민의 대리인으로서 위기를 해결하기 위해 나설 수 있다는 명분으로 두 측간의 중재에 나서기로 했다.

1902년 10월 1일, 루즈벨트는 탄광 경영자와 노조 양측에 대통령이 주최하는 회의에 참석해 달라고 요청했다. 여론은 미국 역사상 처음 있는 대통령의 중재에 매료되었다. 국민들은 루즈벨트가 직접 나섰기 때문에 곧 문제가 해결될 것을 기대했다.

루즈벨트는 백악관에서 휠체어에 앉은 채로 노사 양측을 맞이했다. 그는 양측에게 서로의 입장보다는 국민을 생각하는 마음으로 임해달라고 요청했다.

이 자리에서 미첼은 만약 그 자리에서 합의에 이르지 못하면 대통령이

THE BREAK IN THE COAL STRIKE.—A HISTORIC MOMENT

지정하는 제3자가 노조의 요구를 들어주지 않는다고 해도 그 결정을 따를 것이라고 선언했다.

루즈벨트는 미첼의 갑작스런 제안을 사측에게 설명했고 사측은 바로 거절했다. 미첼의 대담한 제안에 내심 만족했던 루즈벨트는 이후 양측의 갈등이 해소되지 않자 이번에는 자신이 미첼의 제안을 사측이 받아들일 것을 요청했다. 하지만, 사측은 루즈벨트의 제안조차 거절했다. 루즈벨트는 자신이 중재가 실패했다고 인정했다. 사측은 승리를 자축하며 백악관을 떠났는데, 루즈벨트는 중재 회의의 속기록을 여론에 공개했다. 중재 회의 내용이 공개되면서 사측에 대한 비난이 빗발쳤다.

루즈벨트는 여론의 지지를 등에 업고 탄광업체가 노동자의 현실에 눈을 감고 있다며 전례 없는 조치를 취할 것이라고 위협했다. 그는 만 명의 군인을 탄광에 보내 국가가 직접 탄광을 운영하겠다고 선언했다. 이런 과감한 조치는 루즈벨트가 항상 강조했던 "공격해야 할 순간까지 기다려라! 하지만 공격의 순간에는 아주 강하게 공격하라!"는 지론의 실천이기도 했다.

연방정부와 탄광 업체의 정면충돌이 임박한 가운데 루트 장관은 모건에 대한 만남을 제안했다. 루트 장관과 모건의 회담 이후 모건은 문제를 제3자 중재위원회에 맡기자는 미첼과 대통령의 제안을 철도회사 소유주들에게 다시 제안했다. 이들은 노동자의 대표였던 미첼 대신 모건이 제안했다는 형식을 인정하여 결국 이 안을 받아들였다.

미국이 최악의 노사 갈등을 피할 수 있었던 것은 자신들의 요구가 받아들여지지 않아도 중재위원회의 결정을 따르겠다는 노조 측과 노던 증권사 소송 사건으로 루즈벨트 정부와 불편한 관계였던 모건이 오히려 소유주를 설득하는데 나섰기 때문이다.

상공부의 시작

루즈벨트는 탄광 파업의 파국을 막으면서 그 해에 있었던 중간선거에서 승리했다. 하지만, 1904년 대통령 재선이 가능할지는 아직 불투명했다. 공화당 보스들은 루즈벨트를 여전히 싫어했고, 북부의 산업세력도 하루속히 루즈벨트를 대통령직에서 쫓아내고 싶어 했다. 남부의 공화당도 루즈벨트를 원하지 않았다. 루즈벨트는 아직 자신에게 상원 보스들의 정치력을 누를 수 있는 힘이 없음을 잘 알고 있었다. 그는 보다 본격적인 개혁 추진을 위해 더 많은 여론의 협조와 지지가 필요하다고 느꼈다.

마침 1903년 1월, 언론은 이후 폭로저널리즘으로 불리게 된 심층 기사 3편을 게재했다. 내용 중에는 스탠다드오일의 불법행위, 미니애폴리스 시장의 부정부패 등이 담겨 있었다. 당시 미국의 가장 큰 문제였던 트러스트, 부정부패, 노조의 문제를 다루었던 것이다. 언론이 포문을 열자 루즈벨트는 본격적인 개혁 추진에 나섰다.

1903년, 루즈벨트 정부는 철도회사의 차별적인 리베이트 제도 폐지, 트러스트 소송을 빨리 진행시킬 수 있는 법안, 대기업을 규제할 수 있는 상공노동부(Department of Commerce and Labor)의 설립을 3대 과제로 내세웠다.

3대 과제 중에 다른 법안은 비교적 쉽게 통과되었지만, 〈상공노동부의 설립〉에 대해서는 대기업이 필사적으로 반대하고 나섰다. 법안에는 상공부가 대기업의 운영을 조사할 수 있는 광범위한 권한이 주어져 트러스트 회사를 국가가 들여다 볼 수 있기 때문이었다.

상공부는 기업의 문건을 압수수색할 수 있었고 대통령은 상공부의 조사 결과를 토대로 연방의회에 추가 기업 규제를 요구할 수 있었다. 그동안 정부의 개입 없이 자유롭게 기업을 운영했던 대기업들은 "상공부의 설립은 사회주의로 가는 길이다. 미국의 시장제도가 도전을 받고 있다." 며 강하게 반발했다. 대기업은 여론전을 펼치는 동시에 최고의 변호사를 워싱턴에 보내 로비를 벌였다.

이미 한 차례 상공부 설립에 실패했던 루즈벨트는 법안 통과를 위해서는 연방의원, 특히 상원의원의 도움이 절실하다는 것을 알고 있었다. 그는 공화당과 민주당을 가리지 않고 상공부법 통과를 위한 협조를 요청했다. 루즈벨트가 두 팔 걷고 나서자 트러스트도 다급해졌다. 급기야 록펠러는 자신이 영향력을 미칠 수 있는 상원들에게 상공부법을 무마시켜 줄 것을 요구하는 서신을 보냈다.

록펠러의 서신에 대해 알게 된 루즈벨트는 오히려 이 사실을 언론에 공개하여 록펠러를 궁지로 몰았다. 록펠러의 로비 사실이 알려지면서 트러스트에 대한 여론은 더욱 악화되었다. 결국, 루즈벨트와 여론의 압박으로 연방의회는 상공부 설립 법안을 통과시켰다. 루즈벨트는 개혁 3종 세트의 통과로 트러스트에 대한 보다 본격적인 대응이 가능해졌다.

공정거래(Square Deal)를 제창하다

1903년 4월 1일. 루즈벨트는 기차로 미국 횡단에 나섰다. 뉴욕의 엘리트 출신이었지만 보통 사람과도 호흡이 편했던 루즈벨트는 22,000km가 넘는 긴 장정을 통해 미국 구석구석에 있는 국민을 만났다. 사람들은 호화로운 기차를 타고 마을에 찾아온 루즈벨트에 열광했고 루즈벨트는 이런 군중들이 대통령과 함께 즐겁게 지낼 수 있도록 많은 시간을 보냈다.

루즈벨트는 이 여정 중에 자신의 국내 정치를 쉽게 설명할 수 있는 공정거래(Square Deal)라는 구호를 시험해 보았다. 빈부의 차이에 상관없이 모두 공정한 거래를 할 수 있어야 한다는 취지의 이 구호는 금세 국민들의 호응을 받았다. 이 구호가 점점 알려지자 사람들은 "Square Deal"이라는 푯말을 들고 나섰고 장사꾼들도 광고에 이 구호를 이용했다.

루즈벨트는 이 여정을 통해 옐로스톤, 요세미티 및 그랜드캐년 등 서부의 웅장한 자연을 접하기도 했다. 그랜드캐년에 이른 루즈벨트는 자연이 만들어 놓은 광경에 감명받았고, 그랜드캐년을 국립공원으로 지정하겠다고 결심했다. 이어 하늘을 찌르는 캘리포니아의 레드우드를 보며 서부에 지속적으로 목재와 풀과 물을 공급하기 위해서는 환경보호가 우선되어야 한다고 생각했다.

그는 1902년에 통과된 개간법(The Reclamation Act)으로 서부 곳곳에 새 농지의 개간을 위한 수로 건설이 이루어지는 현장을 직접 목격했다. 이렇게 농지가 마련되면 미국인들은 이곳으로 이주하여 본격적인 개간에 나설 수 있었다.

파나마 운하

 파나마 운하는 파나마 지협을 관통하여 대서양과 태평양을 잇는 77km 의 인공수로이다. 최근까지도 확장이 계속되어 2016년부터 새 수로가 쓰이고 있을 정도로 쓰임새가 많다.

 원래 파나마 운하는 1881년부터 프랑스가 건설을 시작했지만, 습한 정 글 지대였던 파나마에는 각종 독극물을 가진 동물들이 우글거렸고 모기 와 전염병으로 수많은 일꾼들이 죽어 나갔다. 여러가지 기술상의 문제와 계속된 사고로 프랑스의 운하 건설은 중단을 반복하면서 난항을 겪고 있 었다.

 한편, 일찍이 대서양과 태평양을 관통하는 운하의 중요성을 알고 있던 미국은 루즈벨트 정부가 들어서면서 파나마 지역에 운하를 건설하기로 결정하고 파나마를 관할하는 콜롬비아와 조약 체결을 추진했다.

 1903년 1월 22일, 미국은 콜롬비아 정부에 매년 친만 불을 지불하 는 조건으로 파나마 지역을 영구 임대하는 조약을 맺는다. 미국 상원은 1903년 4월에 이 조약을 승인했지만, 콜롬비아 측은 조약 승인을 거부 했다. 콜롬비아 내부에서 파나마 지역을 미국에 임대하는 것이 주권포기 라며 반대의 목소리가 커졌던 것이다.

 돌파구는 파나마의 독립에서 열렸다. 1903년 파나마 독립 가능성이 언 론에 보도되었고 얼마 후 실제로 파나마에서 반란이 일어났다. 콜롬비아 정부는 반란을 진압하기 위해 군대를 파견하려 했지만, 미국 군함이 파 나마로 진입하는 해상로를 봉쇄했다.

 그 후, 파나마는 미국의 보호 아래 콜롭비아로 부터의 독립을 선언했 다. 미국은 파나마가 독립을 선언하자 곧바로 파나마의 독립을 인정하고

11월 6일, 파나마와 미국은 조약을 체결했다. 이 조약으로 미국은 파나마 지역에서 독자적으로 운하를 건설하고 이 지역에 대한 관할권도 획득했다. 미국은 1904년 프랑스로부터 운하건설 장비와 파나마 철도사를 4천 만 불에 구입하여 프랑스로부터 사업권을 인수받았다. 동시에, 파나마에 대해서는 1천 만 불을 지불하고 이후 매년 25만 불을 지불하기로 했다. 이로써 파나마 정부는 독립 국가를 건설하기 위한 막대한 자금을 미국으로부터 지원받을 수 있었다.

이 무렵, 다른 호재도 있었다. 1904년 3월 14일. 루즈벨트가 기다렸던 노던 증권사 사건에 대한 법원의 판결이 내려졌다. 법원은 "어떤 계략이나 구조도 이보다 경쟁을 저하하는 구조는 없었다."며 루즈벨트 정부의 손을 들어주었다. 루즈벨트는 기쁨을 감추지 못했지만, 이 사건에서 공을 세운 녹스 장관을 의식하여 그가 여론의 조명을 받을 수 있도록 침묵했다.

국내외적 호재로 재선 가도에는 파란 불이 들어왔다. 23개의 주에서 1904년 공화당 대통령 후보로 루즈벨트를 지지하기로 결정했다는 소식이 전해졌다. 루즈벨트는 자신감을 갖고 1904년 대선을 맞았다.

일본에 조선을 허하다

1904년 대통령 선거에서는 두 정당 간의 정책 차이가 별로 없어 결국 인물 중심의 선거전이 이어졌다. 민주당은 루즈벨트의 독단적이고 자의적인 업무 추진을 문제 삼아 그를 제왕적 대통령이라고 공격했다. 반면,

공화당은 루즈벨트의 성공적인 외교와 트러스트와의 전쟁을 부각시켰다.

대통령 선거 결과 루즈벨트는 남부 지역을 빼고 전 지역에서 승리했다. 득표율에서도 민주당 후보보다 무려 18.8%를 앞서 먼로 대통령 이후 가장 큰 차이로 승리했다. 무엇보다, 당시까지 부통령으로 대통령직을 이어받은 대통령 중 최초로 재선에 당선된 대통령이 되었다.

루즈벨트는 2기 취임사를 통해 미국이 노사갈등을 극복하고 하나가 되어야 함을 강조했다. 한동안 산업세력의 대변자였던 공화당도 개혁적인 루즈벨트 대통령을 통해 새로운 정당으로 바뀌어갔다.

미국은 물론, 전 세계가 루즈벨트의 다음 행보에 집중하고 있을 때, 루즈벨트는 서부로 2개월간의 여정을 떠났다. 그것은 다시 전속력으로 달리기 위한 사전 휴식이었다. 그는 서부로 향하여 즐기던 사냥에 나섰고 오랜만에 러프라이더 동지들과도 만났다. 그는 이 여정 중에 미국 곳곳의 국민을 만났고 수 주간 아무 방해도 받지 않고 곰과 늑대 사냥에 나섰다. 그는 간혹 워싱턴으로부터 전달되는 전신을 받고는 "태프트가 잘 처리할 것입니다."라며 워싱턴의 업무를 태프트에게 맡겼다.

매킨리 정부 시절 함께 일했던 태프트는 루즈벨트의 가장 친한 친구가 되었고 정치적으로도 최측근이 되어 루즈벨트는 그에게 많은 일을 위임했다. 워싱턴에서는 전쟁부 장관이었던 태프트가 루즈벨트가 점지한 차기 대권주자라는 소문이 공공연히 퍼졌고 루즈벨트는 이러한 소문이 퍼지는 것을 방관했다.

5월에 루즈벨트가 워싱턴으로 돌아오자 태프트는 필리핀으로 향했다. 태프트의 필리핀 여정에는 중요한 아젠다가 있었다. 일본에 들러 러시아와 일본 사이의 갈등을 해소하기 위한 방안을 모색하는 것이었다. 태프트는 필리핀으로 향하던 중 일본을 들러 수상이었던 타로 가쓰라를 만났다.

그는 가쓰라와 러시아-일본 사이의 갈등을 해소하는 방안을 의논했다. 루즈벨트 정부는 러시아보다는 일본에 더 우호적이었기 때문에 러시아를 견제하기 위해 조선에 영향력을 행사하고자 하는 일본의 의지를 이해했다. 미국의 우호적인 입장을 확인한 가쓰라는 미국 정부에 러시아와의 중재를 요청하면서 동시에 일본이 조선에 대한 영향력을 행사할 때 미국이 중립을 지켜 줄 것도 요청했다. 반면, 태프트는 일본이 필리핀을 건드리지 말라고 요구했다. 이러한 양국 간의 협의가 공식화되기 위해서는 조약을 체결해야 하지만, 민감한 국제 현안에 대해 양국은 조약 대신 태프트가 가쓰라에게 "이 합의는 조약으로 간주해도 된다."는 구두 언약으로 대신했다. 이렇게 미국과 일본은 이후 조선의 외교권이 박탈되는 을사조약의 바탕이 되었던 가쓰라-태프트 밀약을 체결했다.

포츠머스 회담

얼마 후 러일전쟁을 벌였던 러시아와 일본의 대표단이 루즈벨트와 함께 미국의 해군 기지가 있던 포츠머스에서 회담했다.

포츠머스 회담은 8월 9일부터 30일에 까지 총 12회에 걸쳐 진행되었다. 이 회담에서 조선에 대한 일본의 주장이 관철되었고 러시아는 만주에서 철수하기로 했다. 또한, 러시아는 어서항과 뤼순항에 대한 조차권을 중국에 돌려주고 남만주 철도회사와 탄광의 소유권도 일본에 넘겼다.

두 국가 사이에 가장 첨예하게 대립했던 사할린 영토에 대한 관할권과 배상 문제는 일본이 배상 권리를 포기하고 대신 사할린 남부 지역에 대한 영토권을 확보하는 것으로 마무리되었다. 조선이 일본의 영향력 하에 놓이는 것이 국제적으로 용인된 이 조약은 일본과 러시아가 각각 1905년 10월 10일, 14일에 채택한다. 이로써 조선의 운명도 결정되었다. 루즈벨트는 이 조약의 중재인으로 노벨 평화상을 수상했다.

루즈벨트는 포츠머스 회담을 통해 미국의 국제적인 지위를 확인했지만, 국내에서는 여전히 트러스트와의 전쟁으로 바빴다. 러시아와 일본이 전쟁을 벌였던 1905년, 미국에서는 스탠다드 오일사와 독립 석유 회사 간의 전쟁이 벌어졌다. 1904년 캔사스 주에서 상당한 석유가 발견되자, 스탠다드 오일사는 이 지역의 독립 정유사와 가격 경쟁에 나섰다. 스탠다드 오일사는 지역 석유 산업을 장악하기 위해 재빨리 각종 설비와 기계, 건물, 파이프라인 등을 건설하고 석유 공급망을 장악하여 독립 정유사가 협조하지 않으면 석유 사업을 못하도록 했다.

이러한 횡포에 캔사스 주민들은 분노했고 공화당 주지사 후보였던 에드워드 호치(Edward Hoch)는 주정부가 직접 석유 정유 시설을 건설하

포츠머스 회담

여 스탠다드 오일사가 경쟁사를 죽이지 못하도록 해야 한다고 주장했다.

얼마 후, 실제 주지사로 당선된 호치는 취임사에서 석유거래, 철도운임 등에 대한 규제를 공언했고, 이에 반발한 스탠다드 오일사는 캔사스에서 채굴한 석유가 시장에서 판매되지 못하도록 해서 캔사스의 많은 주민들이 일자리를 잃게 하겠다고 협박했다. 그러나 이러한 스탠드 오일사의 협박은 오히려 여론의 역풍을 맞아 결국 캔사스 주의 규제 법안이 모두 통과되었다.

스탠다드 오일사에 대한 여론이 악화되자 루즈벨트는 1905년 2월 기업청장이었던 제임스 갈피드(James Garfield)에게 스탠다드 오일사에 대한 강도 높은 조사를 지시했다. 조사 결과 스탠다드 오일사가 뇌물이나 리베이트 등으로 거대한 석유 공급 파이프라인을 건설했으며 정유 산업에서 독점을 구축하였음이 밝혀졌다.

갈피드의 보고서를 본 루즈벨트는 "연방정부가 모든 권한을 동원하여 록펠러의 트러스트에 소송을 제기하겠다."고 밝혔다.

법무부는 스탠다드 오일사에 소송을 제기했다. 이 소송의 1심판결은 법무부의 승리였다. 법원은 스탠다드 오일사의 유죄를 확정하며 총 $29,240,000이라는 천문학적인 벌금형을 내렸다. 그러나 항소심에서는 법원이 기술적인 법리를 문제 삼아 무죄를 선언했다. 이어 연방정부의 검사는 세인트 루이스 연방법원에 스탠다드 오일사가 셜면 반독점을 위반하여 독점을 구축했다고 소송을 제기했다. 이 소송에서 연방법원은 정부의 손을 들어주었다. 2년 후, 대법원 역시 스탠다드 오일사의 경영 방식이 불법이었음을 분명히 했다. 루즈벨트는 이제 셜면 독점법 적용에 있어 연방대법원의 지원을 기대할 수 있게 되었다.

언론으로 여론을 얻다

법원의 판결로 루즈벨트는 트러스트와의 전쟁에 필요한 동력을 얻었다. 그동안 자신의 인기와 여론의 지지를 바탕으로 트러스트에 대응했던 루즈벨트는 이제 법원 판결에 이어 본격적인 규제정책을 추진하기로 했다.

루즈벨트는 특히 트러스트의 동맥과도 같았던 철도 규제가 가장 중요하다고 판단하고 철도 트러스트의 횡포에 쐐기를 박으려 했다. 그는 많은 사람이 위험부담을 감수하며 철도 사업에 뛰어들게 만든 것이 철도 발전의 원동력이었음은 인정하지만, 철도회사가 자리를 잡으면서 오히려 미국의 경쟁과 산업발전을 방해하고 있어 정부의 개입이 불가피하다고 주장했다.

이번에도 언론에서 트러스트와 철도회사의 관계를 폭로하는 기사를 실어 여론을 움직였다. 하지만, 법을 통과시키기 위해서는 연방의회의 지지가 절대적이었다. 철도회사와 트러스트의 후원을 받았던 상원의원들은 빗발치는 여론에도 불구하고 루즈벨트의 규제 정책에 반대했다.

상원이 국민의 목소리를 외면할 수 있었던 배경에는 당시 연방 상원의원을 주민이 직접 선출하지 않고 주 의회가 선출했기 때문이었다. 이 때문에 상원의원은 주민의 의사보다는 정치 보스와 정파의 지지를 얻는 것이 중요했으며, 이 세력들은 트러스트로부터 상당한 후원을 받고 있었다.

루즈벨트가 지지했던 돌리버 상원의원의 법안에 따르면 주(州)간거래 위원회(Interstate Commerce Committee, ICC)가 합리적인 철도 요금을 정할 수 있으며 철도회사가 요금에 반대할 경우 법원에 소송을 제기할 수 있었다. 또한, 철도회사는 ICC의 규제를 받아 동일한 규칙의 회계장부를 기입하고 공개하도록 했다. 주민의 직접 선거로 당선되었던 하원은 이 법안을 압도적으로 통과시켰다. 하지만, 상원은 쉽게 움직이지 않았다. 상원은 특히 이 법안을 통해 철도운임을 실질적으로 정할 수 있을 정도로 법원의 힘이 커지는 것을 반대했다. 상원은 지루한 토론을 이어가며 법안 통과를 저지했다.

철도규제 법안을 통과시키려면 90명의 상원의원 중 46명의 찬성표를 얻어야 했다. 보수 성향의 24명은 포기해야했기 때문에 사실상 66명 중 46명을 설득해야 했다. 그런데, 이 중 33명은 민주당 소속이었다. 루즈벨트가 직접 나서야 했다. 루즈벨트는 3월 31일 주로 서부 출신의 상원의원을 초대하여 식사를 했다. 하지만, 이들도 법원이 철도운임의 적법성 여부를 판단할 수 있는 한, 이 법안의 통과는 어렵다는 의견을 전달했다. 대신, ICC가 정한 운임이 이 기구의 권한을 넘어서는지 또는 위헌인지 여부만 판단할 수 있게 하자는 절충안을 제시했다.

루즈벨트는 이 절충안을 받아들이면 15표에서 20표 정도의 지지표를 추가할 수 있을 것으로 보았다. 루즈벨트가 발 벗고 나서자 상원의 기류도 바뀌기 시작했다. 결국 이 법안은 압도적으로 통과되었다. 사람들은 루즈벨트의 승리를 축하했다.

경제위기 극복을 위한 긴급 대응

　루즈벨트는 재선 이후 국민의 절대적인 지지를 누렸다. 그가 1908년에 3선에 성공해도 겨우 48세였기 때문에 많은 사람들은 3선 도전을 요청하고 있었다. 그러나 그는 3선 도전의사가 없음을 분명히 했다. 루즈벨트의 단호함에 사람들은 루즈벨트 이후에 눈길을 돌리기 시작했다. 워싱턴 정가는 루즈벨트의 친구이자 정치적 동지였던 태프트가 가장 유력하다고 생각했다.

　루즈벨트는 남은 임기 동안 여러 가지 개혁과제를 추진하려 했다. 그러나 집권 후반기에 접어들면서 이전과 같은 국정 동력을 확보하기는 어려웠다. 루즈벨트는 1907년 연두교서에서 연방의회가 60여개의 개혁 법안을 통과시켜 줄 것을 요청했지만, 의회는 소수의 법안에 대해서만 긍정적인 검토를 약속했다. 그나마 기업이 정치 자금을 직접 기부할 수 없도록 한 법과 철도회사가 노동자에게 16시간 이상 계속 노동시키는 것을 금지하는 법안이 통과되었다.

　1908년 10월이 되자 한동안 순항했던 경제가 위기에 빠졌다. 1907년 3월부터 떨어지기 시작했던 증시는 급기야 탄광회사와 전차회사의 부도로 이어졌다. 공업생산량은 계속 감소했고 증시에서 빠져나간 돈의 규모는 1조 달러에 육박했다.
　월스트리트는 이번 경제 위기가 루즈벨트의 지나친 개혁정책 때문이라고 공격했다. 루즈벨트는 이러한 공세에 맞서 경제가 위기를 맞게 된 것은 기업의 과도한 생산 투자 때문이라며 곧 경기가 회복될 것이라고 주장했다.

10월 초, 경제 위기 속에서 일단의 투기 세력이 동(銅) 가격을 급등시켰다가 실패하는 일이 벌어졌다. 투기 세력의 단순 작전 실패로 간주될 수 있었던 이 사건은 그 배후에 니커보커 트러스트 회사라는 거대 투자사가 있었다는 소식이 알려지면서 본격적인 경제 패닉으로 이어졌다. 니커보커 트러스트는 뉴욕에서 두 번째로 큰 투자 회사였다.

견실한 투자회사의 돈이 투기 세력에게 흘러 들어갔다는 소식에 투자자들은 돈 회수에 나섰다. 10월 22일 니커보커 회사는 투자자의 돈을 돌려줄 수 없는 부도 상태에 놓였다. 3주 후, 이 회사의 사장이 자살하면서 사태는 더욱 악화되었다. 당시 중앙은행이 없던 미국은 긴급 자금 지원을 할 수 없었다.

이때, 모건이 1인 연방준비위원회로 나섰다. 그는 자신의 서재를 위기 관리실로 만들어 은행들과 긴밀하게 연락하며 이틀 만에 천만 불의 지원 자금을 확보했다. 루즈벨트도 경제 위기를 피하기 위해 코티르 재무장관을 뉴욕으로 보냈다. 그는 연방정부가 모건이 모금한 금액에 더해 추가로 모건이 사용할 수 있는 2,500만 불을 지원하겠다고 약속했다. 정부와 민간 부분의 협력으로 당장의 경제 위기는 극복할 수 있었다.

그러나 이런 조치에도 불구하고 증시는 계속 급락했다. 10월 24일, 뉴욕증권거래소의 사장은 모건의 자금이 바닥났다고 선언했다. 증시가 문을 닫으면 경제위기는 더욱 걷잡을 수 없이 추락할 것이기 때문에 모건은 즉각 모건 그룹에서 2,500만 불을 추가지원하겠다고 선언했다. 모건의 개입으로 증시는 다시 살아났다.

그러나 얼마 후 중개회사였던 무어 앤 셸리(Moore &Scheley) 회사가 부도 직전이라는 소식이 전해졌고 증시는 다시 충격에 빠졌다. 모건은 이 중개소가 소유하고 있었던 회사들의 지분을 US스틸에 매각하는 방법을 제안했다. 정부에는 이 거래에 반독점 소송을 제기하지 않겠다는 확인을 요청했다. 루즈벨트는 모건의 요청에 동의했다. 이 거래로 미국은 경제 위기를 피할 수 있었지만, US스틸 회사의 거래가 공개되면서 루즈벨트는 트러스트의 대부인 이 회사를 지원했다는 여론의 비난을 샀다.

후계자, 태프트

한동안 미국 정치를 주도했던 루즈벨트도 임기 후반에 이르자 레임덕이 찾아왔다. 그 역시 쓸쓸한 권력의 말기를 피하지 못했다. 60차 연방의회는 59차 연방의회 못지않게 루즈벨트의 개혁 정책을 배척했다. 특히, 증시가 저조한 이유가 루즈벨트의 지나친 개혁정책 때문이라고 생각한 상원은 자신들이 자유방임주의의 수호자라며 이제 더 이상 루즈벨트에게 휘둘리지 않겠다고 선언했다.

루즈벨트는 할 수 있는 일이 별로 없다는 것을 알고 있었다. 특히, 여름에 있을 공화당 전당대회에서 후계자가 지명되면 이제 남은 임기는 상징적인 시간이 될 뿐이었다.

상원뿐만 아니라 대법원마저 루즈벨트에게 잽을 날렸다. 대법원은 1906년 고용주 책임법이 주간 거래를 하는 기업뿐만 아니라 주내에서만 영업하는 기업에도 적용이 된다면 위헌이라고 판결했다. 대법원마저 개혁 정책에 브레이크를 걸자 루즈벨트는 개혁정책을 이어가기 위해서는 믿을만한 후계자를 당선시키는 방법밖에 없다고 생각했다. 그는 대선 일정이 다가오자 보다 본격적인 태프트 대통령 만들기에 나섰다.

태프트는 루즈벨트와 마찬가지로 개혁 성향의 정치인이었지만, 성격은 루즈벨트와 정반대였다. 루즈벨트가 직선적인 인물로 추진력이 강한 인물이었다면, 태프트는 여러 사람과 함께 어울리며 다수의 지지를 얻어 일을 추진하는 온건한 성격이었다. 루즈벨트는 자신감이 넘쳐 다른 사람들에게 오만해 보였고 적도 많았지만, 태프트를 싫어하는 사람은 없었다. 루즈벨트는 강인한 의지와 추진력으로 난제를 돌파하며 일을 추진하는 반면, 태프트는 자신감과 결단력이 부족하여 스스로 일이 꼬이게 만들기도 했다.

태프트는 루즈벨트의 후광을 입고 공화당의 대선후보가 된 뒤에도, 기쁨보다는 주어진 책임감에 짓눌렸다. 사실 태프트는 대통령보다는 연방 대법원 판사 자리를 원했다.

태프트가 대법원 판사의 길을 포기한데는 아내 넬리의 영향이 컸다. 넬리는 헤이즈 대통령 시절 백악관에서 일주일을 지낸 적이 있었는데, 이후 자기 남편이 반드시 미국 대통령이 될 것이라고 장담하고 다녔다. 태프트가 대통령이 된 데는 그녀의 야심이 한몫했다.

윌리엄 하워드 태프트(William Howard Taft)

진보정치의 첫 단추를 끼운 사람

시어도어 루즈벨트는 의지의 인간이었다. 그는 총명한 아이였지만, 건강이 부실하여 힘든 어린 시절을 보내면서도 운동으로 철인이 되었다. 아버지에 이어 어머니와 첫 아내를 거듭 잃었지만, 무너지지 않고 오히려 더욱 일에 매진하며 슬픔을 극복했다. 한동안 서부의 거친 지역을 개척하며 지냈을 만큼 어떤 환경도 이겨냈고, 결국 전쟁에서도 최전선의 승리를 이끌어냈다.

시어도어 루즈벨트는 공화당으로 당선되었지만, 그는 이후 윌슨과 프랭클린 루즈벨트로 이어지는 진보 대통령의 효시가 되었다. 그는 긴 세월 자유방임주의를 기반으로 기업의 자유와 계약을 중시했던 공화당의 전통을 거부하고 20세기에 전 세계를 휩쓸기 시작한 진보주의를 미국에 처음으로 실현했다. 그는 금수저였지만, 사회적 약자를 대변했고 개혁을 추진하는데 주저하지 않았다.

시어도어 루즈벨트는 특히 변화하는 환경을 잘 활용했다. 그는 일찍이 언론과 여론의 중요성을 깨달았고 개혁 정책을 추진하기 위해 여론을 조성하는데 언론을 적극적으로 활용했다. 그는 정치를 위해서는 연방의회와의 관계가 중요하다는 것을 알았지만, 대통령이 연방의회를 다루기 위해서는 여론의 힘을 얻어야 한다는 점을 가장 먼저 깨달은 대통령이었다.

그는 특히 이 당시 미국의 진보적 인사들이 대부분 그랬듯이 독일로부터 많은 영향을 받았다. 비스마르크의 개혁으로 약진하는 독일의 모습을 보며 루즈벨트는 이를 그의 정치 철학을 받아들여 "위대한 미국"이라는 이상을 실현하려했다. 이런 면에서는 그는 국가주의와 애국심을 고취하는 것을 중요시했다.

이렇듯, 시어도어 루즈벨트는 20세기에 들어서면서 이전보다 훨씬 더 중요한 역사적 위치를 맡게 된 미국 대통령의 전형이 되었다. 그는 끊임없는 독서와 연구로 스스로 모든 정책의 전문가가 되었고 이를 실행함에 있어서도 군대의 용감한 장교처럼 최전선에 섰다. 특히, 미국이 세계 1, 2차 대전을 통해 세계 최강국으로 발돋움하면서 미국 대통령이 어떤 모습과 역할을 해야 하는지 보여주었다. 그러나 그는 이후 20세기의 미국 정치를 좌파로 기울게 한 진보정치의 첫 단추를 끼우기도 했다.

2 우드로 윌슨
Thomas Woodrow Wilson

모든 위대한 사람은 몽상가다.
우리 중 일부는 그런 대단한 꿈이
사그라지게 놔두지만
어떤 사람들은 그것을 키우고 보호한다.

그들은 그것을 힘겨운 날에도 돌보아,
꿈의 실현을 진심으로 희망하는 자에게
언제나 찾아오기 마련인 햇빛과 불빛을
만나게 한다.

공화당의 분열과 민주당의 승리

 1912년 대통령 선거전은 민주당에 유리하게 흘러갔다. 공화당이 루즈벨트와 태프트로 분열되었기 때문이다. 그 해의 공화당 전당대회는 특이하게도 현직 대통령 태프트가 전임 대통령 시어도어 루스벨트와 충돌하는 모습이 연출되었다.

 한 때 절친한 친구이자 동지였던 두 사람이 원수관계로 돌변한 이유는 태프트가 대통령이 된 이후, 루즈벨트의 영향력에서 적극적으로 벗어났기 때문이었다. 루즈벨트는 태프트가 자기 사람들을 그대로 기용하고 자신의 정치노선을 계승할 것이라 믿었다. 하지만 태프트가 사안마다 독자노선을 걷기 시작하자 두 사람의 대립과 갈등이 시작된다. 심지어 태프트는 루스벨트의 측근을 해고하고 루스벨트의 재임 중 추문도 들춰냈다. 분노한 루스벨트는 1912년 대통령 선거를 앞두고 공화당 당내 경선에 뛰어들었다. 경선결과는 태프트의 승리였지만, 문제는 그 다음이었다.

 결코 물러설 생각이 없었던 루스벨트와 공화당내 진보진영은 전당대회 이후 모임을 갖고 진보당을 결성해 루즈벨트를 대통령 후보로 선출했다. 이렇게 공화당은 쪼개졌다.

 상황이 이렇게 되자 민주당은 거의 한 세대 만에 모처럼 집권의 기회를 엿보게 된다. 이때 등장한 인물이 우드로 윌슨이다.

 우드로 윌슨은 버지니아주(州) 스톤튼(Staunton)에서 출생했다. 어린 시절을 조지아와 콜럼비아 등 남부에서 보낸 윌슨은 1879년 프린스턴대학을 졸업하고 존스홉킨스 대학에서 정치학 박사학위를 받았다. 그는 프린스턴대학의 교수를 거쳐 1902년에 이 대학 총장으로 선출된다. 그는 프린스턴 대학 총장으로서 많은 개혁을 추진하면서 전국적인 인물로 부상했다.

그러나 보수적인 대학 문화 속에서 개혁을 추진하기 어렵게 되자 1911년 정치에 뛰어들어 뉴저지 주지사로 당선되었다. 뉴저지 주지사 시절, 그는 루즈벨트와 마찬가지로 구태의연한 정치 보스들과 결별하고 개혁 정책을 추진하면서 정치인으로서의 가능성을 인정받는다.

윌슨의 대통령 후보 출마 가능성이 회자되자 많은 지지자들이 집결했다. 특히 남부의 민주당 인사들은 남부 출신으로 개혁적이고 서부에서도 인기가 있었던 윌슨을 가장 적합한 민주당 대통령 후보로 생각했다.

윌슨은 자신에 대한 대통령 후보 지명 운동이 본격화되자 대통령 후보로 나설지 여부에 대해서는 언급도 하지 않으면서 적극적으로 유권자와의 소통에 나서는 행보를 보인다.

그가 남부상업의회의 연사로 나섰을 때 조지 힐러 판사(Judge George Hillyer)가 윌슨을 소개했다. 그는 때마침 애틀랜타를 방문 중이던 태프

토머스 우드로 윌슨(Thomas Woodrow Wilson)

트와 루즈벨트를 염두에 두고 이렇게 말했다.

"어제 저녁 우리는 대통령을 했던 분의 연설을 들었고, 오늘 저녁에는 대통령인 분의 연설을 들을 것입니다. 하지만, 이 아침에는 대통령이 될 분의 연설을 들을 것입니다."

월슨은 "남부가 전국 정치의 중심에 설 때가 되었다"며 자신의 핵심 지지 기반을 다지는 작업으로 본격적인 정치 도전에 나섰다.

월슨은 민주당 내 진보 진영의 지도자였던 제닝스와의 만남을 통해 그의 지지를 얻어내기도 했다. 같은 기독교인으로 월슨보다 더 근본주의적이었던 제닝스는 월슨의 기독교 배경과 진보 정책에 대한 경력을 인정하여 그를 지원하기로 했다.

하지만 당내 대통령 후보 지명전은 쉽지 않았다. 6월에 볼티모어에서 개최된 민주당 전당대회까지 월슨은 계속 2등에 머물렀다. 그는 대권 후보 선출투표에서 패배했다는 연설을 준비 중이었는데 막판에 갑작스런 브라이언의 공개 지지로 인해 무려 제46차 투표에서 민주당 후보로 지명되었다.

결국, 태프트와 루즈벨트 그리고 월슨의 3파전으로 진행되었던 1912년 선거에서 루즈벨트는 신국가주의(New Nationalism)을 외치며 사회보장보험, 8시간 근무 및 연방정부의 경제 규제 강화를 공약으로 삼았다. 반면, 월슨은 신자유(New Freedom)라는 기치 아래 관세법, 은행법 및 반독점법 개정을 공약으로 했다. 두 진보 정치인 사이에 끼였던 태프트는 진보적 보수주의(Progressive Conservatism)라는 어정쩡한 구호로 선거운동을 펼쳤다.

그러나 제3당의 출현은 결과적으로 공화당에 타격이 되었다. 태프트는 겨우 2개 주에서 승리했고 루즈벨트도 6개 주에서만 승리했다. 윌슨은 남은 40개 주에서 모두 승리했다. 민주당은 백악관을 되찾아오는데 성공했다.

우체국장을 임명하라

취임식이 다가오면서 윌슨은 본격적인 조각에 들어갔다. 국무장관 자리는 제닝스 브라이언에게 돌아갔다. 그는 멕시코와 유럽은 물론, 극동의 일본과 중국까지 다녀온 경험이 있었다.

당시 윌슨은 외교 문제보다는 경제 문제에 더 집중할 생각이었기 때문에 자신에게 더 중요한 장관은 재무장관 이었다. 이 자리는 대선에서 큰 공을 세운 윌리엄 맥아두(William McAdoo)에게로 돌아갔다.

이어 연방정부에서 가장 큰 조직이었던 우체국장에는 앨버트 벌레슨을 임명했다. 텍사스주 출신의 8선 하원의원이었던 그는 수많은 이해관계가 걸려있는 우체국장 자리의 적임자로 여겨졌다. 우체국장은 연방 의원들의 취직 청탁이 수없이 이루어지는 곳으로 의회를 잘 아는 사람이 맡을 필요가 있었다.

해군장관은 조세푸스 다니엘스(Josephus Daniels)가 임명되었다. 그는 해군에 대한 지식이 전혀 없었다. 윌슨이 그를 해군장관으로 임명한 것을 보면 그는 전쟁에 대해서는 전혀 걱정을 하지 않은 것으로 보인다. 그런데, 이때 또 한 명의 루즈벨트였던 프랭클린 루즈벨트가 해군차관으로 임명되었다. 프랭클린 루즈벨트는 민주당으로 정치에 입문했지만, 역시 정치보스들과 각을 세우며 소장파로 전국적인 인지도를 획득한 사람이었다.

  윌슨 정부에서 가장 특이한 역할을 한 인물은 커널 하우스(Colonel House)였다. 윌슨의 최측근으로 윌슨에 대한 엄청난 양의 기록을 남긴 하우스는 윌슨 정부에서 어떤 공식적인 자리도 맡지 않았다. 대신, 그는 윌슨의 분신으로 윌슨을 대신하여 워싱턴 안팎을 누비며 윌슨에게 필요한 정보와 조언을 제공했고, 윌슨은 특정 장관에게 맡기기 어려운 임무를 하우스에게 맡겼다.

윌슨도 포기한 논공행상

  윌슨은 취임사를 통해 그동안 부의 성장이 많은 희생을 낳았고 사적 이익을 위해 정치·경제 권력이 남용되었음을 지적했다. 그는 부패한 정부를 깨끗하게 하는 것이 새 정부의 사명임을 강조했다. 그는 "모든 정직한 사람들, 애국자들, 미래로 가는 사람들이 함께 해 달라"라며 개혁에 대한 지지를 호소했다.

  오늘날 미국 대통령의 집무실과 관저를 한꺼번에 일컫는 백악관(The White House)라는 용어는 시어도어 루즈벨트 시절부터 사용되었다. 대통령의 집무가 점점 확장되었던 루즈벨트 대통령 시절에 웨스트 윙이 건설되었고, 이어 태프트 대통령은 웨스트 윙에 대통령 집무실을 만들었다.

  1913년 3월 5일, 윌슨은 내각회의에서 장관들에게 각자 자기 부서에 대한 전격적인 운영권을 부여하는 대신 책임 소재를 명확히 하겠다고 선언했다. 동시에 그는 조지 워싱턴과 제퍼슨 시절처럼 대통령이 '생각할 수 있는 시간'을 반드시 갖겠다며 하루 중 자기만의 시간을 배정해 줄 것을 요청했다.

월슨 대통령은 또한 이전 정부와는 달리 논공행상을 하지 않고 능력으로만 인사를 하겠다고 선언했다. 하지만, 이 환상은 바로 깨졌다.

버럴슨 우체국장은 "대통령님, 당신이 정말 그렇게 한다면 이 정부는 바로 실패합니다. 당신이 추진하고자 하는 개혁 정책은 모두 좌절될 것입니다. 이 자리들은 별 의미가 없습니다. 켄터키주(州) 파두카의 우체국장이 누가 되는지는 국가적으로 아무 문제도 아닙니다. 하지만, 이 작은 자리 배정이 상원과 하원의원에게는 대단히 중요한 문제입니다."

요컨대 월슨이 개혁 정책을 추진하기 위해서는 의회의 협력과 의원들의 지지가 절대적이며, 이를 위해서는 공무원 자리에 이들이 추천하는 사람들을 임명해야 한다는 뜻이었다. 버럴슨 국장의 조언을 들은 월슨은 그 자리에서 이 문제를 버럴슨에게 맡겼다.

정의로운 정부의 이상

정치 경력이 짧았던 월슨은 오랜 세월 정치 여정을 함께 해온 정치적 동지 그룹이 별로 없었다. 대신 개인적 인연이 얽힌 몇몇 인사들과 각별한 관계를 유지했다. 제일 가까웠던 인사는 하우스 대령이라고 불렸던 에드워드 하우스(Edward House)였다. 월슨이 뉴저지 주지사로 도전할 때 특보로 일을 하면서 가까워졌던 하우스는 월슨이 "그는 나의 독립된 자아이며 그와 나의 생각은 같다."라고 할 정도로 월슨의 복심이었다. 이렇듯, 특사를 통한 정치는 좌파의 오랜 전통이다.

두 번째 인물은 월슨의 개인 비서였던 조셉 패트릭 투멀티(Joseph

Patrick Tumulty)였다, 그는 윌슨의 비서 역할뿐만 아니라 정치적 조언과 언론 관계 등에서 중요한 역할을 했다.

마지막으로 그의 주치의였던 캐리 그레이슨(Cary T. Grayson)이 있었다. 건강이 좋지 않았던 윌슨은 캐리를 대통령의 주치의로 임명했으며 그는 재임 기간 동안 의사 이상의 역할을 했다.

윌슨은 경제 문제를 중심으로 주로 내정에 집중하기를 원했지만, 미국은 이미 더 이상 세계와 격리되어 지낼 수 없는 제국이었다. 특히, 뒷마당인 남미에서 미국의 역할은 절대적이었다.

남미 국가들은 유럽 국가로부터 독립한 후에도 정치적 불안이 계속되었다. 이 중에도 미국과 국경을 맞댄 멕시코의 정치 불안은 끊이지 않았다. 멕시코의 군부 출신 독재자들은 서로 정권을 뺏고 뺏기면서 극심한 혼란을 빚었다. 1913년 2월 18일 우에르타 장군이 마데로를 암살하고 대통령이 되어 다시 군부정권을 수립한다. 정권을 찬탈한 우에르타는 집권을 인정받기 위해 윌슨이 취임하는 날 축하 서신을 보냈지만 윌슨은 우에르타를 불법 정권이라며 그를 인정할 용의가 전혀 없다고 답신했다.

3월 7일, 윌슨 내각의 첫 공식 회의 의제는 멕시코 문제였다. 이 회의에서 윌슨은 정부의 외교 정책 원칙을 천명했다. "상호 협력은 법을 근거로 한 정의로운 정부가 존재할 때만 가능하며, 그렇지 않은 정부와는 불가능하다. 정의로운 정부란 통치를 받는 사람들의 동의를 근거로 하며 법치와 공적 양심과 동의 없이 자유는 있을 수 없다. 우리는 이 원칙이 지켜지도록 영향력을 행사할 것이다."라고 천명했다.

민족자결주의의 뿌리

윌슨 집권 얼마 후, 멀리 극동으로부터 혁명의 소식이 전해졌다. 4천 년간 왕정을 이어왔던 중국에서 쑨원이 혁명에 성공하여 공화정을 세웠다. 윌슨이 대통령으로 취임한 지 일주일 후 모건 은행 등의 대표단이 워싱턴을 찾아와 중국에 자금을 지원하기 전에 윌슨 정부의 승인을 받고 싶다고 찾아갔다. 하지만, 윌슨은 미국 은행의 투자 조건이 중국의 내정 간섭 수준에 이른다며 승인하지 않았다. 미국 은행이 사실상 중국 정부의 재정 정책을 통제하려는 순간 브레이크를 걸었던 것이다. 윌슨은 미국과 중국이 동등한 입장에서 상호 협력해야 한다고 생각했다. 그가 미국은행의 중국 투자를 불허한 것은 한동안 미국이 추진했던 돈의 외교(dollar diplomacy)가 더 이상 유효하지 않다는 선언이기도 했다.

필리핀 정책도 바꾸었다. 그는 일부 내각의 반대에도 불구하고 "앞으로의 필리핀 정책은 미국인이 아닌 필리핀 사람들의 이익을 우선으로 하겠다."라는 원칙을 표명했다. 이를 위해 필리핀 통치위원회의 다수를 미국 대통령이 아닌 필리핀 사람들이 임명토록 했다.

윌슨은 언론에 매우 개방적이었다. 1913년 3월 15일. 125명의 기자들에게 윌슨의 집무실이 개방되었다. 당시로선 처음 있는 일이었다. 루즈벨트와 태프트 모두 국정 운영에서 언론을 중시하여 기자들과 수시로 만남을 가졌지만, 윌슨은 한 걸음 더 나가 아예 백악관 취재 기자 모두에게 집무실을 개방한 것이다.

그는 자신의 정부가 국민에게 투명한 정부가 될 것이라고 선언했고 기자들과 정기적인 회견을 갖는 것은 물론 그 자리에서 어떤 질문도 할 수 있다고 했다. 윌슨은 1913년에만 무려 60차례의 기자회견을 했다.

그가 기자들에게 집무실을 개방한 또 다른 이유는 자신이 워싱턴에만 갇혀 있어서는 안 된다는 생각 때문이었다. 그는 자신이 미국 전체의 대통령으로 미국 곳곳의 소리를 들어야 하며 이를 위해서 기자들이 현장의 정보와 소식을 가감 없이 전해 줄 것을 요청했다.

소득세를 도입하다

관세는 미국 무역 정책의 핵심으로 미국의 산업을 외국의 경쟁으로부터 보호하기 위해 쓰였다. 하지만, 관세가 특정 산업과 개인의 이익 수단으로 전락하면서 정경유착과 산업 경쟁력의 저하, 트러스트의 독점 같은 문제가 나타났다. 무엇보다 수입하면 싸게 살 수 있는 물건을 더 비싼 가격에 구매해야 하는 미국 소비자의 피해가 컸다. 모두들 관세 개혁에 동의하고 있었지만, 문제는 지역에 따라 민감한 이해관계가 걸려있다는 문제였다. 예를 들어 설탕은 쿠바 등에서 수입하는 것이 훨씬 쌌지만, 루이지애나의 지주들은 관세의 보호 없이는 루이지애나의 설탕 산업이 완전히 망할 것이라고 협박했다. 윌슨은 각 지역의 이해관계에 얽혀있는 의원들을 설득해야 했다. 그는 "정치력이란 정부의 다양한 부분을 하나의 특정 목표를 위해 협력하도록 하는 것이다."라고 정의하며 이를 실천에 옮겼다.

윌슨의 노력으로 하원은 윌슨이 취임한지 10주 만에 관세개혁법안을 291 대 134로 통과시켰다. 민주당에서 반대했던 5명의 의원 중 4명이 루이지애나 출신이었다.

하원은 통과했지만, 상원은 더 까다로웠다. 윌슨은 반대하는 상원의원들을 백악관으로 초대하면서 설득했고 결국 관세율을 40%에서 25%으로 인하했다.

또한, 윌슨 정부는 처음으로 상시적인 소득세를 도입했다. 새 관세 법안이 시행되면 연방예산이 3억 18백만 불에서 2억 7천만 불로 줄어들 것으로 예상되었다. 소득세는 링컨 대통령 때 연방군대의 비용을 위해 일시적으로 도입되었다가 전쟁 이후 폐지된 바 있었다. 그 후, 1894년 경제 위기로 잠시 재도입되었다가 연방법원의 위헌 판결로 폐지된 법안이었다. 의회는 소득세법을 다시 도입하기 위해 헌법까지 개정해서 연방정부에 소득세를 부과할 수 있는 권리를 부여했다. 당시 소득세는 최고 세율이 7%에 불과했고 부과 대상은 전체 인구의 1%도 되지 않았다.

연방준비은행의 기초

당시의 워싱턴은 냉방시설이 없어 여름만 되면 습하고 무더운 날씨로 많은 사람이 고생했다. 대부분의 정치인들은 여름만 되면 짐을 싸서 다른 곳으로 피서를 떠났다. 하지만, 윌슨은 관세 법안 추진 과정에서 얻은 정치 동력을 놓치지 않기 위해 6월 23일, 두 번째 상하원 합동 연설에 나섰다. 그는 이 연설에서 은행과 화폐법 개정을 요구했다.

윌슨은 미국의 은행 제도가 너무 낙후되었고 이로 인해 미국은 여러 차례 공황과 경제 위기를 겪었다고 지적했다. 그는 새 은행 제도는 경제의 피와 같은 화폐가 적절하게 공급될 수 있도록 해야 하며 이 권한은 소수

개인이 아닌 국가가 가져야 한다고 강조했다. 즉, 오늘날 연방지급준비율의 뼈대가 된 〈정부가 통제하는 연방준비은행〉을 제창한 것이다.

한동안 연방은행 설립 반대를 가장 중요한 정강으로 삼았던 민주당이 윌슨 집권기에 오히려 앞장서 연방준비은행의 설립에 나섰다는 사실을 보면, 이념과 정책은 시대에 따라 변할 수밖에 없는 것을 재확인하게 된다.
이 시점에서는 오히려 연방은행 설립을 주장했던 휘그당을 한 뿌리로 했던 공화당이 반대에 나섰다. 공화당은 윌슨의 제안이 사회주의적이며 포퓰리즘이라고 비난했다.

하지만 연방준비은행의 필요성은 1910년부터 인정되고 있었다. 특히 모건을 포함한 미국의 대표적인 민간은행들은 일찌감치 연방은행의 필요성을 인정하여 설립을 준비했다. 다만, 이들은 이 은행에 대한 통제를 국가가 아닌 자신들이 하기를 원했다.
윌슨은 연방준비은행의 설립을 맥아두 재무장관 및 민주당 의원들과 상의했다. 맥아두는 연방준비은행에 은행에 대한 대출금 이자율의 결정권을 부여하자고 제시했다. 윌슨은 전국의 경제학자와 전문가에게 의견

연방준비은행(Federal Reserve Banks)

을 요청했고 대부분은 이 안에 찬성했다. 남은 문제는 새 화폐에 대한 보증과 연방준비은행의 이사회를 누가 맡을 것인가 였다. 이 문제를 상의하기 위해 윌슨은 자신의 뉴 프리덤 정책을 정리했던 브랜다이스를 찾아갔다. 브랜다이스는 "화폐 발행의 권한은 정부에게만 주어져야 하며 민간 은행도 결국 정부의 규제가 필요하다."라는 의견을 냈다. 중앙은행의 관할권이 정부의 손에 넘어가는 순간이었다.

세계대전과 아내의 죽음

파나마 운하의 완성이 다가오면서 윌슨은 재차 자신의 외교 원칙을 천명했다. 윌슨은 대서양과 태평양을 잇는 대운하는 "헌정을 기반으로 하는 자유를 전 세계로 확산하는데 모두에게 동일한 조건으로 제공되어야 한다."라며 파나마 운하가 전 세계의 무역발전과 자유의 확산으로 이어져야 한다고 설명했다. 그는 전임자들이 미국의 제국주의를 실제 영토까지 취하는 제국주의로 확장한 것을 거부하며 "미국은 인권, 국가의 공익이 경제적 이익을 우선해야 한다. 미국은 앞으로 단 한 치의 땅도 정복으로 확장하지 않을 것이다. 미국은 이미 확보한 영토만으로 어떻게 명예롭고 생산적으로 활용할 수 있는지를 보여줄 것이다."라며 미 제국은 유럽이나 다른 지역의 제국과는 다를 것이라고 확인했다.

하지만 그 무렵 바다 건너편에서 또 다른 위기와 혼란의 시작을 알리는 소식이 전해졌다. 1914년 6월 28일, 사라예보에서 보스니아의 한 세르비아 청년이 오스트리아-헝가리 제국의 왕세자 프란츠 페르난도를 암살했다. 암살자는 슬라브 민족을 합스부르크가로부터 독립시키겠다는 과격 단체의 일원이었다. 합스부르크가에 비극이 찾아왔지만, 이 기회를 이용하여 유럽 제패의 욕망을 드러낸 것은 독일이었다. 독일의 빌헬름 2세는 철의 재상 비스마르크와 함께 이 사건을 어떻게 활용할지 고민 중이었다.

이 때 윌슨의 아내, 엘렌의 건강이 악화되었다. 그레이슨 박사는 엘렌이 콩팥 염증에 시달리고 있으며 살 수 있는 시간이 며칠 남지 않았다는 소식을 전했다.

페르난도 왕세자가 사망한 지 한 달이 되는 날, 오스트리아는 세르비아에 대한 전쟁을 선포했다. 유럽에서 전쟁이 발발했다는 소식에 미국은 잔뜩 긴장했다. 하지만, 윌슨은 "아내가 죽어가는 상황에서 난 아무것도 생각할 수 없다."며 다가오는 엘렌의 죽음에 슬픔을 감추지 못했다.

아무도 원하지 않았던 세계 제1차 대전은 악마에라도 홀린 듯 순식간에 유럽 전역으로 퍼져갔다. 오스트리아가 세르비아를 공격하자 러시아는 세르비아 방어를 위해 군대 동원령을 내렸다. 러시아가 전쟁 준비에 들어가자 이번에는 오스트리아와 동맹관계였던 독일이 8월 1일 러시아에 선전포고를 했다. 이틀 후에는 독일이 프랑스와의 전쟁을 위해 준비했던 슐리펜 계획(schlieffen plan)에 의해 프랑스에 대해서도 선전포고를 했다. 슐리펜 계획은 프랑스와 러시아에 의해 봉쇄되었던 독일이 유사시에 두 국가와 동시에 전쟁을 치르기 위해 만든 군사 계획이었다. 그런데, 슐리펜 계획에 의하면 프랑스를 공격하는 전선을 좁히기 위해 벨기에를 통과해야 했다. 벨기에는 중립 국가였기 때문에 벨기에가 침공을 받으면 영국이 보호하는 조약을 맺고 있었다. 영국은 독일에 경고했지만, 이미 거대한 군대 동원과 전쟁은 더 이상 멈출 수 없는 질주를 시작한 뒤였다. 독일이 벨기에를 공격하자 영국이 독일에 대한 전쟁을 선포했고 저 멀리 일본도 영국과의 조약으로 독일에 선전포고를 했다. 단, 1주일 만에 무려 1,700백만의 군인이 전쟁에 나서게 되었다.

유럽이 전례 없는 전쟁터가 되어 지옥문이 열리던 순간 윌슨은 점점 약해져가는 아내의 곁을 지키고 있었다. 8월 4일, 윌슨은 한 손으로는 엘렌의 손을 붙잡고 다른 한 손으로는 독일과 합스부르크가의 황제, 프랑스 대통령, 영국과 러시아 국왕에게 미국은 유럽이 전쟁의 화마를 피할 수 있도록 돕고 싶다는 편지를 썼다.

8월 6일, 엘렌은 죽음을 직감한 듯 그동안 자신이 앞장서 추진했던 슬럼가를 청소하는 법안이 통과되었는지 물었다. 다급해진 윌슨은 연방의회에 속히 이 법을 통과시켜달라고 부탁했다. 연방의회는 바로 법안을 통과시켰고 윌슨은 엘렌에게 이 소식을 전했다. 엘렌은 그제야 마음이 놓인 듯 그레이슨에게 윌슨을 부탁한다며 오후 5시에 마지막 숨을 거두었다. 윌슨은 아내가 죽은 후 "나는 나 자신에 대해 생각할 겨를이 없다." 라며 지구 멸망의 위기 속에서 아내를 잃은 슬픔을 극복하고자 했지만 슬픔과 상실감에서 한동안 벗어나지 못했다.

엘렌은 나 때문에 죽었다

유럽 전역이 서로 뒤엉켜 전쟁을 시작했지만, 대서양이라는 완충지대를 두고 있던 미국은 유럽 문제에 개입하지 않겠다며 중립을 선언했다. 미국은 유럽의 거의 모든 나라에서 온 이민자로 구성된 나라였기 때문에 모국에 대한 책임감으로 "평화를 지키는 국가의 역할에 방해가 되어서는 안

된다."라며 미국인이 중립을 지켜 줄 것을 거듭 강조했다. 하지만, 미국의 여론은 대체로 전쟁을 처음 일으킨 독일에 부정적이었다. 윌슨마저도 개인적으로는 "독일의 철학은 이기적이며 영성이 없다."라고 혹평했다.

윌슨은 자신의 충복이었던 하우스 대령을 유럽으로 파견하여 전쟁을 조기에 종결시킬 수 있는지 타진했다. 하지만 독일은 전쟁을 끝까지 끌고 갈 것임을 분명히 했다. 유럽의 전쟁으로 윌슨도 자신이 이상적으로 추구했던 외교 원칙을 다시 돌아볼 수밖에 없었다.

유럽의 전쟁으로 미국 정가는 분주해졌지만, 엘렌이 떠난 백악관은 을씨년스러웠다. 윌슨은 "내가 대통령직을 맡은 대가로 엘렌이 죽었다."라며 자책감에 시달렸다. 우울증이 있었던 윌슨은 당장이라도 대통령직을 그만두고 싶었지만, 그레이슨 박사가 지시한 하루 일과를 지키며 일과 운동으로 하루하루를 버텼다. 고통의 시간을 버티게 해준 것은 윌슨의 깊은 신앙심이었다.

1914년 가을, 어느덧 중간평가와도 같은 중간 선거가 다가왔다. 윌슨은 성공적인 관세법과 화폐법의 통과로 여느 중간선거와는 달리 민주당이 쉽게 승리할 것이라고 생각했다. 그러나 중립 선언에도 불구하고 미국은 유럽의 전쟁으로부터 자유로울 수 없었다.

뉴욕 주지사는 유럽 투자가 끊긴 상황에서 뉴욕 증시를 폐쇄할 것을 고려했다. 맥아두 재무장관의 의견도 뉴욕 증시를 폐쇄하는 것이 좋을 것 같다는 쪽으로 흘렀다. 결국 뉴욕 증시는 증시 역사상 가장 긴 4개월 반 동안의 거래 중단을 시작했다.

더 심각한 문제는 수출을 위해 필요한 선박이 없다는 사실이었다. 미국은 그동안 유럽의 선박들을 이용해 대부분의 수출을 진행했는데, 전쟁이 시작되면서 모든 선박이 전쟁 물자 수송을 위해 징용되었다. 얼핏 생각하면 이 기회에 미국의 기업은 선박 건조에 나서면 대박을 터뜨릴 것 같지만, 전쟁으로 불확실해진 미래에 투자할 기업을 별로 없었다. 이렇게 유럽의 전쟁은 서서히 미국의 숨통을 조여 왔다.

한편 1914년 중간선거에서는 사상 최초로 주민의 직접 선거로 상원의원이 선출되었다. 윌슨은 중간 선거에서 별다른 선거 운동을 하지 않았지만 결과는 민주당의 승리로 끝났다. 특히 민주당은 서부 전반에서 표를 확보함으로써 남부주 중심의 지역당 성격에서 벗어나 전국당으로써의 면모를 갖추게 되었다.

중간 선거의 최대 피해자는 루즈벨트의 진보당이었다. 진보당 후보로 150명이 출마했지만 당선된 의원은 몇 명 되지 않았다. 제3당의 실험은 다시 실패로 돌아갔고 진보당 세력은 이후 민주당으로 흡수되었다.

비공식 특사의 시작

1914년 12월 8일, 윌슨은 연방의회에서 연두교서를 전했다. 유럽의 전쟁으로 이 해의 가장 중요한 문제는 안보였다. 윌슨은 최근 미국이 유럽과 벌어질 수 있는 전쟁에 전혀 준비되어있지 않다는 비판을 의식하여 미국은 모든 나라와 평화를 유지하고 있으며 미국의 역사상 거대한 상시군대를 둔 적이 없으며 그럴 필요도 없을 것이라고 했다. 그는 예비군의 유지는 지지했지만 거대한 상비군은 결국 군대를 사용하고자 하는 유혹을 키울 뿐이라고 경계했다.

윌슨은 이렇게 중립을 강조했지만, 한편으로는 유럽의 평화를 위해 하우스 대령을 비밀 특사로 파견했다. 하우스 대령은 그동안 자신이 윌슨 정부를 위해 한 일에 대해 어떠한 대가도 받지 않았지만, 윌슨의 특사로 유럽 여러 국가를 다니는 것은 개인적으로만 감당할 수 없었다. 윌슨은 정부 예산 $4,000을 지원하기로 했다. 윌슨은 하우스를 유럽에 보내면서 "당신은 나의 개인적인 친구로 어떤 공식적인 입장이나 지위에서 만나는 것은 아니다."라며 하우스 대령과 유럽 당사자들 간의 대화는 모두 비공식적인 대화임을 분명히 했다. 이렇게 윌슨은 개인적인 친분이 있는 인사를 활용하는 비공식 특사 방식을 처음으로 활용했다. 하우스는 영국, 프랑스, 독일 측 인사들과 줄줄이 의견을 교환했다. 하지만 평화 협정 가능성은 점점 희박해지고 있었다.

백악관에서 시작된 연애 밀당

1915년 봄. 윌슨에게 새로운 일이 생겼다. 그것은 에디스와의 사랑이었다. 에디스는 1872년 버지니아에서 태어났다. 그녀는 디즈니 영화로도 알려진 포카혼타스의 후예이기도 했다. 에디스는 한번 결혼했었지만, 남편이 일찍 사망하는 바람에 당시 40세의 과부였다. 에디스는 윌슨의 사촌이었던 헬렌과 가까이 지냈고 윌슨의 주치의인 그레이슨과도 알고 지내는 사이였다.

1915년 3월, 헬렌은 에디스에게 백악관의 리무진을 타보자고 제안했다. 당시 에디스는 워싱턴에서 여성으로는 드물게 운전을 할 줄 알았다. 에디스는 꺼려했지만 헬렌은 에디스를 끌고 백악관으로 갔다. 헬렌은 윌슨 대통령과 그레이슨이 골프를 치고 있기 때문에 백악관 사저에는 아무도 없다며 에디스를 설득했다. 백악관에 도착한 둘은 엘리베이터를 타고 사저로 올라갔다. 그리고 엘리베이터에서 내린 바로 그 순간, 에디스는 눈 앞에서 윌슨과 그레이슨을 발견했다.

알고 보니 그 자리는 그레이슨이 헬렌과 함께 우연을 가장해 만든 자리였다. 네 사람은 차를 마시며 한참 동안 이야기를 나누었고 그 후 만남은 몇 번 더 이어졌다. 윌슨은 점점 에디스의 매력에 빠져들었다.

5월 3일. 윌슨은 에디스와 둘만 남은 기회에 자신이 그녀와 사랑에 빠졌다고 고백했다. 당황한 에디스는 "당신이 저를 사랑할 수는 없습니다. 당신은 저에 대해서 아직 잘 모르고 당신은 아내와 사별한 지도 1년도 되지 않았어요."라며 속마음을 그대로 말했다.

하지만 윌슨은 에디스의 말에 아랑곳하지 않았다. 그는 백악관의 시간은 하루가 천년 같고, 천년이 하루 같으며 아내와 사별한 후 말할 수 없는 외로움과 고통 속에서 살고 있다고 했다. 그는 "당신이 당황스러워 할 줄 알았지만, 딸과 헬렌에게 당신이 나의 아내가 되어 주었으면 한다는 말을 해놓고 정작 당신에게 그 말을 하지 않는 것은 옳은 일이 아니라고 생각했소."라며 에디스에게 자신의 마음을 털어놓았다. 둘은 두 시간이나 계속 이야기를 나누었지만, 에디스는 지금 당장은 수락할 수 없다고 했다. 이렇게 백악관 최고의 연애 밀당이 시작되었다.

사랑과 전쟁

윌슨이 모처럼 인생을 즐기기 시작했을 때, 대서양의 상황은 악화 일로를 걷고 있었다. 1915년 5월 7일, 윌슨은 루시타니아호가 독일 잠수함의 공격으로 침몰했다는 소식을 들었다. 첫 전신에서는 인명 피해는 없었다고 했다. 하지만, 밤 10시가 되어 좀 더 자세한 내용이 전해졌다. 독일의 U보트가 아무 경고 없이 루시타니아호에 두 발의 어뢰를 발사했다. 이 공격으로 무려 1,198명의 민간인이 목숨을 잃었고 그중 128명이 미국인이었다. 루시타니아 호에 대한 독일의 일방적인 공격에 미국의 여론은 당장이라도 독일을 응징해야 한다고 흥분했다. 특히, 루즈벨트 전(前) 대통령은 당장 전쟁을 선포할 것을 요구했다.

그러나 모두가 미국의 선전포고를 지지한 것은 아니었다. 특히, 브라이언 국무장관은 조급한 전쟁 참여를 반대했다. 우선, 독일은 루시타니아호의 항해 1주일 전, 미국 신문에 영국 해협이 전쟁 지역임을 알렸다.

또한, 브라이언은 루시타니아호에 무기가 선적된 것은 아닌지 의심했다. 만일, 이 배에 영국을 위한 무기가 실려 있었다면 독일의 공격은 완전히 다른 이야기가 되었기 때문이었다. 랜싱 국무차관의 조사 결과 이 배에 무기가 실렸다고 보고되었다. 물론, 국제법상 선박은 소량의 무기

루시타니아호의 침몰

를 실을 수 있었지만, 국무부가 확인한 무기는 4,200정의 소총과 1,250개의 수류탄이었다. 이 사실대로라면 미국은 민간인이 타고 있는 루시타니아호를 무기 수송선으로 만든 영국에 경고해야 했다. 영국이 미국인을 방어막 삼아 무기 밀수를 시도한 것이기 때문이었다.

그러나 미국내 여론은 독일의 공격에 관해서만 관심을 가졌다. 영국에 있던 하우스 대령도 윌슨에게 즉시 독일에 항의하고 재발방지 약속을 받아내야 한다고 조언했다.

윌슨은 여전히 신중한 입장이었다. 그는 필라델피아에 모인 4천명의 군중 앞에서 연설했다. 그는 이 연설에서 미국 정부의 중립 정책을 옹호하며 "우리는 싸우기에 너무도 명예롭다(Too proud to fight). 어떤 옳은 일은 국가가 싸우지 않아도 옳은 것이다."라고 했다.

하지만 "싸우기에 너무도 명예롭다."는 표현은 100명이 넘은 미국인이 죽은 사건에 대해 너무도 무책임한 소리로 들렸다. 언론은 윌슨의 발언을 비판했고 이에 당황한 백악관은 다음 날 이 연설이 미국 정부의 공식 입장이 아니라 윌슨의 개인 의견이었다고 한발 물러섰다. 독일에 대한 미국인의 증오는 점점 커졌다.

윌슨은 독일에 편지를 보냈다. 윌슨은 독일의 행위가 해양의 자유라는 대원칙을 위반하고 있다고 경고하고 다시는 이런 일이 일어나지 않도록 조치를 할 것을 요구했다. 그리고 미국 시민은 공해를 여행할 권리가 있다고 했다.

5월 말, 윌슨은 독일로부터 답신을 받았다. 독일은 답신에서 중립국 국민에게 피해가 있었던 것을 사과했지만, 루시타니아호는 영국 해군의 보조 순항함으로 건설된 것이며, 이 배는 총을 포함한 무기를 수송 중이었다는 사실을 상기시켰다. 독일은 잠수함 공격이 루시타니아호가 수송 중

루시타니아호의 침몰 기사를 다룬 뉴욕타임즈

이던 무기로부터 독일군을 보호하기 위한 불가피한 방어였으며 오히려 영국이 미국인을 무기가 수송선에 탑승시킴으로써 미국법을 어겼다고 설명했다. 하지만, 앞으로는 중립국 선박에 대해 공격하지 않도록 지시하겠다고 마무리하여 루시타니아호 사건은 일단락을 맺었다.

독일은 루시타니아호 사건 협상 과정에서 자신들이 미국과 협력할 의향이 있음을 밝히기도 했다. 독일은 미국인이 있다는 이유만으로 공격을 멈출 수는 없지만 미국 선박과 중립국에 승선한 미국인의 보호를 위해 노력하겠다고 했다. 실제로 독일은 미국에 대해서는 최대한 공격을 자제했다.

하지만, 독일은 잠수함 공격을 멈추지는 않았다. 8월 19일에는 아일랜드 해협에서 아랍호를 공격했고 두 명의 미국인이 사망하는 일이 발생했다. 이 사건에 대해 랜싱 미 국무장관이 독일에 대해 또다시 강력한 경고를 하자, 독일은 해군 장교를 강등시키고 사전 경고 없이 민간 선박을 공격하지 못하도록 지시했다. 하지만 불과 3달도 되지 않아 이탈리아의 민간 선박이 유보트의 공격을 받아 9명의 미국인을 포함해 200명의 사망자가 발생하는 일이 다시 발생했다.

절실한 구애

산적한 난제로 인한 스트레스 때문이었을까, 아니면 엘렌을 잃은 후 느꼈던 지독한 고독에 대한 반발심 때문이었을까, 아니면 뒤늦게 찾아온 뜨거운 사랑의 감정을 주체할 수 없었던 것일까. 윌슨은 첫사랑의 열정이 살아난 듯 에디스에게 더욱 절실한 구애를 했다. 두 사람은 수개월 동안 서로 250편의 편지를 나누며 사랑을 이어갔다. 에디스에게 윌슨은 사실상의 첫사랑이었다. 그녀의 첫 결혼은 상대방의 일방적 구애에 어쩔 수 없이 끌려간 결혼이었다. 결혼 생활도 별로 행복하지 않았고 아이도 나은 후 바로 죽었다.

하지만, 둘 사이를 우려하는 목소리도 있었다. 아직 아내를 잃은 지 1년도 채 되지 않은 시점에 연애를 하는 모습에 여론이 좋을 리 없었다. 이제 곧 선거철이 다가오고 있었고 언론에 알려지는 것은 시간문제였다. 둘을 지켜보던 맥아두와 하우스는 둘을 결혼시킬 작전을 짰다. 맥아두는 윌슨이 약혼했다는 익명의 편지가 돌아다니고 있으며 윌슨의 정적들이 이 편지를 손에 넣기 위해 수소문 중이라고 전했다. 맥아두의 말에 당황한 윌슨은 즉각 에디스에게 글을 보냈다. 이제 더 결혼을 늦출 수 없다고 결심한 윌슨은 에디스의 결단을 종용했다.

이어 윌슨은 비밀리에 하우스에게 결혼 준비를 요청했다. 하우스도 그해 안에 결혼을 마무리하는 것이 좋겠다고 조언했다.

1915년, 10월 6일 백악관은 둘의 약혼을 공개했다. 보도 자료에는 윌슨이 오는 뉴저지 주 선거에서 여성의 투표권 부여에 찬성표를 던지겠다고 했다. 윌슨과 에디스의 약혼이 공개되면서 이제 더 이상 눈치를 볼 이유가 없어진 둘은 더 많은 시간을 함께 보낼 수 있었다. 한동안 을씨년스럽턴 백악관에 다시 생기가 돌았다.

월슨의 백악관에서는 두 딸의 결혼식에 이어 본인의 결혼식으로 세 번의 결혼식이 있었는데, 둘의 결혼식은 가장 소박했다. 둘은 가까운 친지와 내각의 중요 인사만 초청하여 조촐한 결혼식을 올렸다.

우드로 윌슨과 에디스 갤트(Edith Bolling Galt)

마침내 전쟁의 길로

윌슨은 에디스와의 결혼으로 삶의 활력을 되찾았지만, 유럽의 상황은 더 악화되었다. 1915년 10월 30일, 독일의 U보트가 영국 순양함 페르시아호를 침몰시켰다. 경고 없는 어뢰 발사로350명의 승객이 사망했다. 이어 지중해에서 또 다른 두 척의 배가 경고 없이 공격을 당했다는 소식이 전해졌다. 랜싱 국무장관은 유럽 사태가 점점 악화되자 윌슨에게 우려의 편지를 보냈고 신혼여행 중이던 윌슨은 백악관으로 돌아왔다.

유럽의 사태가 악화되자 윌슨은 매파와 비둘기파 모두에게 비난을 받았다. 매파는 윌슨이 미국의 명예를 더럽히고 있다며 하루속히 미국의 참전을 선포하라고 종용했고 비둘기파는 윌슨이 평화를 위해 전쟁 당사자에게 공정하지 못하다고 비난했다.

여론이 윌슨의 지도력에 의문을 품기 시작하자 윌슨도 행동에 나설 수밖에 없었다. 무엇보다, 연이은 독일의 공격은 명백한 국제법의 위반이었기 때문에 미국도 더 강력한 대응을 하지 않을 수 없었다. 영국 정부와 하우스도 윌슨의 강력한 대응을 요청했다.

미국의 다음 선택은 독일과의 외교 관계를 단절하는 것이었다. 하지만 외교 채널을 열어 놓는 것이 낫다는 판단에 일단 외교 관계를 계속 유지하기로 했다.

남부주 출신으로 전쟁의 참화가 얼마나 끔찍한지 직접 경험했던 윌슨은 미국이 유럽의 전쟁에 끌려 들어가는 것을 원치 않았다. 미국인이 자국도 아닌 유럽 땅에서 희생되는 것을 보고 싶지 않았다.

그러나 더 이상 아무것도 하지 않을 수는 없었다. 윌슨은 본격적인 전쟁 준비를 위해 우선 국민을 설득해야 했다. 그는 전쟁 참여 여부를 떠나 미국이 더는 안전한 섬처럼 세상과 떨어져 살 수만은 없으며 국제 사회의 일원으로 최악의 경우를 대비할 수밖에 없다고 호소했다. 미국이라는 거대한 생산 기지가 이제 본격적인 전쟁 준비에 나선 것이다.

판초를 잡아라

한편 이 무렵 멕시코는 계속되는 내전으로 혼란에 빠져있었다. 1916년 3월 9일, 멕시코의 판초 빌라는 뉴멕시코로부터 불과 5km밖에 떨어지지 않은 마을을 습격했다. 미국의 코앞에서 무력시위를 벌여 자신의 존재감을 드러낸 것이다. 윌슨은 판초 빌라를 체포하기 위한 제한된 군사 작전을 지시했다. 이 작전은 존 퍼싱(John J. Pershing)이 지휘했다.

3월 15일, 퍼싱 장군은 5,000여명의 미군을 이끌고 멕시코로 진군했다. 윌슨은 미군의 멕시코 진입을 전쟁으로 보지 않았다. 오히려 멕시코 정부를 장악하고 있던 카란자 장군과의 합동 작전이라고 생각했다. 카란자 장

멕시코로 진군하는 존 퍼싱(John J. Pershing)

군은 미국과의 전쟁을 피하기 위해 미군의 멕시코 진입을 승인했다.

그러나 멕시코 국민은 미군의 진입을 주권 침해라고 생각했고 반면, 미국 내부에서도 윌슨이 멕시코와의 전쟁 대신 제한된 군사작전만 허용한 것을 비판하는 목소리가 터져나왔다.

미군이 진군하자 판초 빌라는 멕시코 깊이 숨어들었다. 4월이 되자 윌슨은 어떻게 대응할지 고민했다. 한편에서는 판초 빌라가 도주했으니 이제 철수하자고 조언했으나 다른 한편에서는 판초 빌라를 체포해야 다시는 도발이 없을 것이라며 군사 작전을 계속 할 것을 조언했다.

6월 20일, 카라지알 지역에서 멕시코 지역 사령관이 미군을 공격했다. 이제 내각은 멕시코에 대한 응징을 요구했다. 하지만, 윌슨은 독일이 멕시코의 반군을 지원하여 미국이 멕시코와 전쟁에 휘말리게 하고 있다고 설명했다. 내각은 윌슨이 왜 당장 전쟁을 선포하지 않았는지 알게 되었다.

한편, 멕시코에서는 퍼싱의 부하 중 한명이었던 조지 패튼(George S. Patton)이 판초 빌라의 2인자를 사살했다. 이 작전의 성공으로 패튼은 일약 명성을 얻었는데, 이유는 그가 판초의 2인자를 사살했기 때문이 아니라 그 시체를 지프차에 매달고 귀대했기 때문이었다.

매파와 비둘기파

1916년 6월, 연방의회는 주방위군과 예비군을 증원하는 국가안보법을 통과시켰다. 그리고 48개 주에서 100,000명이 넘는 민병대를 멕시코 국경 지역으로 보냈다.

1916년 3월 24일, 독일 잠수함이 400명의 승객을 태운 프랑스의 페리

호를 공격했다. 어떤 무기도 없던 이 배에 대한 공격으로 80명의 사상자가 발생했는데 미국인은 없었다. 하지만 미국의 여론은 더 연합국 쪽으로 기울었다.

공화당의 지도자였던 로지 상원의원은 윌슨에게 하루빨리 전쟁을 선포할 것을 종용했다. 매파와 비둘기파는 당을 넘어 특이한 연대를 형성했다. 일부 민주당 의원은 공화당과 같이 전쟁을 종용했고 서부의 공화당은 오히려 민주당의 비둘기파와 같은 목소리를 냈다. 논란이 커지자 4월 19일 윌슨은 다시 양원 합동 연설에 나섰다. 그는 이 연설에서 독일이 즉시 잠수함작전을 중지하지 않는 한 미국은 독일과의 관계를 다시 검토하겠다고 했다.

윌슨의 단호한 어조에 미국은 긴장했고 독일은 더 긴장했다. 독일은 미국과의 갈등을 피하기 위해 즉각 성명을 발표하여 "공해에서 여행의 자유를 보장하겠다."고 했다. 그러나 영국이 해상봉쇄를 계속하는 한 독일이 자신들에게 가장 중요한 방어 수단을 포기할 수는 없다고 했다. 윌슨의 경고로 독일과 당장의 전쟁은 피했지만, 미국의 분위기는 점차 전쟁이 불가피함을 인정하게 되었다. 이제 여론은 미국도 이 전쟁에서 자유

로울 수 없다는 사실을 충분히 인정하고 있었다.

무엇보다 그 해는 대통령선거의 해였기 때문에 유럽 전쟁 문제는 점점 여론의 조명을 받을 수밖에 없었다. 윌슨은 재선이 확실했고 상하원 모두에서 다수의석을 확보하고 있었다. 그는 6월에 필라델피아에서 '미국을 우선으로(America First)'라는 표현을 썼다. 윌슨은 "자신이나 자신의 이해관계보다는 국가를 위해 자신을 희생하는 것을 의미한다."라고 설명했다. '미국을 우선으로!'라는 구호는 다시 미국의 건국 정신이었던 공화주의로 돌아갈 것을 호소하는 것이었다.

민주주의를 위해 세상은 안전해야 합니다

1916년 대선에서 윌슨은 민주당의 유일 후보로 선출되었다. 공화당은 연방대법원 판사였던 찰스 에반스 휴즈를 선출했다. 그는 연방대법원 판사로 유일하게 미국 양대 정당의 대통령 후보로 선출되었다.

1912년 대선에서는 공화당이 태프트와 루즈벨트로 양분되었지만, 1916년 선거에서는 휴즈 후보를 중심으로 다시 뭉쳤다.

대선 동안의 주요 이슈는 멕시코 혁명과 유럽의 제1차 세계 대전이었다. 윌슨과 민주당은 중립 정책을 유지하며 미국이 유럽의 전쟁에 휘말리는 것을 막아야 한다고 주장한 반면, 휴즈는 윌슨의 소극적인 대응을 비판했다.

선거 결과는 윌슨의 승리였다. 재선에 성공한 윌슨에게 유럽으로부터 또 다른 소식이 전해졌다. 러시아에서 쿠데타가 일어나 니콜라스 2세가 권좌에서 물러났다는 소식이었다. 이로써 300년간 이어졌던 러시아 로

마노프 왕조는 종말을 고했다. 윌슨은 로마노프 왕조의 종말을 보며 이 전쟁이 결국 유럽의 구체제를 몰락시킬 것이라고 예견했다. 하지만, 러시아의 혼란이 전체주의 사회로 이행될 것을 예견하지는 못했다.

이어 3월 18일에는 3척의 미국 선박이 유보트의 공격을 받아 미국인 3명이 사망했다는 소식이 전해졌다.

1917년 3월 20일, 윌슨은 국무회의 첫 안건으로 유럽의 전쟁사태를 논의했다. 맥아두는 미국민이 확실한 행동을 원한다면서 정부가 명확한 메시지를 밝히지 않으면 국면에 따라 끌려 다닐 것이라고 전쟁 선포를 종용했다. 전쟁 선포를 찬성하는 각료들의 발언이 계속 이어지자 윌슨은 다른 장관들에게 의견을 구했다. 우체국장은 미국이 중립을 포기하는 것을 원하지는 않았지만, 지금은 대중이 원하는 것이 아니라 옳은 일을 할 때라며 옳은 일은 전쟁을 선포하는 것이라고 했다. 마지막으로 모두의 눈길은 평화주의자였던 해군 장관에게로 향했다. 그는 눈물을 흘리며 "그동안 인내심을 가지고 대했습니다. 하지만, 바다에서의 우리의 권리를 보호하기 위해서는 다른 선택이 없습니다."라며 전쟁선포를 지지했다. 내각 의견을 두루 경청한 윌슨은 "여러분의 의견에 논란의 여지가 없군요. 감사합니다."라며 회의를 마쳤다.

1917년 3월 31일, 윌슨은 양원 합동 연설을 위해 의사당으로 향했다. 의사당에 들어선 그는 긴장한 얼굴과 떨리는 손으로 준비한 원고를 읽기 시작했다. 의사당에 모인 의원과 방청객들 사이에도 긴장감이 돌았다. 그는 독일 잠수함의 공격 행위가 전 세계에 대한 전쟁일 뿐만 아니라 인류에 대한 도전이라며 독일군의 행위를 비난했다. 윌슨은 "이러한 인류에 대한 도전에 대해 결단을 내려야합니다. 미국의 의도는 단순 보복이나 더 강한 국력을 가졌다는 것을 보여 주기 위함이 아닙니다. 인권을 위해 우리는 한 당사자로 나서기로 했습니다."라고 말했다.

이어 "우리는 복종하는 선택은 하지 않을 것입니다."라며 미국의 의지를 다졌다. 의사당은 환호성으로 가득 찼다. 힘을 얻은 윌슨은 "최근 독일의 행위는 미국에 대한 전쟁행위와 다를 바 없습니다. 우리는 미국의 모든 힘과 자원을 활용하여 독일과의 전쟁을 끝내야 합니다."라며 의회에 전쟁 선포를 요청했다.

윌슨은 "세상은 민주주의를 위해 안전해야 합니다."라는 유명한 말을 남겼다. 36분간의 연설을 마치면서 윌슨은 마지막으로 루터의 말을 인용하며 "하나님이 도우신다면 이 일은 미국이 할 수 있는 유일한 일입니다."라고 마무리 했다.

의사당에 모였던 모든 인사는 일제히 기립 박수를 보냈다. 언론도 윌슨의 연설을 극찬하며 어려운 시기에 윌슨이 미국의 사명과 해야 할 일을 감명 깊고 정확하게 설명했다며 박수를 보냈다. 이어 전쟁선포권을 가졌던 상원은 4월 4일, 82대6으로 전쟁 선포를 가결했다.

윌슨은 본격적인 전쟁 준비에 나섰다. 윌슨은 기존의 군대 관련법뿐만 아니라 선박 운항, 연방재정법, 철도법, 주간거래법 등 많은 법을 개정하거나 새로 만들어야 했다. 우선, 해군이 먼저 준비에 나섰다. 미 해군은 정부 선박을 모두 전쟁 준비를 위해 동원했고 미국에 있었던 독일 선박도 압수했다. 하지만, 독일은 이미 미국의 참전을 예상하고 대부분의 선박을 파손시킨 상태였다.

가장 중요한 준비는 식량 문제였다. 유럽으로 보낼 군용 식량은 물론,

무역의 어려움으로 원활한 곡물 수입이 중단될 것이기 때문에 미 국민의 식량 조달이 보장되어야 했다. 윌슨은 미국 전역에 곡물 증산을 호소했고 각 도시와 마을은 새 경작지에 씨를 뿌리기 시작했다. 또한, 많은 물자의 조달을 위해 기업은 이윤 대신 미국의 전쟁 수행에 도움이 되도록 적절한 이윤만 남길 것을 호소했다. 그는 미국이 하나가 되어 애국심으로 전쟁을 위한 부담을 함께하자고 호소했다. 17세기 초, 영국의 식민지로 출발했던 미국이 이제 유럽을 구하기 위한 전쟁에 나섰다.

민주당, 진보로 기울다

윌슨은 본격적인 전시 정책을 추진했다. 그 범위와 방식은 연방정부에 전례 없는 권한을 부여하여 민주당의 전통적인 입장이었던 작은 정부와 완전히 대치하는 내용이었다. 윌슨은 진보 대통령의 한 명으로 미국 연방정부의 권한 확대에 지대한 영향을 미쳤다. 무엇보다 그는 과학적 인문학이 가능하다는 믿음 속에서 정부가 진보를 위한 수단이 될 수 있다며 정부의 권한 확대에 적극적으로 나섰다. 윌슨은 이런 톱다운 방식을 구현하기 위해 동부 명문대 출신들을 적극적으로 영입했고 그 결과 민주당의 색깔이 과거 남부주 중심의 보수적인 성격에서 북동부 지식인들 중심의 진보적인 성격으로 변모하기 시작했다.

미국의 전쟁 선포 1년 전 통과된 육군 전용법은 군대를 보충하기 위해 대통령이 정부 권한으로 민간 기업을 통제할 수 있도록 허용했다. 이 권한에 대해 일부 비판이 있었지만, 유럽에서도 영국, 프랑스, 이탈리아, 독일 등 거의 모든 전쟁 당사국이 유사한 제도를 실행하고 있었다. 윌슨은 빠른 물자의 수송을 위해 미국의 철도업체를 통제했는데, 맥아두에게 이 일을 맡겼다. 그는 적시에 필요한 자금을 공급해야 하기 때문에 이를 맡기로 했다. 그는 처음으로 미국의 철도 전체를 한 눈으로 볼 수 있는 사람이 되었다. 맥아두는 불필요한 철로를 없애고 효율성을 높여 1억불에 달하는 비용 절감을 이루었으며 철도 노동자의 임금도 개선했다.

육군 전용법은 국가안보위원회를 구성하도록 했다. 이 위원회에는 버나드 바루크(Bernard Baruch)라는 인물도 포함도 되어있었는데, 그는 "나는 현대전에서의 승리는 평상시의 경제력을 얼마나 빠르고 효과적으로 전쟁 자원으로 바꿀 수 있느냐에 달려 있다고 생각했다."며 자신의 직관이 맞았다는 것을 확인했다.

윌슨 정부는 공화당 인사로부터도 많은 도움을 받았다. 주로 은행 쪽과 가까웠던 공화당 인사는 은행가들을 윌슨 정부와 이어주어 전쟁에 필요한 자금을 원활하게 조달하도록 도왔다. 태프트 전 대통령도 국가전시노동위원회의 위원장으로 일했다. 윌슨은 특별 전시 내각을 구성하여 기존의 장관뿐만 아니라 전시 체제를 이끌기 위해 필요한 인사를 추가로 임명했다. 미국의 전시 동원 체제에서 가장 크게 활약 한 인물은 이후 미국의 제31대 대통령이 되는 허버트 후버였다.

총 대신 펜으로 싸운다

1차 세계대전에 임하는 미국의 입장은 특별했다. 미국의 입장에서 이 전쟁은 영토의 확대를 위한 것도 아니고, 영토를 지키기 위한 것도 아니었다. 말 그대로 미국의 정치적 이상을 위해 전쟁에 참여하는 것이었다.

이 때문에 무엇보다 '여론전'이 중요했다. 윌슨은 여론에 단순히 사실을 알리는 수준을 넘어 여론을 적극적으로 유도하는 여론전을 펼치기로 했다. 윌슨은 언론인이었던 조지 크릴을 고용하여 여론위원회(Committee on Public Information, CPI)를 책임지게 했다.

크릴은 미국을 나쁜 국가로 선전한 독일에 대항하기 위해 대대적인 여론전에 나섰다. 이 위원회에는 프로이드의 조카였던 에드워드 버네이즈 (Edward Bernays)도 참여했는데, 그는 대중이 어떤 '느낌'을 받느냐가 중요하다며 여론전에 있어 정보의 외형적 포장을 강조했다. CPI는 연설 자들을 모아 전국 순회연설을 조직했고 영화를 만들어 국민의 전쟁 참여 와 지원을 독려했다.

CPI는 미국뿐만 아니라 유럽의 동맹국은 물론, 중립국과 심지어는 적 국에까지 다양한 여론전을 펼쳐 미국과 연합국에 대한 정당성과 전 세계 여론의 지지를 유도했다.

전쟁을 위해서는 여론전뿐만 아니라, 적국의 간첩을 단속해야 했다. 1917년 6월 15일, 연방의회는 간첩법을 통과시켰다. 애국심과 표현의 자유 사이에서 큰 갈등요인이 되었던 이 법안은 역사적 논란이 이어지는 법이었다. 미국 연방정부는 이미 1798년 존 애덤스 정부 때, 프랑스와의 전쟁을 앞두고 정부를 비판하는 언론을 단속하기 위해 소요법(Sedition Act)을 도입한 바 있었다. 이 법으로 인해 애덤스 정부는 수정헌법 제1 조에서 보장하는 표현의 자유를 억압한다고 공격을 받았다. 남북 전쟁 당시에도 링컨 정부는 체포영장 없이 구금할 수 있는 법을 통과시켰는 데, 이 법 또한 논란의 대상이 되어 링컨은 결국 취소한 바 있었다. 이렇 듯 진보를 표방했던 윌슨은 전례 없는 여론전과 언론 통제에 나섰다.

우리는 자유의 위탁자

월슨은 군 경험이 없었지만, 군수통수권자로 상당한 능력을 발휘했다. 그의 전쟁 전략은 미군이 단순히 연합군 병력을 충원해주는 방식이 아니라 성조기를 들고 미국이 직접 작전을 수행하는 것이었다. 이런 상황에서 미국의 전시작전권은 절대적인 것이다.

전쟁선포 후 연방의회는 군대 구성을 위해 강제징집 여부를 토의했다. 강제징집은 남북전쟁 후 처음으로 논의되었다. 강제징집은 국가가 개인의 자유를 침해하는 일일 수도 있었지만, 월슨은 "국민 모두에게는 국가의 안위를 위해 희생해야 할 의무가 있으며 누가 국가 방위에 나설지는 국가가 결정해야 한다."며 강제징집의 정당성을 설명했다. 강제징집은 자원병으로만 군대를 구성하는 방식보다 훨씬 효율적으로 군대를 모집할 수 있었다.

군인이 늘어나면서 미국 정부는 이들을 훈련시키고, 입히고, 먹이고, 재워야했다. 단, 3개월 만에 병원, 상하수도, 영화관, 도서관 등을 갖춘 32개의 군 캠프가 만들어졌다. 미국은 제1차 세계 대전 동안 총 4,272,521명의 군인을 입대시켰다.

물자와 무기를 지원하는 것은 사람을 동원하는 것보다 훨씬 어려웠다. 미국은 스프링필드 회사에 총기 구입을 의뢰했지만, 충분한 총을 생산할 수 없어 결국 콜트, 루이스와 비커스 등 모든 총기 생산 업체가 동원되었다. 다급해진 미국 정부는 총기와 무기 생산을 업체에 요청하고 만들어지는 대로 돈을 지불하는 형식으로 군인의 무장에 박차를 가했다.

군인과 무기가 준비되자 이들을 유럽의 전쟁터로 수송해야 했다. 1917년 말까지, 미 해군은 145,918명을 유럽으로 보냈고 이듬해에는 2백만 명을 보냈다. 이 기간 동안 단 768명만 바다에서 사망하거나 실종되었다. 역사상 유례없는 해상 수송 작전을 위해 미 해군은 65,000명에서 50만 명으로 늘어났다. 미국은 총동원 체제에 들어섰고 윌슨은 전례 없는 전쟁 수행을 위해 밤을 새워 공부했다.

전쟁 이후를 기획하다

미군 총사령관은 존 퍼싱(John J. Pershing) 장군으로 정해졌다. 퍼싱 장군은 멕시코와 필리핀 전투에 참여했고 일본과 발칸 반도의 외교관으로 근무한 경험도 있었다. 1917년 5월 24일, 윌슨은 퍼싱 장군과 수천 명의 군인을 유럽으로 급파하여 현지 사령부를 준비하도록 했다.

윌슨은 전쟁 정보 분석 및 전쟁이후의 대안 제시를 위한 조직의 필요성도 느꼈다. 이에 랜싱 장관은 미국 전역에서 각 분야 전문가들을 모아 전후 세계의 국경 정리와 국제 질서를 기획하기 위한 인콰리어(The Inquiry)라는 조직을 만들고 이를 하우스 대령이 지휘토록 하자는 보고서를 올렸다. 하우스는 비밀리에 팀을 구성하고 연구와 보고서 작성에 나섰다.

인콰리어(Inquiry)는 나중에 〈현재 상황: 전쟁 목표와 가능한 평화의 조건(The Present Situation: The War Aims and Peace Terms It Suggest)〉라는 보고서를 보냈다. 이 보고서는 베를린과 바그다드까지 미국의 정치적, 군사적 목적을 일목요연하게 정리했고 특히 발칸반도에 대해 상세히 설명했다. 또한, 독일이 알사스-로렌 지역을 양보할 가능성과 이탈리아 내정의 불안 등에 대해서도 정리했다. 이 보고서는 이후 미국의 평화협상 추진의 로드맵으로 활용되었다.

하지만, 이 비밀조직의 존재는 1917년 말, 언론에 보도된다. 언론은 비밀조직은 물론 미국과 연합국 사이에 전후 제국의 분할에 대한 은밀한 합의도 보도했다. 윌슨이 이 구상과 합의에 대해서 어느 정도 알고 있었는지 모르지만, 1917년 말 당시만 해도 미국은 전쟁 후 전승국 어느 국가에 대해서도 추가 영토를 배정할 생각은 전혀 없었다.

그러나 1917년 가을, 연합국의 전황은 어려웠다. 독일과 오스트리아-헝가리 동맹국은 이탈리아에 대한 기습 공격을 단행했고 이탈리아는 순식간에 밀려났다. 이 과정에서 이탈리아군 3만 명의 사상자가 발생했고 25만 명이 포로로 잡혔다. 당시 적십자 운전병으로 일했던 어네스트 헤밍웨이는 "영광, 명예, 용기와 같은 추상적인 단어는 가당치 않은 말이었다."라며 현장의 처참한 상황을 전하기도 했다.

러시아는 내정의 혼란으로 인해 독일과 별도의 평화협정을 추진하려했다. 만약 러시아가 독일과 독자적 평화협정을 맺는다면, 독일은 동부전선의 군대를 빼서 서부전선으로 집중시킬 수 있었다.

연합국은 유럽 전선에서 궁지에 몰렸지만 중동 전선에서는 역사의 새장을 여는 사건이 일어났다. 영국의 이집트 작전을 지휘했던 엘렌비는 오토만 제국의 영토였던 팔레스타인 지역을 회복하는데 성공했다. 1917년 11월 2일, 영국의 국무장관이었던 밸푸어 장관은 이 지역에 유대인을 위한 국가 건설을 지지한다는 유명한 밸푸어 성명을 발표했다. 12월 9일, 엘렌비의 군대는 드디어 예루살렘을 탈환했고 1099년 이후 투르크족이 지배했던 이스라엘은 다시 기독교 진영의 품에 안겼다. 밸푸어 성명은 법적 효력이 있는 것은 아니었지만, 윌슨은 이를 지지하기로 했고 이렇게 오늘날 중동의 정치 지형이 형성되었다.

모든 전쟁을 끝낼, 최종 전쟁

 이 무렵 러시아에서 사회주의 혁명에 성공한 레닌은 중앙 유럽 국가들과 협상을 시작했다. 협상 과정에서 러시아는 몇 가지 중요한 원칙들을 제시했는데, 전쟁 중에 무력으로 점령한 지역에 대한 영토권 부정, 강제로 병합된 국가의 독립, 소수 인종 보호 및 각 민족 지도자들이 스스로 정치적 미래를 결정하는 원칙 등이 포함되어 있었다.

 이 선언을 접한 영국의 밸푸어 장관은 윌슨에게 이에 대한 미국의 답변이 필요하다는 의견을 보냈다. 1918년 1월 4일, 하우스 대령 역시 윌슨 대통령에게 소련의 선언에 대응할 수 있는 내용이 필요하다고 조언했다.

 윌슨은 24시간에 걸쳐 레닌이 제시한 원칙에 자기 생각을 가미한 선언서를 준비했다. 바로 여기서 유명한 윌슨의 14개 원칙이 정리되었다. 영국 로이드 조지 수상은 이를 '자결의 원칙'이라고 불렀다.

 윌슨은 14개의 기본 원칙에 대해 "모든 민족과 국가에 적용되는 정의의 원칙으로, 이들이 자유와 안전을 위해 힘이 있든 없든 같은 조건으로 살 수 있는 원칙"이라고 설명했다. 하우스는 이 원칙이 "인류의 자유와 평화협정의 대원칙이 될 것이다."라며 14개 원칙의 중요성을 설명했다.

 제1조부터 제4조의 내용은 모든 국가에 적용되는 내용으로 공개적 외교, 해상의 자유, 경제 장벽의 제거 및 무기 감축의 내용이었다. 제5조부터 제13조는 해당 국가에 적용하는 원칙들이었고 마지막 제14조는 국제리그의 결성 원칙이었다. 1차 세계 대전 이후 평화협상의 기준이 되었고, 3.1운동에도 영향을 미친 〈윌슨의 14원칙〉은 이렇게 탄생했다.

 1차 세계 대전이 처음 발발했을 무렵, 웰스(H. G. Wells)는 이 전쟁을 두고 '모든 전쟁을 끝낼 전쟁'(The War that will end war)이라고 했다. 이 표현은 미국이 유럽 전쟁에 참전하면서 설정한 전쟁의 목적이 되었다. 윌슨은 이 표현을 자신의 미션으로 삼았다. 그의 14원칙 중 제 14번째 원칙은 바로 이 미션을 실현하기 위한 주요 수단이었다. 그는 "크던 작던 모든 국가의 독립과 영토를 보호하고 담보할 수 있는 구체적인 약속을 기반으로 한 국가 간의 연합체를 만들어야 한다."며 국제연맹의 창설 필요성을 강조했다.

윌슨은 미국이 독일을 시기해서 참전하는 것이 아니며 이 전쟁의 최종 의미는 인류의 자유를 위해 모든 전쟁을 끝내기 위함이라고 강조했다.

전쟁 당사국들은 윌슨의 원칙이 과연 현실적인지 의문을 품었고 특히 독일은 미국의 일방적인 선전이라고 비난했지만, 세계 여론은 대부분 윌슨의 14조를 높이 평가했다.

미국은 발 빠르게 윌슨의 14조를 전장에 뿌렸다. 독일이 1918년 초 러시아로 진군했을 때, 러시아 마을들의 벽면 곳곳에는 이미 윌슨의 14조

1918년 1월 8일 미 의회 상하원 양원 합동회의에서 14게 원칙을 발표하는 윌슨

가 나붙어 있을 정도였다. 윌슨의 14조는 평화협정을 선호하는 독일 내부여론을 자극하기도 했다.

윌슨은 이전의 전쟁처럼 각 국의 이해관계에 의한 전후 처리가 아니라 주체적 의지에 따른 국가를 구성하고 영구적인 평화를 담보하기 위한 전후 질서를 만들어야 한다고 강조했다. 〈윌슨 14조〉의 현실성 여부는 차치하더라도 그가 던진 화두와 원칙은 전 세계 여론의 지지를 받았다.

전쟁의 참혹함

미국의 참전 준비가 끝나가자 독일은 시간이 별로 남지 않았음을 직감했다. 독일은 미국이 본격적으로 참전하기 전인 1918년 봄 전투에서 확실한 승기를 잡지 않으면 버티기가 어려울 것으로 판단하고 모든 국력을 동원하여 전쟁에 임했다.

총력전을 펼친 독일은 영국의 5군단을 몰아붙여 50km 후퇴하게 했으나 이 과정에서 10만 명의 사상자를 냈다. 프랑스로의 진군에도 어느 정도 성공하여 파리 코앞까지 다가가기도 했다. 다급해진 연합군은 포크를 연합군 총사령관으로 임명했다. 독일은 연합군에 상당한 타격을 가했지만, 포크는 결정적인 패배를 피할 수 있었다. 이 봄 전투에서만 영국과 프랑스 젊은이 150만이 죽거나 다쳤다.

그리고 유럽에서 150만 명의 사상자가 발생하는 동안 미국은 거의 같은 수의 군인을 프랑스로 보냈다. 한때, 평화를 호소했던 윌슨은 이제 전쟁을 위해 각오와 희생을 요구하는 군 통수권자가 되어 있었다.

위대한 전쟁이라고 불리기도 하는 세계 제1차 대전은 아직도 전쟁을 낭만적으로 생각했던 이전 시대와 현대전의 참상이 교차했던 순간이었다. 기관총의 발전으로 수많은 군인들이 돌격 중에 쓰러졌고 수류탄에서 터져 나오는 파편은 주변의 군인들을 즉사시키거나 심각한 부상을 입혔다. 또한, 화학전의 발달로 최루탄이나 염소가스는 물론, 머스터드 가스도 개발되었다. 머스터드 가스는 사람의 피부나 폐를 녹여 버리는 죽음의 무기였다.

전례 없는 대규모 인원 동원으로 인해 군인들은 전쟁에 참여하기도 전에 죽거나 병에 걸리기 일쑤였다. 아직 위생이 형편없던 시절, 각종 질병이 유행했다. 최악의 전염병이었던 흑사병이 캔사스의 한 군대 연병장에서 발생했는데, 50,000명의 미국 군인들이 흑사병에 걸린 사실조차 모르고 유럽 전쟁터로 떠나 그곳에서도 흑사병을 유행시켰다. 흑사병뿐만 아니라 스페인 독감이 유행했는데, 미군 사망자의 반이 독감으로 사망했을 정도였다. 역사상 흑사병은 4세기에 걸쳐 약 4,500만 명을 죽인 것으로 추측되는데, 스페인 독감은 무려 10억 명을 감염시켰고 천만 명이 사망했다.

막대한 전쟁 자금도 들어갔다. 맥아두 재무장관은 전쟁을 위해 연방의회에 70억 달러의 공채 발행을 승인해 줄 것을 요청했다. 결국 미연방의회는 당시까지 세계사에서 가장 큰 금액의 공채 발행을 승인했다. 공채 발행은 미 국민들이 전쟁에 기여할 수 있는 하나의 방법으로 여론 조성에도 도움이 되었다. 다행히 당시 미국은 경기가 좋아 자금 조달은 신속하게 이루어졌다.

한편 유럽에 도착한 퍼싱 장군은 전쟁 수행에 충분한 미군 병력이 유럽으로 건너오기 전에는 본격적인 전투를 하려 하지 않았다.

하지만, 1918년 봄 동안 독일의 공세가 격해지자 다급해진 연합군의 포슈 장군은 미군의 도움을 요청했고 퍼싱은 5월 28일, 미군 제1군단 28보병사단에 속한 약 3,500명의 병력을 파리 인근의 캉티니 전투에 투입했다. 프랑스 공군과 기갑 부대의 지원으로 전투에 참여했던 미군은 단숨에 캉티니를 수복했다. 작은 전투였지만 미군의 첫 승리는 미군의 전투력을 과시한 사건으로 미군과 연합군 모두에게 큰 힘이 되었다. 미국은 연이은 전투에서 승리하자 퍼싱 장군도 미군의 독자적인 공세를 펼쳤다. 이어 유명한 솜므 전투와 아르곤 숲 전투를 승리로 이끌면서 한동안 유럽을 밀물처럼 뒤덮었던 독일은 썰물처럼 빠져나갔다.

하지만, 전쟁의 대가는 엄청났다. 이 기간의 공세 중 영국군 116,516명이 사망했고 204,002명이 부상당했다. 이 중 절반 이상의 사상자가 1918년 아르곤 숲 전투에서 발생했다. 이 전투에는 120만 명의 미군이 참전했는데 이 숫자는 지금까지도 단일 전투로는 역사상 가장 많은 미군이 참여했던 전투였다. 이 전투에서만 26,277명의 미군이 사망했다. 나중에 미국의 대통령이 된 트루먼은 이 당시 패튼 장군 휘하 탱크 부대의 대령으로 이 전투에서 단 한명의 부대원도 잃지 않고 작전을 수행했다. 미국은 목숨을 걸고 국가를 지킨다.

흑인, 전쟁에 참여하다

전쟁은 유럽의 국경선뿐 아니라 미국의 국민의식도 바꾸었다. 미국의 다양한 계층과 이민 국가 출신들이 함께 참호 속에서 생사를 걸고 싸우면서 전례 없는 국민의식을 형성하게 되었다.

GDP도 1914년에 비해 무려 2배나 성장했다. 전쟁 수요로 인해 미국 기업은 총 가동되었다. 미국이 청년들이 유럽의 전쟁터로 떠나자 여성들이 빈 일자리를 채웠다. 이렇게 미국 전체가 한 덩어리가 되어 전쟁에 참여했지만, 흑인의 입대 문제는 여전히 쉽지 않았다.

침례교회의 한 흑인 목사는 윌슨을 찾아가 "흑인은 미국 인구의 10%를 차지하며, 흑인도 미국의 안전을 위해 전쟁터에서 희생할 준비가 되어 있다."며 흑인의 전투 참여 허용을 요청했다. 며칠 후 미국평등리그(The National Equal Rights League) 대표단도 윌슨에게 흑인의 전쟁에 참여를 호소했다.

하지만, 윌슨은 주저했다. 미국 내에서 흑백 갈등은 여전히 심각한 상태였기 때문에 국내적 분열을 일으킬 소지가 있는 인종차별 문제에 대해서는 소극적 입장을 취했다.

1917년 7월 2일, 일리노이에서 인종갈등으로 백인들이 흑인을 무차별 공격하여 수천 명의 흑인이 도주하고, 150명이 사망하는 사건이 발생하기도 했다. 1918년에는 백인 장교의 지휘를 받던 흑인 병사들이 휴스턴으로 들어서자마자 백인 시민들과 싸움이 붙는 사건이 발생해 흑백 유혈충돌로 번지기도 했다.

윌슨은 폭도들의 행동을 개탄하면서 "지금 미국은 광기와 싸움 중이며 이런 광기와 같이 행동하는 미국민은 민주주의의 자녀가 아니다."라며 백인 우월주의자에 경고를 보내기도 했다. 결국 미군은 전쟁 중에 흑인 장교를 임명하여 흑인 병사를 지휘하도록 했다.

인종차별은 여전히 심했고 군대에서의 대우도 별로였지만 흑인들은 자신도 미국 국민임을 증명하기 위해 군대에 앞 다투어 자원했다. 흑인의 군대 사망률은 백인보다 2배나 높았지만, 이들은 미국인으로서 백인과 함께 희생해야 사회적으로 동등한 취급을 받을 수 있다고 생각해 전투에 나서기를 주저하지 않았다. 흑인은 이렇게 미국 국민임을 증명하기 위해 앞장섰지만, 그럴수록 백인의 반발도 심해졌다. 흑인에 대한 린칭은 늘어났고 한동안 힘을 잃었던 KKK 회원이 급증하기도 했다. 아직도 진행 중인 흑백 갈등은 인간의 본성만큼이나 쉽게 변하지 않는다.

승전 그리고 패배

월슨은 체력이 약한 편이었지만, 전례 없는 세계 대전 속에서도 놀라울 정도로 건강을 유지했다. 그는 전쟁 수행을 위해 대부분의 권한을 장관과 실무진에게 위임했고 자신은 미국의 전략적 판단에 집중했다. 또한, 그는 성공적인 전쟁 수행을 위해서는 여론의 지지가 가장 중요하다는 것을 알았기 때문에 무엇보다 국민에게 전쟁의 목적과 중요성을 일깨우는 데 힘썼다. 학자 출신이던 월슨은 뛰어난 사고력과 문장력으로 전쟁의 목적을 정리하여 국민들에게 알렸다. 그는 이 전쟁을 통해 더 이상 국력이 군사력으로 표출되지 않고, 각 민족과 국민이 자결의 원칙으로 통치받으며, 전 세계적으로 상식적인 권리와 특권의 기준이 있어야 한다고 했다.

미군의 참전으로 전황은 순식간에 바뀌었다. 9월 29일 불가리아가 중앙 유럽 국가 중 처음으로 항복했고 이 지역에서 연맹국의 통치를 받았던 국가들이 자유를 얻었다. 8일 후에는 폴란드가 독립을 선포했고 다음 주에는 체코슬로바키아가 임시 정부를 구성했다. 11일 후에는 오스트리아로부터 분리된 헝가리가 새 정부 구성에 나섰다. 독일은 더 이상 전쟁을 계속할 수 없게 되자 유럽의 연합국 대신 미국에 먼저 평화의 손짓을 했다. 1918년 10월 6일, 독일 제국의 수상이던 바덴 왕자는 윌슨 대통령에게 공식적으로 윌슨의 14조를 바탕으로 평화 협상에 임하겠다고 발표했다. 이어 오스트리아와 오토만 제국의 황제가 각각 항복을 요청했고 11월 초에는 독일의 바덴 왕자가 프랑스에게 평화협상을 요청한 후, 수상직에서 사임했다.

유럽전쟁은 미국의 압승으로 끝나가고 있었지만, 윌슨은 국내에서 중간선거라는 또 다른 전쟁을 해야 했다.

그러나 전쟁으로 인해 공화당은 평소와 같은 정쟁을 벌이기 어려웠지만, 정부 비판을 멈춘 채 선거에 임할 수는 없었다. 선거의 계절이 다가오자 공화당은 윌슨 정부에 대한 공격을 시작했다. 공화당의 로지 상원은 윌슨의 14원칙을 비판했고 루즈벨트도 공화당 상원의원들에게 윌슨의 14원칙에 반대할 것을 요청했다. 윌슨은 선거 운동을 자제했지만, 공화당에서 루즈벨트까지 나서자 윌슨도 답을 하지 않을 수 없었다. 윌슨은 "중간 선거를 통해 힘을 실어줘야 정부가 전후 처리까지 원만하게 추진할 수 있다."고 대국민 입장을 발표했다.

하지만 윌슨이 전쟁을 정쟁의 수단으로 삼기 시작한 시점부터 여론은 오히려 악화되었다. 특히, 공화당은 윌슨 정부가 요청한 다양한 전시정책을 전폭적으로 지지하며 여야를 떠나 전쟁 성공을 지원해 왔기 때문에 여론은 공화당을 두둔하기 시작했다.

한동안 기회를 엿보던 공화당은 본격적으로 윌슨 정부와 정책에 대한 비판에 나섰다. 무엇보다 전쟁의 참상은 너무도 컸다. 영국군 885,000명이 사망했고 프랑스 인구의 4%에 해당하는 1,400,000명의 프랑스 군인이 사망했다. 러시아 군대는 무려 1,811,000명의 사망자가 발생했다. 동맹국 측에서는 400만 명의 군인이 사망했다. 1차 세계 대전에서 총 천만 명의 사망자와 2천 1백만 명의 부상자가 발생했다. 민간인까지 합하면 최대 추정치가 65,000,000명에 이르렀다.

상대적으로 피해가 적었던 미국도 전쟁의 참상으로부터 자유로울 수 없었다. 미국 대륙은 전쟁으로부터 피해있었지만 1918년 독감이 유행하여 미국인 1/4이 병을 앓았고 500,000명이 사망했다. 전국적인 독감으로 미국인들이 중간 선거에서 투표를 기피했을 정도였다.

11월 5일, 투표함이 열리자 윌슨의 참패가 공식화되었다. 하원에서는 공화당이 25석을 추가하여 하원의 다수당이 되었다. 상원에서도 7석을 회복하여 윌슨 이전의 공화당 다수를 다시 회복했다. 유럽 전쟁의 마무리를 앞둔 시점에서 중간선거 패배는 윌슨의 전후 처리에 큰 걸림돌이 되었다. 1차 세계 대전을 통해 미국은 열강의 반열에 우뚝 섰지만, 윌슨은 국내 정치에서의 패배로 전후 처리와 정국 운영에서 큰 어려움에 직면했다.

예언이 된 오보

윌슨은 중간선거에서 패배했지만, 이틀 후 독일이 연합국과 휴전협정을 맺었다는 뉴스가 미국 전역으로 전해졌다. 전쟁이 끝났다는 소식에 사람들은 온통 축제의 분위기에 휩싸였다. 사람들은 거리로 쏟아져 나왔고 교회는 종을 치기에 바빴다. 워싱턴에서도 사람들이 거리로 뛰쳐나와 서로를 부둥켜안으며 기쁨을 나누었다. 하지만, 막상 백악관은 조용했다. 윌슨은 이 뉴스가 사실이 아니라는 것을 알고 있었다. 다음날, 언론은 전날의 뉴스가 잘못되었다는 소식을 전하면서 이 뉴스는 역사상 최악의 오보라고 비난했다.

하지만, 이 오보는 거꾸로 예언이 되어버렸다. 언론이 오보라고 보도했던 바로 그 순간, 포슈 장군은 독일 대표단과 만나 휴전협상을 진행 중이었다. 독일 대표단의 책임자는 윌슨 대통령으로부터 메시지를 받은 후 포슈 장군이 제시한 조건대로 휴전협정에 동의했다.

독일이 다급하게 휴전협정에 임할 수밖에 없었던 것은 독일 군대 내의 하극상과 노동자 파업으로 내정이 불안해졌기 때문이었다. 11월 9일, 빌헬름 2세는 황제에서 물러났고 벨기에로 피신했다. 황제의 하야로 휴전협정에 참여했던 독일대표단의 대표성에 문제가 생겼는데, 곧이어 사회주의 정부가 들어서면서 또 다른 대표단을 급파하여 동일한 조건으로 휴전에 합의했다. 휴전협정은 11월 11일 11시부터 발효되었다.

드디어 유럽의 휴전협정 체결이 백악관에 전해졌다. 윌슨은 공식 성명을 발표하기 전에 모처럼 편한 잠을 즐겼고 이어 간략하게 휴정협정이 체결되었음을 발표했다. 윌슨의 발표에 미국 전역은 진짜 축제를 시작했다.

처절했던 1차 세계 대전은 이렇게 마무리되었다. 그러나 윌슨에게는 전후 처리 문제가 남아 있었다. 전쟁으로 가장 큰 피해를 보았던 영국과 프랑스는 독일이 다시는 일어서지 못하도록 손발을 묶어 버리고 싶어 했다. 제국이 사라진 자리에서 드디어 독립을 얻은 수많은 신생국은 기쁨에 들떴지만, 정부 구성과 독립의 보장은 간단한 문제가 아니었다.

연합국의 일원이지만 혁명으로 정부가 뒤바뀐 러시아는 혁명의 열기를 확산시키기 위해 전후의 혼란을 이용하려 했다. 윌슨은 유럽의 구질서는 더 이상 전 세계의 평화를 담보할 수 없다고 판단했고 자신이 직접 협상의 자리에 나가기로 결심했다. 윌슨의 또 다른 전쟁이 시작되고 있었다.

외교전쟁의 서막

전쟁은 끝났지만, 평화를 지키기 위한 싸움은 이제부터였다. 윌슨이 전후 평화협상에 직접 참여하겠다고 하자 곧바로 논란이 되었다. 프랑스 인사들은 윌슨이 협상에 직접 참여하게 되면 오히려 윌슨의 위상이 상처를 받을 수 있다며 완곡히 반대했다. 영국 또한 윌슨의 참석을 반대했다. 하지만, 윌슨은 자신이 직접 참석하지 않고 장관이나 대리인을 보낸다면 협상 테이블에서 영국의 수상이나 다른 국가의 수상들에 비해 낮은 위치에서 협상해야 한다며 자신이 꼭 참석해야 한다고 고집했다.

월슨은 전 세계가 다시는 전쟁으로 서로를 파괴하는 일이 없도록 하기 위해 〈국제연맹〉의 설립이 시급하다고 생각했다. 그는 여러 반대에도 불구하고 국제연맹의 실현을 위해 지지자들을 모았다. 그러나 월슨에 대한 지지는 전 같지 않았다. 특히, 양원의 다수당이 된 공화당은 일찌감치 월슨의 협상 내용에서 국제연맹을 제외할 것을 주장했다.

전후 협상을 위해 프랑스 외무부 건물에 연합국 정상들이 모였다. 회의에는 수십 개 국이 참여했지만, 실제 1차 세계 대전의 전후 협상은 영국, 프랑스, 미국의 몫이었다.

영국은 데이비드 로이드 조지 수상이 대표했고 프랑스의 수상은 클레망소였다. 러시아는 연합국으로 상당한 희생을 치렀지만 내전으로 인해 협상 테이블에 앉지도 못했다.

정상들이 한 참 이야기를 나누던 중 그레이슨 장관이 창문을 열었다. 로이드 조지는 기회를 놓치지 않고 "루이 14세 이후 오랜만에 맑은 공기가 들어왔다."며 농담을 했지만, 이탈리아와 언쟁 중이었던 클레망소는 농담으로 받아들이지 않았고 당장 창문을 닫아달라고 했다. 이렇게 전례 없는 세계 협상이 시작되었다.

최고의 인기, 월슨

1월 13일 전후협상단은 본회의에서 다룰 의제를 정했다. 의제로는 영토 변경, 식민지 및 독일 제국의 분할 등이 제시되었는데, 월슨은 이러한 문제들을 국제연맹에서 다루어야 하므로 국제연맹의 설립 문제를 먼저 논의하자고 했다.

1월 15일에는 회의의 공식 언어를 무엇으로 할지 논의했다. 프랑스는 당연히 프랑스어를 주장했고 미국과 영국은 프랑스어와 영어를 주장했다. 그러나 이탈리아의 올랜도가 두 언어 다 못한다고 하자 결국 이탈리아어까지 포함되었다.

파리회의에는 공식 참가국 이외에도 자신들의 입장을 주장하기 위한 수많은 국가의 대표단들이 찾아왔다. 제국의 멸망으로 독립의 기회를 얻은 국가들은 윌슨에게 독립과 영토 보장을 요구했고 시온주의자들도 이스라엘의 독립을 지지해달라고 호소했다. 국가뿐만 아니라 흑인을 대표하는 대표단, 노동자를 대표하는 노동자 대표단까지 몰려들어 파리는 만국의 수도가 되었다.

이 회의에서 가장 인기가 있는 사람은 단연 윌슨이었다. 사람들은 그가 있는 곳이면 어디든 몰려다니며 기회가 있을 때마다 자신들의 주장을 외치거나 쪽지를 건넸다.

1월 25일, 국제연맹에 관한 구체적인 토론이 진행되었다. 윌슨은 국제연맹 설립의 중요성을 강조했다. 윌슨은 각국의 정부는 국가를 위해 설립된 것이 아니라 국민을 위해 설립된 것이며 국제연맹은 단순히 위기가 닥쳤을 때 모임을 갖는 것이 아니라 상시에도 국제 문제를 관리하며 국가 간 갈등을 예방해야 한다고 주장했다. 윌슨은 국제연맹을 국제 평화를 위한 목표가 아닌 초석으로 생각했다.

하지만, 다른 유럽 국가들의 생각은 달랐다. 영국은 국제연맹이 전후처리와 전혀 관계가 없다고 생각했다. 프랑스도 윌슨의 연설에는 감동을 받았지만, 현실성은 전혀 없다고 생각했다. 윌슨과 유럽 국가 사이의 간극은 너무도 컸다.

유럽 국가들은 국제연맹 구상에 내심 반대 했지만, 윌슨이 연방의회의 회기가 끝나는 3월 초까지 무언가 결과물을 갖고 귀국해야 했기 때문에 그를 만족시키기 위한 구상에 들어갔다.

윌슨은 파리 회의에서 가장 센 발언권을 가졌지만 실제 의제에서는 소수 의견에 불과했다. 윌슨의 구상은 회의 초반부터 견고한 현실의 벽에 부딪쳤다.

거의 모든 수치가 짐작일 뿐

2월 26일, 워싱턴으로 돌아온 윌슨은 연방의회 외교위원회 소속 의원들을 백악관으로 초청하여 만찬을 가졌다. 이 자리에서 윌슨은 국제연맹의 중요성을 설명했지만, 공화당 의원들의 생각은 바뀌지 않았다. 이틀 후 로지 상원의원은 윌슨에게 지금 시급한 것은 전후처리 문제인데 국제연맹 문제로 시급한 전후처리가 지연되고 있다며 "국제연맹 문제에 매달리지 말라"고 경고했다.

그러나 윌슨은 여전히 국민은 자신의 편이라며 상원을 압박하려 했다. 3월 4일, 연방의회가 끝나자 윌슨은 다시 파리로 향했다. 건강이 안 좋았고 나이가 많은 윌슨에게 버거운 여정이었지만, 그의 모습은 활기가 넘쳤다.

윌슨은 파리로 가는 기차 안에서 하우스 대령과 회의를 가졌다. 자정이 되어서야 하우스 대령이 자리를 떴다. 에디스는 회의가 끝나자 윌슨이 머물던 방에 들어갔는데 안색이 파래진 윌슨의 모습에 깜짝 놀랐다. 윌슨은 에디스에게 "하우스가 내가 떠나기 전 겨우 양보 받은 내용을 다시 모두 양보해 버렸다."며 절망감을 표시했다.

하우스 때문에 윌슨의 공든 탑이 무너져 내렸지만, 그는 다시 전의를 다지며 국가연맹 조약을 평화조약에 반드시 집어넣기로 했다. 윌슨은 클레몽스와 로이드 조지를 만나 국제연맹의 내용 없이 평화조약에 서명할 수 없다고 선을 그었다. 윌슨의 강한 의지표명에 클레몽스와 로이드 조지는 한 걸음 물러 설 수밖에 없었다.

국제연맹뿐만 아니라 독일 배상 문제도 평화협상의 큰 난관이었다. 영국은 민간인과 민간 재산의 손해배상 까지 원했고 독일에 의해 억류당한 사람들에 대한 배상도 요구했다. 프랑스는 한발 더 나아가 독일이 프랑스를 점령했을 당시 약탈한 음식, 자재, 동식물에 대한 배상까지 요구했다. 1919년 봄, 배상위원회는 32번을 만나 배상 내용과 금액을 산정했다. 하지만, 탁상공론에 바빴던 위원들은 국가의 손해 규모를 수십억 대의 금액으로 산정하여 규모를 부풀렸다. 반면, 독일의 채권 등 배상 가능한 자산은 과대평가되어 배상금액은 점점 올라갔다. 이 협상에 참석했던 케인즈는 "거의 모든 수치가 짐작일 뿐이다."고 혹평했다.

독일의 최종 배상 금액은 4백억 달러로 확정되었다. 프랑스는 독일의 배상금액이 실제 두 배는 더 되어야 한다고 항의했다. 배상 문제뿐만 아니라 라인강 서부의 영토권도 문제였다. 로렌지역의 철을 원했던 프랑스는 이곳에 대한 영토권을 주장했다.

독일의 배상금 문제 외에 또 한 가지 심각한 문제는 사라진 제국의 새 국경선 문제였다. 3월 20일, 윌슨, 로이드 조지와 클레망소가 만나 현재 세계 지도의 근간이 된 밑그림을 그리기 시작했다.

제일 뜨거운 감자는 대량의 석유가 묻혀 있는 중동이었다. 문제는 터키로부터 분리된 아랍 연맹국가의 설립과 이 지역에 얽힌 영국과 프랑스 사이의 갈등이었다. 1차 세계 대전 중 영국과 프랑스는 양국 간의 관계를 돈독히 하기 위해 전후 오토만 제국을 영국, 프랑스와 러시아 간에 분할하는 안을 합의했다.

프랑스는 시리아, 레바논 및 이라크 북부 지역을 통제하고 영국은 메소포타미아와 요르단을 포함한 팔레스타인 지역을 통제하는 안이었다. 러시아는 아르메니아와 쿠르드를 통제토록 했다. 그 외 사막 지역은 프랑스나 영국의 영향력 하에 있는 아랍 연맹 국가를 설립하기로 했다.

영국과 프랑스 간의 합의는 이곳에 사는 사람들의 의견을 전혀 고려하지 않았다. 여기에 영국이 '이스라엘의 독립을 지지하겠다.'는 밸푸어 선언으로 더 복잡해졌다.

이때 아랍 독립을 위해 싸웠던 영국 장교 토머스 에드워드 로렌스는 메카의 샤리프였던 파이살 왕을 내세워 아랍의 독립을 주장했다. 파이살 왕은 이 지역에서의 외세를 배격하기 위해 시온주의자와 상호독립을 위한 협정을 맺었다. 제국의 분할 문제가 본격적으로 논의되면서 중동뿐만 다른 지역에서 수많은 비밀협정이 체결되었던 사실이 밝혀졌고 문제는 더욱 복잡해졌다. 영국과 프랑스는 이제 자국의 이익을 위해 적이 되어 서로 싸웠다.

윌슨이 파리에 돌아온 지 12일 후, 러시아로 파견되었던 윌리엄 블릿이 돌아왔다. 그는 소비에트 정부가 러시아에서 견고히 뿌리를 내렸고 도덕적으로도 믿을만하다며 미국이 즉각 소비에트 정부를 인정해야 한다는 보고서를 썼다. 반면, 허버트 후버는 "우리가 이 살인 정부를 인정한다면 모든 국가에서의 극단주의자들을 고무시키고 미국의 이상을 모두 포기해야 한다."며 반대했다. 그는 볼셰비키 정부는 정치, 경제, 인류 및 범죄적 관점에서도 반드시 없어져야 한다고 했다.

배상과 영토 분할 문제를 논의하면서 파리협상은 점점 정치적으로 변질 되어갔다. 윌슨은 장기적, 전략적 해결 방식을 고집했지만, 영국과 프랑스는 즉각적이고 현실적인 해결을 원했다. 윌슨은 프랑스가 계속 자신들의 피해를 강조하며 독일의 배상을 고집하자 프랑스가 이런 식으로 독일에 복수하려 한다면 그 칼이 자신에게도 돌아올 수 있다며 프랑스가 한걸음 물러설 것을 요청했다.

하지만, 클레망소는 시간이라는 무기를 갖고 있었다. 윌슨의 임기는 후반부를 행해 가고 있었고 중간선거 패배로 인해 공화당과의 혈투도 남아 있었다. 시간이 흐르면서 평화협정 체결과 함께 구호를 기다리는 수많은 사람들은 굶주림의 고통을 견뎌야했다. 무엇보다 윌슨의 체력이 고갈되고 있었다.

정상들의 감정 충돌

윌슨은 영구적인 평화를 위해 클레망소에게 독일에 대한 양보를 요구했다. 하지만, 클레망소는 물러서지 않았다. 윌슨은 로이드 조지, 올란도와 연대하여 클레망소가 계속 버티면 프랑스 없이 별도의 평화협정을 체결하겠다고 밀어붙였다. 영토권 문제도 진전이 없었다. 클레망소는 라인

강 서부지역의 광산에 대한 통제권을 갖는 것이 프랑스가 전쟁을 했던 가장 큰 이유라며 '절대 양보할 수 없다'고 선을 그었다. 하지만, 윌슨은 인정할 수 없다고 반대했다.

배상 문제와 영토 문제로 미국과 프랑스의 대립이 격화되면서 클레망소는 윌슨에게 "미국이 독일의 친구가 되었다."면서 돌직구를 날렸다. 프랑스를 돕기 위해 200만 명의 군인을 보냈고 10만 명의 희생자를 감수했던 윌슨에게 이 말은 비수였다.

윌슨은 정색하여 프랑스가 사실을 왜곡하고 있다며 "그럼 미국으로 돌아갈까요?"라고 반문했다. 클레망소는 윌슨이 돌아가는 것을 원하지 않는다고 했지만, 정상들은 동시에 자리를 박차고 나갔다.

오후에 감정을 가라앉힌 정상들은 오전의 충돌에 대해, 마치 없었던 일처럼 회의를 이어갔지만, 클레망소는 아침의 발언을 의식하여 "미국 친구들은 프랑스가 절체절명의 위기에 처한 순간, 우리를 도우러 왔습니다. 하지만 독일을 공정하게 대해준다고 그들이 우리를 용서할 것이라고 착각하지 마십시오. 그들은 복수의 기회만 엿볼 것입니다. 전 세계를 정복하고 거의 성공했던 사람들의 분노는 누구도 꺾을 수 없습니다."라며 윌슨의 이상주의를 지적했다.

4월 3일, 윌슨은 등과 목에 엄청난 통증을 느꼈다. 기침과 함께 39도가 넘는 열이 났다. 윌슨은 자신이 큰 병에 걸렸다고 알려지면 협상력이 떨어질 것을 우려하여 침실에서 휴식을 취하고 있다고 전해달라고 했다.

당시 실제 윌슨의 병이 무엇이었는지에 대해서는 현재까지도 논란거리이다. 윌슨은 20년 넘게 고혈압과 뇌혈관 질환에 시달렸다. 정확한 병명은 알 수 없지만, 윌슨의 병은 그의 신경계에도 영향을 미쳤고 파리회담이라는 극도의 긴장 상태와 낯선 곳에서의 연이은 강행군이 원인으로 보였다. 윌슨이 침대에 누운 틈을 타서 로이드 조지와 클레망소는 그동안 윌슨이 고집했던 주장들을 하나씩 무너뜨리기 시작했다. 또한, 이들은 윌슨을 대신하여 참여했던 하우스의 명예욕을 자극하기 위해 윌슨이 없는 사이에 하우스가 협정을 빨리 타결시키는 게 좋을 것 같다고 그의 결단을 부추겼다.

윌슨은 하우스에게 자신의 자리를 대신하게 했지만, 그에 대한 의심은 점점 커갔다. 윌슨은 열이 내리자 그레이슨에게 하우스가 달라지지 않았냐며 하우스에 대한 불신을 드러내기도 했다.

베르사유 조약

5월 7일. 드디어 평화협상안이 완성되어 독일에 전달하는 전달식을 베르사유 궁전에서 가졌다.

베르사유 조약은 15조, 44개 항의 내용을 담았다. 제1조는 국제연맹에 관한 내용이었다. 제2, 3조는 독일과 유럽 대부분의 국경을 다시 그었다. 이후 몇 조항은 독일 군대의 해체 내용이었다. 수백만에 이르던 독일군을 십만 명으로 줄였다. 배상금의 계약금으로 10억 파운드를 2년 안에 지불하도록 했으며 강과 철도에 대한 소유권을 박탈하고 전쟁 이전의 계약, 자산 등에 대한 권리도 박탈했다.

5월 10일, 평화협상 조약의 검토를 끝낸 독일은 "이행이 불가능한 내용"이라며 조약의 부당성을 언급했다. 그러자 프랑스의 포치 장군은 독일이 평화협정을 받아들이지 않을 상황을 대비하여 독일을 공격하기 위한 작전을 세웠다. 하지만, 미국, 영국과 프랑스도 전쟁으로 대부분의 자원을 소진하여 독일과의 전쟁은 사실상 불가능했다.

5월 28일, 독일은 베르사유 조약에 대한 수정안을 제출했다. 수정안은 국제연맹의 내용만 그대로 두었을 뿐, 다른 부분에 대해서는 전부 수정을 요청했다. 이 조약은 2주 안에 최종 체결될 것으로 예상했지만, 2개월이라는 시간이 더 걸렸다.

평화협정 확정과 함께 세계 곳곳의 영토 분할 문제가 거론되었다. 4개국 정상은 바닥에 깔려있는 커다란 지도 위에 무릎을 꿇고 국경을 그렸다. 1919년 봄. 전 세계의 지도는 전례 없는 새 모습으로 그려졌다. 미국은 영토권 문제와 관련하여 어떤 이해관계도 없었지만, 윌슨은 합스부르크, 오토만 제국을 분할하는 과정에 함께 참여했다. 특히, 오토만 제국의 땅은 백지나 마찬가지였다.

평화 협정 기간 중 내내 문제가 되었던 나라는 전승국으로 가장 많은 희생을 치른 러시아였다. 러시아는 볼셰비키 혁명으로 공산주의 국가가 되었다. 하지만, 윌슨은 러시아에서 일어난 혁명의 성격이나 이를 어떻게 다루어야할지 막막해했다. 윌슨은 볼셰비키 정부를 혐오했다. 윌슨은 끝까지 러시아 정부를 인정하지 않았고 러시아 문제는 이후 국제연맹에서 다루면 된다며 미루었다.

묻혀버린 윌슨의 예언

파리회담은 마무리 단계에 접어들었지만, 윌슨이 돌아가야 하는 미국의 정치적 분위기는 여전히 냉랭했다. 윌슨의 비판자들은 윌슨이 파리회담에 참가한 이유는 순전히 개인적인 이유이며 자신의 3선을 위한 정치적인 이유 때문이었다고 비난했다. 특히 공화당은 국제연맹 설립을 반드시 부결시키겠다고 벼르고 있었다.

고국으로 돌아가 할 일이 산적했지만, 윌슨은 파리협정의 최종 체결을 기다려야 했다. 윌슨은 여소야대의 연방의회와 임기 말이라는 한계에도 불구하고 마지막까지 미국을 이끌고 싶어 했다.

프랑스와 영국은 협상의 마지막까지 자신들의 이익을 하나라도 더 얻어내기 위해 고집을 피웠고 독일 정부는 이토록 불공정한 협정은 체결할 수 없다며 버텼다.

다시 독일에 대한 공격을 단행해야 할지 여부를 심각하게 고려하던 중 독일의 슈네이더만 정부가 협정 서명 거부에 대한 역풍으로 무너져 내렸다. 이어 바우어 정부가 들어서고 파리협정에 서명하겠다고 알려왔다. 6월 24일, 공식 서명식이 거행되었고 드디어 1차 세계 대전이 끝났다. 이어 윌슨은 6월 28일 다시 미국으로 향했다.

윌슨에게는 파리협정 협상보다 더 힘든 일이 남아있었다. 파리협정의 최종 통과를 위해서는 상원의 승인을 받아야했다. 그것은 윌슨에게 높은 절벽과도 같은 마지막 고지였다. 윌슨은 연방의회와 국민을 설득하기 위한 연설을 준비했다.

미국 내 초기 여론은 윌슨이 국제연맹을 평화조약에 넣은 것을 지지했다. 그러나 조약의 구체적인 내용과 배경이 알려지면서 여론은 점점 나빠졌다. 조약의 배경이 된 강대국의 비밀조약이 공개되기도 했다. 이어진 조약 승인을 둘러싼 정쟁은 미국 정치사에서도 보기 드물게 치열한 싸움이었다.

파리조약의 내용 중 가장 큰 논란이 되었던 조항은 제10조였다. 가입국의 무력 개입을 요구하는 이 조항은 우선 미 연방헌법상 전쟁 선포권이 주어진 연방의회의 권한을 월권하는 조항이었다. 윌슨은 영국과 프랑스 등 강대국에는 많은 양보를 하여 파리조약 최종안에 이르렀지만, 미국 내 반대세력과는 어떠한 타협도 하지 않았다.

1919년 9월 3일, 연방의회와의 대립이 격화되자 윌슨은 국민들에게 직접 호소하기 위해 서부로 향했다. 건강이 좋지 않았던 윌슨에게 장기 여행과 이어지는 연설회는 무리였다. 그러나 어떻게든 국제연맹을 성사시키겠다는 그의 고집은 아무도 꺾을 수 없었다. 그는 22일 동안 12,000km에 이르는 거리를 여행하며 40여 번의 연설을 강행했다. 처음에는 국민도 별 관심을 갖지 않았지만, 윌슨의 연설이 이어지면서 여론도 점차 좋아졌다. 세인트루이스와 오마하에서는 박수가 끊이지 않았다. 하지만, 계속되는 두통으로 윌슨의 연설은 점점 무뎌졌다.

9월 25일, 콜로라도 푸에블로의 관중석은 꽉 찼다. 윌슨은 이전 연설과 비슷하게 시작했다. 하지만, 얼마 안 되어 윌슨 옆에 있던 에디스의 낯빛이 변했다. 윌슨이 연설 도중 쓰러질 듯하자 주변의 인사가 그를 잡으러 다가갔지만, 그는 다시 몸을 바로 세우고 연설을 이어갔다. 윌슨이 연설을 마치자 청중들은 10분간 기립박수를 쳤다. 하지만, 이 연설은 윌슨의 마지막 연설이 되었다.

그날 기차 안에서 윌슨은 자신이 조각난 것 같다고 했고, 남은 연설 취소했다. 윌슨은 제 모습이 아니었다. 워싱턴에 이르러 스스로 걸을 수 있을 만큼 나아졌지만, 1919년 10월 2일, 그는 또 한 번의 심장마비를 겪어 왼쪽이 완전히 마비되었다.

윌슨은 이후 5개월 동안 계속 병상에 머물러 있었다. 하지만 윌슨의 측근들은 그가 더 이상 대통령직을 제대로 수행할 수 없다는 사실을 알리지 않았다. 에디스는 윌슨의 안정을 위해 그를 자극할 수 있는 어떠한 정보도 전달해서는 안된다며 사실상 비서실장의 역할을 했다. 랜싱 국무장관은 부통령에게 대통령 권한을 이양할 것을 권고했지만, 그레이슨은 반대했고 마샬 부통령도 이 상황에서 윌슨으로부터 대통령직을 빼앗을 수는 없다고 했다. 백악관의 문은 굳게 닫혔다. 내정 문제는 담당 장관이 처리했고 외교 문제는 외면했다. 국제연맹 문제에 대해 논의하고 싶었던 외국인도 윌슨을 만날 수 없었다.

1920년 2월, 랜싱 국무장관은 내각의 정상화를 위해 장관 회의를 통보했다. 이 사실을 알게 되자 백악관에서는 랜싱을 즉각 해임하는 편지를 보냈다. 에디스는 보고서, 언론 보도 등 모든 문서를 검토했고 윌슨을 자극할 문건은 모두 돌려보냈다. 장관이 대통령에게 보낸 편지도 에디스가 답신을 작성했다. 오늘날이라면 절대 있을 수 없는 일종의 섭정이 이루어졌다.

한편 베르사유 조약은 1919년 11월 19일, 상원에서 부결되었다. 윌슨은 "한 세대가 지나기 전에 전 세계 국가들이 막을 수단을 찾지 못한다면 또 한 번의 전쟁이 있을 것이다."고 예언했다.

하지만, 국제연맹이 창설되었다 해도 제대로 기능했을지는 미지수이다. 베르사유 조약이 통과되었다고 해도 미국은 물론, 다른 국가들도 자국에 직접적인 해가 되기 전에는 군사 행동에 참여했을 가능성은 별로 없었다.

1919년, 윌슨의 이상은 너무 현실을 앞서갔다.

윌슨, 연방정부를 확대하다

　남부주 출신의 보수적인 인물이었던 윌슨이 민주당의 본격적인 진보의 시대를 열었다는 것은 역사의 아이러니이다. 그는 목회자의 아들로 태어나 목회의 길을 걸을까 고민을 했을 만큼 독실한 기독교인이었는데, 이런 그의 믿음은 그를 지나치게 도덕적이고 이상적인 인물로 만들기도 했다.

　그는 1차 세계 대전을 진두지휘하면서 세계의 평화를 위해서는 또 다른 정부가 필요하다는 이상을 이루기 위해 자신의 모든 것을 헌신했다. 하지만, 이런 이상은 현실을 정확히 파악하지 못한 결과였고 이런 이상을 기반으로만 한 정책은 결국 국민의 지지를 얻지 못했다.

　윌슨은 1차 세계 대전을 겪으면서 민주당이 남부주 중심의 보수적인 당에서 진보적인 정당으로 바뀌는데 큰 역할을 했다. 그러나 이 과정에서 연방정부의 역할을 지나치게 확대했다는 비판을 받았다. 전시 그의

여론전과 언론 통제는 당시 유럽의 전체주의 국가에서도 보기 어려울 정도로 과격한 내용이기도 했다.

전시통제는 전쟁 수행을 위해 필요한 조치이긴 했다. 하지만, 윌슨의 머릿속 깊숙한 곳 어딘가에 처음부터 정부의 확대에 대한 의지가 있었다고 볼 수 도 있다. 정치학자였던 윌슨은 단기간에 독일의 근대화를 달성한 비스마르크를 동경하기도 했다. 윌슨은 1차 세계 대전을 단순히 전쟁으로 바라보지 않고, 미국의 쇄신을 위해서 필요한 과정으로 생각하기도 했다.

윌슨 시대에 과감하게 이루어졌던 연방정부 확대는 이후 프랭클린 루즈벨트 대통령 시절 미국이 대공황과 2차 세계 대전을 겪으면서 본격적으로 뿌리를 내리기 시작한다.

3 | 프랭클린 루즈벨트
Franklin Delano Roosevelt

우리가 진정 두려워해야 할 것은
두려움 그 자체이다.
오래도록 행복한 권리를 누린 만큼
우리는 그 때를 잊는다.
누군가 우리를 위해 죽었다는 것을.

대공황, 공화당을 덮치다

1931년 9월, 전례 없는 대공황으로 미국 경제는 휘청거렸다. 한 달 사이에 305개의 은행이 문을 닫았고 실업자는 최고 1700만 명까지 늘었다. 클리블랜드의 실업률은 50%, 톨레도의 실업률은 80%까지 이르렀다. 농산물 가격은 1929년 수준보다 60%나 떨어졌다.

통계만으로는 대공황의 고통을 제대로 알 수 없다. 사람들은 일자리를 찾아 긴 줄을 서야 했고 집에 있는 무엇이든지 팔아 돈을 마련했다. 한때, 풍족했던 중산층이 하루를 곰팡이가 핀 빵 한 개로 때워야했다. 특히, 흑인의 고통이 컸다. 흑인의 실업률은 백인보다 4배에서 6배나 많았다. 일자리가 줄자 청소부와 같이 흑인들이 주로 하던 일도 백인들이 차지해 버렸다. 애틀랜타의 백인은 검은 셔츠(Black Shirts)라는 노동 단체를 만들어 모든 백인들이 취업할 때까지 흑인에게는 일자리를 주어서는 안 된다고 시위를 벌였다.

당시의 미국은 공황에 대처할 수 있는 법률이 없어 실업자들은 정부로부터 어떤 도움도 받을 수 없었다. 그 때 미국은 선진국 중에서 유일하게 국가 차원의 실업보험이 없었다. 11개의 주에서만 퇴직금 제도를 도입했다. 자선단체는 규모가 너무 작았고 돈도 없었다. 이런 상황에도 불구하고 공화당 출신 후버 대통령은 실업자에게 직접 구호품을 전달하는 것은 오히려 시민들의 자치 능력을 잃게 하는 것이라며 반대했다.

후버 대통령은 당시로써는 과감한 정책을 실시했지만, 점점 늘어나는 실업의 고통을 감당할 수 없었다. 특히, 미국인들은 1차대전 시기에 유럽의 구호물자 공급을 성공적으로 해냈던 후버가 정작 미국인들에게 필요한 구호물자를 제공하지 못한다는 사실을 이해할 수 없었다. 당황하고 분노한 미국인들은 1930년 중간 선거에서 후버 정부를 응징했다.

 이 선거에서 민주당은 모처럼 상, 하원 모두를 장악하고 양원의 다수당이 되었다. 선거 운동 과정에서 후버의 이름은 휴지조각 취급을 당했고 집을 잃은 사람들은 자신들이 사는 지역을 '후버빌'이라고 명명하며 후버를 조롱했다. 남북전쟁 이후 철옹성처럼 든든했던 공화당의 아성이 뿌리 채 흔들리기 시작했다.

 공황이 계속되자 국민의 불안과 불만은 점점 커졌고 그 화살은 후버와 공화당으로 향했다. 민주당은 그동안 공화당으로 기울어져 있던 운동장이 급속하게 자기 쪽으로 기울고 있음을 느꼈다. 1930년 중간선거에 이어 1932년 6월 민주당 전당대회는 모처럼 활기차게 진행되었다. 기회가 왔다는 생각에 민주당내 대통령 후보 경선에는 9명이나 출마했다. 그중 단연 선두 주자는 프랭클린 루즈벨트였다.

대공황 실업 행렬

재선 뉴욕주지사였던 루즈벨트는 1930년 주지사 선거에서 무려 백만 표라는 압도적인 차이로 승리했다. 특히, 루즈벨트는 경제 문제 해결을 위한 가장 적극적인 정책을 단행했다. 그는 세금 인상으로 확보한 세수를 경제 회복에 사용할 것을 주장했다.

그러나 정부 재정 문제에 대해서는 여전히 균형재정을 중시하는 보수적인 경제관을 보이면서 후버 정부의 재정 적자를 비판하기도 했다.

반면, 현직 대통령이던 후버는 경제 문제뿐만 아니라 1932년 여름에 있었던 재향군인 시위로 인기가 더욱 떨어졌다. 경제가 어려워지면서 1차 세계 대전에서 군복무를 했던 퇴역 군인들이 연방정부의 퇴직금 지급을 요구하며 시위를 벌였다. 여름이 되자 2만 명이 넘는 퇴역 군인들이 워싱턴에서 시위를 벌였다.

1932년 6월 28일, 워싱턴시는 경찰에게 이들을 해산시키라는 명령을 내렸다. 하지만, 퇴역군인들은 저항했고 두 명의 퇴역군인이 사망했다. 사태가 점점 폭력으로 치닫자 후버는 전쟁장관에게 군(軍)투입을 지시했다. 이때, 더글러스 맥아더 장군(인천 상륙 작전을 펼친 맥아더 장군의 아버지)과 아이젠하워 소령이 시위대로 돌진했다. 여기에 패튼 소령이 탱크 부대를 이끌고 나섰다. 시위대는 해산되었지만, 정부의 과격한 진압으로 여론은 더욱 악화되었다.

후버의 퇴역군인 강제 해산은 공화당이 1932년 선거에서 이길 수 있는 마지막 가능성을 앗아갔다. 전당대회 이후 선거 운동은 오히려 김이 빠졌다.

반면, 루즈벨트는 특유의 열정으로 불편한 몸을 이끌고 16,000 마일을 다니며 16번의 공식 연설과 67번의 짧은 연설을 했다. 이외에도 수많은 소모임을 가지며 지지자를 독려했다. 선거 결과 루즈벨트는 22,800,000표를 얻어 15,750,000표를 얻은 데 그친 후버를 가볍게 제쳤다. 대의원 투표에서는 427 대 57의 압승을 했다. 민주당은 상하원 양원에서의 승리는 물론, 그동안 한 번도 이기지 못했던 흑인 표에서도 앞섰다. 새 시대가 도래 했다.

우리가 두려워해야 할 것은 두려움뿐이다

3월 4일, 루즈벨트의 취임식을 앞둔 워싱턴은 여전히 전통적인 남부 도시처럼 넓고 평화로워 보였지만, 이어진 경제 공황 문제는 정점에 이르렀다.

이 보다 앞선 2월 14일 미시건주지사는 은행 휴업을 단행했다. 당시 상원 〈은행과 화폐 위원회〉의 조사 결과 각종 비리가 드러나 은행에 대한 대중의 신뢰가 완전히 추락했고 이미 3년간 5,000개 이상의 은행이 파산한 상태였다. 은행이 파산하면서 수많은 사람이 평생의 저축을 하루아침에 날렸고 그나마 은행이 문을 연 곳에는 사람들이 몰려들어 자신의 예금을 화폐나 금으로 지급해달라고 줄을 섰다. 공포에 질린 수많은 고객들로 인해 주지사는 은행 휴업을 선포하지 않을 수 없었다.

텍사스주에서는 10불 이상 출금할 수 없었다. 투자자들은 투자를 멈추었고 노동자는 일을 멈추었다. 실업자는 1300만으로 늘어났다. 4년 전까지만 해도 전 세계에서 가장 부유했고 역사상 가장 성공한 자본주의 국가라는 칭송을 받았던 미국이 이제는 최악의 경제 위기에 빠지고 말았다. 청교도로 시작했고 이민자의 희망의 땅이었던 미국은 이제 카오스의 상징으로 바뀌어 있었다.

취임식 날 루즈벨트는 세인트 존 회중교회에서 예배를 드리는 것으로 시작했다. 취임 선서를 할 때는 이전 대통령과 달리 취임 선서 전문을 따라 읽었다. 그만큼 비장한 마음으로 선서에 임한 것이다. 그는 이어 취임사를 했다. 국회의사당에 몰려든 사람들은 물론, 이제 라디오로 전국 어디서나 대통령의 취임사를 들을 수 있게 된 미국인들은 과연 루즈벨트가 미국 최악의 경제난을 극복하는 리더가 될 수 있을지 숨을 죽이고 그의 말을 경청했다. 그는 특유의 낮은 바리톤 목소리로 연설을 시작했다. 그는 서두에서 "이 위대한 국가는 과거에도 그랬던 것과 같이 지금도 견딜 수 있으며 다시 회복하여 번영할 것이다...우리가 두려워해야 할 것은 두려움뿐이다."라며 국민을 안심시켰다.

그는 미국의 시장 경제가 일부 환전상의 횡포로 무너졌다며 이제 이들이 떠난 성전을 다시 본연의 모습으로 되돌려 놓자고 했다. 그는 새 정부가 경제 회복을 위해 단행할 각종 정책을 설명하고 특히 이번 경제 위기의 가장 큰 문제였던 은행과 투자업체에 대한 엄정한 규제를 단행하겠다고 했다.

이어 그는 위기를 하루빨리 극복하기 위해 특별연방의회의 소집을 요청했다. 마지막으로 그는 연방의회에 "대통령에게 전시에 주어지는 위기 수습 권한을 경제 위기 극복을 위해 부여해 줄 것을 요구하겠다."고 했다. 사람들은 루즈벨트의 연설에 우렁찬 박수를 보냈고 모처럼 한 줄기 희망을 갖게 되었다.

죽었다가 다시 살아난 은행

　루즈벨트의 첫 과제는 걷잡을 수 없이 무너진 은행이었다. 그는 취임식 장에 가기도 전에 주요 은행 지도자들과의 만남을 가졌다. 곧이어 모든 금 거래를 정지하고 4일간 전국 은행 휴일을 선포했다. 사실, 이 두 정책은 후버가 수 주전 루즈벨트에게 하루빨리 실행해 줄 것을 요청한 내용이었다. 다급해진 연방정부는 후버와 루즈벨트 측을 가리지 않고 80시간 동안 연방의회에 제출할 법률 초안을 만들었다.

　3월 9일, 준비된 법안이 하원에서 낭독되었다. 하원은 겨우 38분간의 토론 끝에 만장일치로 법안을 통과시켰다. 이어 상원도 7명만 반대하고 법이 통과되었다. 우선 행동을 취해야 국민을 안심시킬 수 있다는 위기의식으로 자본주의를 구하기 위한 법안이 긴급히 통과된 것이다.

　이렇게 통과된 긴급은행법은 알고 보면 그렇게 급진적인 법도 아니었다. 이 법은 대통령에게 금과 외환 거래를 통제할 수 있는 광범위한 권한을 부여했다. 연방준비위원회가 화폐를 발행할 수 있는 권한도 넓혔다. 또한, 정부의 엄격한 규제 하에 은행이 문을 열 수 있도록 했다.

은행 휴업은 3월 12일까지였고 13일부터 업무재개에 들어갔다. 루즈벨트는 은행이 다시 문을 열기 직전인 일요일 저녁 10시에 첫 노변담화 시간을 가졌다. 수천만 명의 국민들은 루즈벨트의 말을 듣기 위해 라디오에 귀를 기울였다. 루즈벨트는 후버 정부의 재무차관이었던 어서 발렌타인(Arthur Ballantine)이 준비한 원고를 천천히 읽어 내려갔다. 그는 국민들에게 "당신의 돈을 은행에 보관하는 것이 베게 밑에 보관하는 것보다 낫다."며 국민들을 안심시켰다. 사람들은 그의 낮고 안정된 목소리에 평화를 되찾았다.

13일, 은행이 문을 열자 마술이라도 부린 듯 은행은 이전과 같은 안정을 되찾았다. 사람들은 다시 지폐와 금을 은행에 재 입금했고 지난 수년간 이어졌던 은행 패닉은 하루아침에 사라졌다. 루즈벨트의 지도력에 탄복한 허스트는 "다음 선거에서는 만장일치로 승리하겠소."라며 칭찬을 아끼지 않았다. 이어 미국 도처의 국민들은 루즈벨트에게 편지를 보내 첫 주에만 무려 450,000통이 넘는 편지가 백악관으로 전해졌다. 그는 은행 위기를 성공적으로 극복하면서 국민적 신뢰를 받게 되었다. 루즈벨트는 대통령과 국민 사이에 형성된 견고한 끈을 절대 놓지 않았고 추후 어떤 정치적 위기 속에서도 국민의 지지라는 가장 중요한 정치적 자산을 버리지 않았다.

루즈벨트는 언론과의 관계도 개선했다. 시어도어 루즈벨트, 우드로 윌슨과 같은 진보적인(progressive) 대통령의 특징은 여론을 무기로 대통령의 권한을 강화한 것이다. 프랭클린 루즈벨트는 언론을 멀리했던 1920년대의 공화당 출신 대통령들과는 달리 기자들과 접촉면을 넓혀갔다.

3월 10일, 루즈벨트는 균형 재정 달성을 위해 연방 재정 5억불의 삭감을 요청했다. 법안의 핵심은 퇴역 군인들에게 지급되는 연금을 50% 삭감하는 것이었다. 하지만 의원들은 퇴역군인 연금 삭감에 반대했다. 1년 전, 후버 정부의 퇴역군인 시위진압에 대한 기억이 뚜렷한 상황에서, 민주당이 나서서 삭감을 단행하는 것을 원치 않았던 것이다. 그러나 이 법안은 하원에서 보수진영의 지지로 통과되었고 상원에서도 바로 통과되었다.

루즈벨트는 취임 2주 만에 은행 위기를 극복하고 연방재정을 삭감하는 동시에 새로운 세원을 확대했다. 이 과정에서 한동안 워싱턴의 가장 강력했던 로비 세력이었던 퇴역 군인들을 무력화시켰다. 한발 더 나가 루즈벨트는 통상 새 정부가 하던 논공행상을 지연하면서 당내부의 단결을 유지했다. 이렇듯 루즈벨트는 임기 초반 뛰어난 지도력을 보여주었다.

프랭클린 루즈벨트 기자회견

뉴딜의 시작

루즈벨트는 취임하자마자 빠르고 단호한 조처를 취했지만, 그 방향은 분명하지 않았다. 사실, 이 정책들은 이미 후버 정부에서도 준비했던 정책으로 후버가 재선되었어도 추진했을 정책이었다.

그러나 첫 몇 주간의 성공을 지켜 본 루즈벨트는 본격적으로 자신이 선거 중에 뉴딜이라고 명명했던 정책들을 추진하기 시작했다. 이 정책들은 경제 회복을 목표로 했고 궁극적으로는 정치 지형의 변화를 통해 한동안 공화당이 지배했던 미국 정치를 민주당에 유리하게 바꾸려는 것이기도 했다.

루즈벨트가 임기 초반 추진한 정책을 첫 100일(The Hundred Days)라고 불렀는데 이는 6월 16일, 특별연방의회 회기가 끝날 때까지 루즈벨트가 정책을 추진했던 시기를 일컫는다. 이 기간에 루즈벨트는 연방의회에 15번의 메시지를 보냈고 15개의 법안을 통과시켰다. 전무후무한 일이었다.

루즈벨트는 이토록 많은 법안을 통과시켰지만, 이 법안들의 성격을 종합적으로 설명할 수 있는 단일한 이념이나 이론을 제시하기는 쉽지 않다. 심지어 이탈리아의 파시스트 정책을 참고하기도 했다.

그가 제일 먼저 손을 본 정책은 미국 경제의 가장 큰 난제였던 농업정책이었다. 루즈벨트의 농업 정책에는 소위 '균형'이라는 개념이 있었다. 이는 농민의 소득이 올라야 산업 수요도 늘어난다는 오늘날 소득주도정책과 맥을 같이하는 개념이었다. 루즈벨트는 경제 공황의 원인이 미국의 주요 수요층이었던 농민들의 구매력이 저하되었기 때문이라고 생각했다. 미국 농민의 구매력은 지난 4년 동안 60%나 떨어졌다. 농민 문제는 증시 붕괴 이전부터 시작된 문제였다. 농민 문제 해법에 대해 백가쟁명 식의 제안이 있었다. 농산물 수출을 위한 정부 보조금 지급부터 협동조 합과 정부의 잉여농산물 매입 방식은 물론 아예 농민들의 빚을 탕감해주 자는 의견도 있었다.

루즈벨트는 이 같은 다양한 주장을 일관성 있는 정책으로 통합하기보 다는 모든 정책을 더하는 방식을 택했다. 연방의회는 루즈벨트가 제안한 짬뽕 정책을 그대로 받아들일 수 없었다.

루즈벨트는 어떻게든 법안을 통과시키기 위해 정치력을 최대한 발휘했 다. 그는 특정 진영의 인사에게 연방정부의 자리를 약속하거나 법안에 각 진영의 주장을 반영하여 이들의 타협을 유도했다.

가장 논란이 컸던 정책은 인플레이션 유도 정책이었다. 인플레이션을 통해 경기를 진작시키고 채무자의 고통을 덜어주자는 이 의견은 아직 미 국 경제 정책의 이단아였다. 이들은 미국이 금본위제를 포기하고 은행이 자유롭게 화폐를 발행할 수 있도록 해야 한다고 주장했다.

그러나 4월 19일, 미국은 공식적으로 금본위제에서 탈퇴했다. 금의 유 출은 금지되었다. 6월 5일, 연방의회는 모든 계약서에 들어갔던 금 관련 조항의 삭제를 허용하는 법안을 통과시켰다.

5월 12일 루즈벨트는 농업변경법에 서명했다. 이 법이 통과되면서 연 방정부가 더 많은 경제 통제 권한을 갖게 되었고 미국은 전례 없는 경제 통제 정책을 시행하게 되었다.

실업 문제에 직접 개입하다

 루즈벨트는 실업자 지원 법안도 제시했다. 이 법안은 후버 정부의 정책 기조와 완전히 달랐다. 후버는 연방정부의 직접 지원보다는 민간의 자발적인 지원을 선호했다. 하지만 루즈벨트는 민간자원보존단(Civilian Conservation Corps)을 만들어 25만 명의 젊은이들이 숲 조성, 홍수 대비 및 미화 일을 할 수 있도록 했다. 1942년에 해체되기까지 이 기관은 3백만 명의 젊은이들에게 일자리를 제공했고 월 30달러 수준의 임금을 지급했다. 이중 월 25달러는 가족 부양을 위해 송금하도록 의무화했다. 동시에 연방비상관리국을 설립하여 각 주의 실업자 문제를 조율했다.
 민간자원보존단과 연방비상관리국은 실업자 문제에 연방 정부가 직접 개입하는 정책의 출발점이 되었다. 그의 실업자 구제 정책은 정부의 사회적 의무라는 차원에서 단행한 것이지만, 한편으로는 자신의 정치적 기반을 고려한 것이기도 했다.

 루즈벨트는 실업자 돕기에는 적극적이었지만, 연방정부의 재정을 투입해 총수요를 진작하는 재정정책에 대해서는 아직 회의적이었다. 연방의회 진보적인 의원들은 루즈벨트에게 5조 달러에 달하는 연방정부 주도의 건설 프로그램을 요구했지만, 그는 이 문제에 대해서는 후버처럼 조심스러워했다. 그는 연방재정 문제에 있어서도 보수적인 입장을 견지했다. 그는 실업자 대책을 위한 정부 예산 계정을 긴급 재정으로 별도 편성했고 일반 재정은 여전히 균형재정을 고집했다.
 하지만, 에너지 문제는 진보적이었다. 루즈벨트는 공화당 출신 대통령들이 반대해왔던 수력 발전소의 정부 직접 소유를 추진했다. 루즈벨트는 테네시 계곡 개발청(Tennessee Valley Authority, TVA)의 설립을 추진했다. TVA는 테네시 주의 마셜 숄츠 강에 새 댐을 건설하고 수력발전소를 운영하는 공기업이 되었다. TVA의 설립은 미국 연방 정부의 역할과 권한이 바뀌는 획기적인 사건이었다.

문제는 산업계를 살리기 위한 정책이었다. 이 문제는 연방의회가 나섰다. 앨라배마 상원의원은 '30시간 법안'을 제출했다. 노동자들에게 주 30시간 이상 근무할 수 없도록 노동 시간을 제한하는 법안이었다. 오늘날 한국에서도 논의 중인 근로시간 단축 안은 미국에서 대공황시기에 제기되었던 안이었다.

루즈벨트는 법안이 헌법에 위배될 것을 우려했다. 또한 농촌에서 적용할 수 없고, 무엇보다 임금을 그대로 유지하면서 근로시간을 단축하면 오히려 노동자의 임금이 줄 수밖에 없고, 임금 수준을 유지하려면 가뜩이나 파산 직전인 중소기업이 버틸 수 없다고 생각했다. 루즈벨트는 이 문제를 보수 진보 양측 진영에 모두 보내 각자 정책을 제안해 달라고 요구했다. 다양하지만 모순된 정책이 계속 이어지자 루즈벨트는 이들에게 모두 한 방에 모여 합의된 법안을 마련하기 전까지는 나오지 말라며 다그쳤다.

5월 17일, 한 방에 갇혀서 고민을 계속하던 정책 제안자들은 국가산업회복법(National Industrial Recovery Act)을 만들었다. 이 법안은 크게 세 가지 내용을 담고 있었다.

첫째는 연방정부에 최고 노동 시간과 최소 노동 임금을 제한할 수 있는 권한을 부여했다. 두 번째는 국가회복청(National Recovery Administration, NRA)의 설립이었다. 이 기관은 카르텔 산업에 대한 정부의 규제를 강화하는 곳이었다. 정부는 특정 분야의 산업 생산량과 가격 상승을 통제할 수 있도록 하였다.

마지막은 공공사업청(Public Works Administration, PWA)의 설립이었다. PWA는 정부가 공공사업을 발주해 업계의 매출을 회복시켜주는 기구였다. PWA를 통한 새로운 정부 수요 창출과 농업조정법(Agricultural Adjustment Act AAA)을 통한 농민들의 소득 상승은 미국의 소비 능력을 회복하기 위한 양대 정책이었다.

문제는 PWA가 어느 정도의 지출을 해야 미국 경기가 회복될 수 있는가 였다. 이에 대해 연방의회는 그 규모를 3.3조 달러로 예상했지만 사실상 추측에 불과했다. 루즈벨트는 이 수치에 대한 이의를 제기하지 않았다. 이 정책을 끝으로 루즈벨트는 100일 동안의 숨 가쁜 시간을 마무리했다. 하지만, 이 정책들은 일관된 경제 이론을 기초로 했다기보다는 위기를 극복하기 위한 모든 가능한 수단을 동원했다는 면에서 이후 많은 시행착오를 낳았고 오늘날까지도 이 정책의 유용성이나 필요성에 대한 논의가 끊이지 않고 있다. 무엇보다 루즈벨트의 정책으로 미국의 연방정부는 전례 없는 규모로 성장했고 연방정부가 시장 경제에 적극 개입하는 선례가 되었다.

뉴딜 정책의 상징이 된 후버 댐(Hoover Dam)

사람을 좋아한 루즈벨트

루즈벨트는 주변에 사람을 두는 것을 좋아했다. 그의 집은 마치 호텔과 같아서 여러 사람들이 집에 기거하며 함께 일을 했다. 백악관에는 하루 밤에 21명이 머물 수 있었는데, 매일 저녁 빈방이 없었다. 루즈벨트는 오전 8시쯤에 일어나 침대에서 아침을 먹으면서 주요 신문을 읽었다. 그는 매일 카멜 담배 두 갑을 피는 애연가이기도 했다.

매일 휠체어를 타고 10시 30분에 대통령 집무실로 향했던 그는 이곳에서 저녁 6시까지 머물렀다. 회의나 접견 일정은 15분 단위로 나누어져 있었지만, 말하기를 좋아했던 루즈벨트는 매번 일정이 늦어졌다. 그는 이전 대통령과 달리 전화기를 자주 사용했고 자신이 직접 전화를 걸기도 했다. 점심 식사는 주로 집무실에서 의원이나 언론인들을 만나며 대화를 나누었다. 일주일에 두 번은 기자회견을 했고 목요일 오후는 국무회의를 가졌다. 루즈벨트의 국무회의는 결정을 내리는 회의이기보다는 각 국무위원이 의견을 개진하여 루즈벨트가 결정을 내릴 수 있도록 하는 자리였다. 오후 2시에서 3시 사이에는 편지를 쓰는 시간으로 보냈다. 백악관에는 하루 5,000통이 넘는 편지가 왔는데, 루즈벨트의 비서들은 이 편지 중에서 루즈벨트가 답신을 해야 하는 편지를 골라내는데 선수였다.

6시가 되면 하루 업무 일과를 마치고 운동을 했다. 그는 주로 수영을 즐겼고 자신의 마비된 하체의 근육을 유지하기 위한 운동을 했다. 7시가 되면 그는 루이스와 미시, 그리고 경호원 등과 함께 칵테일을 마시며 휴식 시간을 가졌다.

막을 수 있었던 2차대전

오늘날의 김정은처럼 미국은 히틀러를 이해하기 힘들어했다. 미국은 여전히 독일보다 일본을 더 위협적으로 생각했다. 독일에 대해서는 어느 정도 배경지식이 있었지만, 19세기 후반 근대화를 달성하면서 갑자기 아시아의 맹주로 떠오른 일본은 암호와도 같았다. 일본은 조선과 만주에 대한 야망을 드러내더니 러시아와의 전쟁에서 승리한 후, 본격적인 중국 진출에 나섰다. 1931년 9월, 일본의 군국주의자들은 만주를 점령했다. 미국과 유럽이 경제 위기로 휘청거리는 틈을 타 아시아 제국 건설에 나선 것이다.

독일과 일본의 위협이 점점 커지는 상황에서 국제연맹이 주최했던 런던국제경제회의가 열렸다. 이 대회에 참석했던 국가들은 미국이 세계 경제 회복을 위한 적극적인 조치를 취해 줄 것을 기대했다. 루즈벨트는 이 회의가 개최되기 직전까지만 해도 유럽 경제의 회복을 위한 미국의 적극적인 의지를 표명했다. 하지만, 막상 회의가 열리자 미국이 더 이상 금본위제를 유지하지 않을 것이며 유럽 국가들이 원했던 빚 탕감도 할 수 없다고 했다. 유럽은 미국의 무책임함에 절망했다.

루즈벨트는 이후 2차 세계 대전의 발발을 막을 수도 있었던 이 기회를 왜 이렇게 가볍게 생각했는지에 여전히 논란이 많다.

한 가지 해석은 루즈벨트가 미국의 경제 문제를 국내 문제로만 인식하여 국내 경제 회복 정책에만 집중했다는 의견이다. 당시 루즈벨트는 인플레 유발을 통한 경기 활성화와 부채탕감 방안에 매료되어 있었다. 그는 미국이 인플레 정책을 실행하기 위해서는 금본위제로부터 해방되어 화폐를 자유롭게 조절할 수 있어야 한다고 생각했다. 하지만 이 과정에서 2차 세계대전이라는 재앙을 피할 수 있는 절호의 기회를 놓쳤다.

정부가 산업을 통제하다

대공황은 1930년대 초반부터 미국 전역에 확산되었지만, 서부와 같은 개척지에서는 10년 이상 계속되던 농업 경제의 부진으로 이미 오랜전부터 경제 공황의 고통을 겪고 있었다. 국가회복청(NRA)이 각종 생산물의 가격을 통제하면서 가격이 안정되고 조금씩 오르기까지 했지만, 농산물 가격은 여전히 1929년의 60% 이상을 회복하지 못했다. 농산물 가격이 오르지 않자 농민들의 국가회복청(NRA)에 대한 분노도 더욱 커갔다. 농민들은 연료 부족으로 소의 배설물을 말려 난방연료로 사용했다. 사료가 부족해지자 젖소에서 더 이상 우유를 짤 수 없었다. 말들도 사료 부족으로 정부의 도로 건설 사업에 동원될 수 없었다. 사우스다코다와 같은 지역은 소련의 시베리아에 비교되었고 인구의 절반이 아사(餓死)를 걱정할 수준이었다.

남부주의 상황은 더 어려웠다. 남부주의 백인과 흑인은 동부 미국인의 애완견보다도 못한 식단으로 하루를 연명했다. 어린이들은 옷이 없었고 글을 읽지 못했던 부모들을 자녀를 학교에 보낼 생각을 하지 않았다. 결과적으로 이 지역의 청소년 대부분이 여전히 글을 읽지 못하고, 대를 잇는 가난이 이어졌다. 이 지역에서도 루즈벨트 정부의 정책에 대한 불만이 쌓였다. 정부는 흑인과 백인 사이의 임금 격차를 인정하지 않아서 남부 농장의 저임금 노동자였던 흑인들은 공공일자리부(Civil Workers

Administration, CWA)의 일을 하기 위해 도시로 몰려들었다. 이렇게 흑인의 대거 이주로 인한 급격한 도시화가 진행되자 흑백 갈등은 더욱 심해졌다.

공황극복을 위해 설립된 국가회복청(NRA)은 연방정부가 민간 산업을 직접 통제하는 혁명적인 조치였다. 전시가 아닌 평시에 연방정부의 직접 개입이 시도되기는 처음이었다. NRA는 루즈벨트의 초기 경제 정책에서 가장 중요한 역할을 했다. 이 기구는 정부와 기업 간의 영구적인 협력 체계를 만들며 지속 가능한 임금 합의 틀을 만드는 것이었다. 이 법안은 당시 유럽에서 유행하던 사회주의와 파시스트 정책을 미국에 적용한 법안이었다.

하지만, 서로 상충되는 목적을 하나의 법안으로 만드는 것은 쉬운 일이 아니었고 NRA는 루즈벨트 정부에서 계속 논란거리가 되었다.

특히, 이 기구의 수장이었던 휴 존슨(Hygh S. Johnson)은 웨스트포인트 출신의 군인으로 제대 이후 민간 기업에서 일했지만, 이 기구를 군대 조직과 같이 운영했다. 그는 NRA를 1차 세계 대전 당시 운영된 전쟁산업부(War Industries Board)를 모델 삼아 운영했다. 그러나 NRA에 대한 예산 지원은 많지 않았다. 미국 정부는 1차 세계 대전 당시 2년간의 전쟁을 위해 무려 21조 달러를 채무로 충당했지만, NRA는 겨우 3.3조 달러만을 경제 회복에 투입할 수 있었다.

돈이 풀렸다고 해도 실제 공공사업을 위해 건설이 시작되고 일자리가 만들어지는 데도 상당한 시간이 걸렸다.

공공사업청(Public Works Administration, PWA)은 헤롤드 익스가 맡았다. 익스는 지나치게 꼼꼼하여 NRA가 지불한 금액을 지출하는데

한 푼의 돈도 낭비하지 않으려 했다. 의도는 좋았지만, 3조나 되는 예산을 일일이 항목과 견적서를 확인하여 지출하는 것은 불가능했다. 결국 1933년의 PWA는 경제 회복을 위한 예산을 전혀 활용하지 않았다.

PWA에서 병목 현상이 발생하자 존슨이 아무리 시급하게 일을 추진해도 돈이 경제로 흘러 들어갈 수 없었다. 존슨은 과잉생산으로 야기된 공황을 타파하기 위해서는 정부가 과잉 생산을 정리하고 안정된 임금 지불을 보장해야 한다고 생각했다. 즉, 임금 안정을 통한 수요회복 없이는 경제 회복이 불가능하다는 판단이었다.

이러한 생각은 완전히 새로운 것은 아니었다. 이미 후버 정부 시절에도 수요 진작이 경제 회복의 가장 중요한 변수라는 점에 대해서는 어느 정도 의견일치를 보고 있었다.

경제 공황기의 실험적인 정책 중 가장 엉뚱한 것은 루즈벨트가 매일 아침 식사를 하며 정부가 금을 매입하는 가격을 정한 것이다. 1943년 1월 처음으로 금매입 정책에 실행되면서 금값은 $20.67에서 $30로 올랐다. 즉, 달러의 가치가 떨어진 것이었다.

그러나 이런 정책에도 불구하고 달러 가치의 하락은 거꾸로 금융 위기를 유발시켰고 시장 가격은 오히려 하락했다. 루즈벨트의 이러한 정책은 무언가를 해야 한다는 강박관념에서 시도된 것이기도 하지만, 당시 전 세계를 휩쓸었던 인플레 정책과도 맥이 통하고 있었다.

소련을 인정하다

루즈벨트는 임기 초 중요한 외교 현안도 챙겨야 했다. 1933년 당시 미국은 주요 국가 중 유일하게 소련 정부를 인정하지 않았다. 그러나 이미 소련은 런던경제회의에도 참석할 정도로 다른 국가들과 활발한 교역을 하고 있었다.

당시 미국 내의 반공 열기는 어느 정도 시들어갔고 기업들도 소련과의 거래를 원했다. 한때 볼셰비키 혁명이 미국의 민주주의도 전복시킬 것이라고 우려했던 언론도 잠잠해졌다.

미국 헌법상 국가를 인정하는 것은 대통령의 고유권한이었다. 루즈벨트는 소련을 외면하는 것이 현실적이지 못하다는 것을 인정했다.

미국은 11월 17일 리트비노프 양도라고 불리는 협정을 체결하여 소련을 인정했다. 협정이 체결된 날 만찬에는 모건 등 미국의 주요 투자자, 기업 인사들이 초청되어 그동안 소련과의 거래를 원했던 미국 기업에 새로운 시장을 창출하게 되었다.

소련 문제를 해결한 루즈벨트는 다시 경제 문제에 눈을 돌렸다. 익스의 지나치게 보수적인 집행으로 좀체 자금이 풀리지 않자 루즈벨트는 홉킨스에게 4백만 명의 임시 일자리를 만들 수 있겠냐고 물었고 홉킨스는 예산만 뒷받침하면 가능하다고 답했다. 루즈벨트는 4억 달러를 공공일자리부(CWA)에 지원하기로 했고 이를 위해 PWA의 예산을 사용하기로 했다.

홉킨스는 루즈벨트의 기대에 부응하여 10일 만에 80만 개의 새 일자리를 만들었고 12월 중순에는 2백6십만의 일자리를 창출했다. 1월에 이르러서는 최초 목표했던 4백만 명도 훌쩍 넘어섰다. 1943년 4월에 이르러 CWA는 약 1조 달러를 쏟아 부었는데 이 중 거의 80%는 임금으로 지급되고 20%는 기구와 재료 구매에 사용했다. 단, 2%만이 사무비용으로 사용되었다.

"살림살이 나아지셨나요?"

1934년 1월. 제73차 연방의회는 증권거래소를 규제하기 위한 미국증권거래위원회(Securities Exchange Commission, SEC)와 방송을 규제하는 연방통신위원회의 설립을 통과시켰다. 또한, 금 매입 가격도 $35로 고정시켰다.

루즈벨트는 1934년 첫 번째 라디오 방송을 통해 "여러분 오늘의 삶이 작년 이맘때보다 나아지셨는지요? 여러분의 채무는 줄었는지요? 여러분의 은행은 더 안전해졌나요?"라며 정부의 정책 때문에 미국의 경제가 서서히 회복되고 있다는 것을 강조했다.

그러나 모든 사람들이 루즈벨트의 정책에 박수를 보낸 것은 아니었다. 민주당 내 보수세력은 점점 커져가는 연방정부의 권한을 우려했다. 뉴딜 정책이 실시되기 전까지만 해도 그를 지지했던 민주당의 주요 정치 리더들은 등을 돌리기 시작했다. 이들은 루즈벨트 정부를 비판했고 연방정부의 확대는 결국 개인의 자유를 억압하게 될 것이라고 반대했다.

이들은 1934년 8월, 듀퐁, GM, 선 오일, 몽고메리 같은 대기업의 후원을 받아 미국자유리그(American Liberty League)를 형성했다. 이 리그는 개인의 재산을 보호하고 민간 기업을 늘리자는 메시지를 확산시키는 데 주력했다.

하지만 정작 루즈벨트의 걱정은 다른데 있었다. 여러 가지 노력에도 불구하고 경제 회복은 더디게 진행되었고 아직 많은 지역에서는 피부에 와 닿지 않고 있었다. NRA와 AAA를 설립하여 돈을 풀고 은행을 안정시켰지만, 경기는 회복 기미를 보이지 않았다. 여전히 5명 중 1명이 실업자였다. 루즈벨트가 집권한 지 2년이 지나도록, 국민은 경기 회복세를 피부로 느끼지 못했다.

급진주의, 미국을 후려치다

공황이 길어지면서 국민의 불만은 점점 커졌다. 불만과 불안이 가득한 곳에는 불을 지피는 정치 세력이 등장하기 마련이다. 1934년에는 이런 세력들이 미국의 그 어떤 시기보다 빠르고 많이 등장한 시기였다. 특히 공황이 계속되면서 급진 세력의 목소리가 더욱 커졌다.

일각에서는 공황 이전에 '자본주의 자체'가 문제라고 생각하는 세력들도 나타났다. 민주당의 급진적인 의원들은 여전히 균형 재정을 중시하는 루즈벨트의 보수적인 시각을 비판했고 라폴렛 상원의원은 "협동 사회(cooperative society)"를 주장했다.

이런 당내의 목소리는 미국의 대표적인 철학자였던 존 듀이의 지지를 받았다. 자본주의를 극복하기 위해 공동체 중심의 삶을 살아야한다는 주장은 사회주의와 일맥상통했다. 농업노동자당의 당수였던 프로이드 올슨은 협동공동체를 주장했다. 그는 자신을 급진주의자라고 밝히고 토지 공유 개념을 지지했다.

미국공산당(Communist Party of the USA, CPUSA)은 한 걸음 더 나아가 미국의 부르주아 자본주의를 타파해야 한다고 했다. 이들은 유진

뎁스가 이끌었던 사회주의당에서 갈라져 나왔다. 이들은 1932년 대선에서 독자 후보를 냈지만 102,000표밖에 얻지 못했다. CPUSA의 회원은 주로 핀란드와 유대인 출신이었고 1/3이 뉴욕에 살았다. 그만큼, 특정 민족과 지역을 넘어서지 못했다.

사회주의나 공산주의는 사유재산과 개인을 중시하는 미국에서 자리 잡기는 힘들었지만 그렇다고 급진적인 주장이 모두 대중화에 실패한 것은 아니었다. 특히, 캘리포니아와 같이 개척지로 아직 사회와 문화가 유동적이었던 지역에서는 급진주의의 성장이 있었다.

1933년 9월 프랜시스 타운센드 박사(Francis Townsend)는 지역 신문에 "과잉 생산된 밀이나 옥수수를 제거해야 하는 것처럼 과잉 노동자도 정리해야 한다."고 글을 썼다. 여기서 그가 말한 과잉 노동자는 노인 노동자였는데, 그는 60세 이상의 모든 노인을 은퇴시키고 지불받는 돈을 모두 소비하는 조건으로 매월 $200불씩 지불하자고 했다. 그는 이 정책에 필요한 재원을 2%의 부가가치세로 충당할 수 있다고 했다. 이렇게 하면 '노인부양'과 동시에 젊은이들에게 일자리도 만들고 소비를 강제하여 소비 여력도 높일 수 있다는 주장이었다.

하지만, 미국 인구의 9%밖에 되지 않는 노인을 부양하려면 미국 총소득의 반 이상이 필요했고 전국적으로 두 배의 세금을 거두어야 했다. 또한, 젊은 층의 임금을 노인에게 이전한다고 해서 총수요가 늘어나는 것도 아니었다.

이런 문제점들에도 불구하고 타운센드의 아이디어는 캘리포니아를 넘어 전국으로 번졌다. 미국 각지에서 5,000개의 타운센드 클럽이 생겨났고 2백만이 넘는 회원이 가입했다. 또한, 2천5백만의 미국인이 타운센드

청원서에 서명했다. 타운센드 내셔널 위클리라는 신문도 발간했다. 캘리포니아 주의회 도전자들은 타운센드 세력에 의해 좌지우지 될 정도였다.

롱은 '우리의 부를 나누는 계획'(Share Our Wealth Plan)이라는 정책 제안을 통해 루즈벨트의 경제 정책을 비판했다. 롱은 가혹한 부유세를 통해 8백 달러 이상의 부는 사실상 모두 국가에 귀속토록 했다. 이렇게 마련된 재원으로 미국의 모든 가정에 보장된 소득을 제공하고 노인연금과 공교육을 지원하겠다고 했다. 그는 '2%의 부자들이 미국 전체 부의 60%를 소유하고 있다'며 계급 갈등을 부추겼다. 롱의 선동은 급격히 확산되어 타운센드 클럽과 마찬가지로 미국 전역에 Share Our Wealth Plan Club이 생겨났고 1935년 초에는 전국에 27,000개의 지회와 7백만의 회원으로 늘었다. 루즈벨트는 이런 롱을 더 이상 무시할 수 없었다.

프란시스 타운센드(francis townsend)

루즈벨트, 케인즈의 탈을 쓰다

　루즈벨트는 좌우의 정치적 공세에도 불구하고 여전히 두터운 국민의 신망을 받고 있었다. 민주당은 전통적으로 집권당에게 패배를 안겼던 1934년 중간선거에서 대승을 거두었다. 연방의회뿐만 아니라 주지사 선거에서도 압승했다. 주지사 중 39명이 민주당이었고 7명만이 공화당이었다.

　그러나 미국의 경기는 여전히 의미 있는 회복의 기미를 보이지 않았다. 실업률은 여전히 20%가 넘는 높은 수준이었다. 루즈벨트는 경제 회복을 위해서 뿐만 아니라 급진주의자들의 거듭되는 공격으로부터 벗어나기 위해서라도 이들이 요구하는 정책을 어느 정도 수용해야 했다. 루즈벨트는 탄탄한 연방의회 의석수를 기반으로 1935년에 본격적인 경제 법안 추진에 나섰다. 이 중 첫 번째 법안은 긴급지출승인 법안이었다. 이 법안은 미국 정부가 평화 시기에 가장 많은 지출 승인을 요구한 법안으로 그 금액은 1934년 연방정부 세수보다 더 많았다.

　루즈벨트는 정부가 적극적으로 나서 민간 수요를 늘려야 한다고 주장하며 그 근거로 유명한 케인즈의 총수요 이론을 활용했다. 구조조정 과정에서 불가피한 일자리의 공급과 수요의 불균형을 교정하기 위해서는 정부가 나서야 한다는 뜻이었다. 이는 단순히 국민의 피해를 돕기 위한 구호 수준이 아니라 정부가 직접 일자리 창출에 나서는 행위이기도 했다. 정부는 이를 통해 약 3백5십만 명의 국민들에게 일자리를 주고자 했다. 이로써 미국의 연방정부는 본격적인 복지정부로 바뀌기 시작했다. 그렇다고 아무 조건 없이 재정 지출이 이루어진 것은 아니었다. 루즈벨트는 영구적으로 사용 가능한 프로젝트와 스스로 수명을 다할 수 있는 프로젝트에 투자토록 했다.

이렇게 만든 일자리는 노동집약적인 일자리로 개인의 생존 수준 이상의 임금이어야 하지만, 민간 부분보다는 임금이 낮아야 한다고 했다. 즉, 민간 부분과의 경쟁이 없도록 했다. 또한, 이 법안으로 조성된 재원은 군사적 목적이나 전쟁을 위해 사용할 수 없었다.

전례 없는 지출 승인이 이루어지면서 PWA와 같은 정부 조직들은 발빠르게 예산 배분에 나설 수 있었다. 한동안 너무 느리고 조심스럽다고 비판받았던 익스 조차 이제 수많은 공공사업에 앞장섰다. 이 재원으로 뉴욕의 링컨 터널, 라구아디아 비행장, 캘리포니아의 베이브릿지 등이 건설되었다.

또한 이 법안으로 수많은 정부조직이 새로 생겨났다. 그 가운데서도 가장 큰 정부 조직은 취로사업청(Works Progress Administration, WPA)이었다. WPA는 첫해에 300만 명 이상의 고용인원을 두었고 8년의 존속 기간 동안 850만명에게 일자리를 제공하고 약 11조 달러를 지출했다. 하지만, 이 과정에서 주로 재원이 루즈벨트 정부를 지지했던 민주당과 공화당의 급진 세력에게 나누어지면서 정치적으로는 많은 논란이 있었다.

"간단하게 준비하세요. 이해하기 쉽도록"

프랭클린 루즈벨트가 단행했던 뉴딜 법안 중에서도 오늘날까지 미국에 가장 큰 영향을 미치고 있는 법은 사회보장법(Social Securities Act)이다. 이 법안이 처음 제안되었을 때는 실업자 급여, 노령연금, 아동 및 장애인 보조금 등 포괄적인 사회보장 내용이 들어있다.

그는 이 법안 준비를 노동부 장관이었던 퍼킨스에게 위임했다. 루즈벨트는 퍼킨스에게 "간단하게 준비하세요. 모두가 이해할 수 있도록"이라고 지시하면서 법안의 목표는 국민들에게 포괄적인 사회보장을 제공하는 것이라고 했다.

루즈벨트는 미국인에게 태어나서부터 노후까지 생활을 보장하고 실업자가 되면 그 기간을 버틸 수 있는 안전망을 제공하고 싶어 했다. 루즈벨트는 퍼킨스에게 법안 초안 작성 작업을 맡겼지만, 법안 준비와 통과 과정은 자신이 직접 진두지휘했다. 루즈벨트는 이 법안을 위해 발 빠르게 움직였다. 타운센드 계획과 같은 급진적인 계획이 대중의 지지를 얻는 상황에서 루즈벨트는 다시 주도권을 빼앗아 올 필요가 있었다.

내각은 1935년 1월 15일 초안을 제시했고 루즈벨트는 이틀 후에 바로 연방의회에 법안을 제출했다. 이 법안을 지지하는 주요 의원은 상원의 로버트 와그너 상원의원과 데이비드 루이스 하원의원이었지만 루즈벨트는 이 둘 대신 상원과 하원의 재정위원회의 의장이었던 해리슨(Pat Harrison) 상원의원과 도우턴(Robert L. Doughton) 하원의원의 이름을 따서 해리슨-도우턴 법안이라고 명명했다.

이 법안은 초기부터 자기자금조달 원칙하에 고용주와 고용인의 재원으로 설계되었다. 루즈벨트는 정부 예산이 사용된다면 결국 그 부담을 다음 세대에게 넘겨야 한다고 생각해 자기자금조달 원칙을 고수했다. 수령 금액 역시 개인의 소득에 비례하도록 했다. 즉, 미국의 사회보장법은 국가 재원으로 모두에게 균일하게 제공되는 권리가 아니라 개인의 재산권으로 설계되었다.

루즈벨트의 사회보장법은 많은 국민들에게 도움이 되었다. 하지만, 이는 한편으로 자기자금조달 원칙 때문에 개인의 소비 능력을 저해하여 오히려 경제 회복에 방해가 될 수 있었다. 그럼에도 루즈벨트가 자기자금조달 원칙을 고집한 이유는 정부 재원을 활용하면 결국 정치인들이 자신의 이익을 위해 이 제도를 오용할 것이라는 판단 때문이었다.

미국 역사상 처음으로 국민의 삶 전 과정에서 안전망을 제공하겠다는 사회보장법은 이렇게 만들어졌다. 하지만, 루즈벨트의 기대에는 못 미쳤다. 그는 보편적 복지법을 원했지만, 이 법은 노동자 중 약 60%에게만 혜택을 제공했다. 사회보장이 가장 필요했던 농업과 가사노동자들은 혜택을 받지 못했다. 교사, 간호사, 10인 이하의 사업장 등도 이 제도에 포함되지 않았다. 또한, 실업급여, 장애인보조금, 아동보조금 등은 연방정부와 지방정부가 함께 해당 금액을 지원하게 되어 있어 주별로 그 혜택이 달랐다.

이런 한계에도 불구하고 사회보장법은 전통적으로 주정부의 영역으로 인식되었던 복지 제도에 연방정부가 직접 개입하게 하였고 연방정부의 권한과 역할을 더욱 확대되었다.

1935년에 단행했던 뉴딜 정책 중 기억할만한 중요한 업적으로 지방전기감리국(Rural Electrification Administration, REA) 설립이 있다.

1935년까지만 해도 11%의 농촌 지역에만 전기가 공급되었다. REA는 설립이후 연방정부에서 제공하는 3%의 저리 대출로 전기선을 설치하고 전기를 공급했다. 남부 지역의 전기는 테네시강 유역 개발공사(TVA)에서 제공했다. 그 결과 1940년대 말에는 거의 모든 지역에 전기가 공급되었고 미국인은 다양한 가전제품을 사용하게 되었다. REA는 미국인이 가장 피부로 느꼈던 경제법이었다.

자본가들이 날 공격한다

루즈벨트는 1936년을 맞아 본격적인 재선 운동을 시작했다. 그는 저녁 시간 라디오 연설을 통해 사람들이 그의 음성을 직접 들을 수 있게 했다. 그는 "기득권층들은 자신의 이기적인 권력을 되찾으려 하고 있다. 이들이 원하는 대로 한다면 이들은 과거의 귀족정과 마찬가지로 권력을 자신을 위해 사용하고 대중을 노예로 삼을 것이다."라며 보수를 공격했다. 그의 연설은 화끈했다.

그는 경제 정책을 이어나가기 위한 재원 확보에도 적극 나섰다. 1935년에 추진했던 부유세를 대신하여 1936년 3월 3일, 〈기업이윤세〉법을 제안했다. 연방정부가 기업이윤에 손을 대는 것은 정부가 민간 부분에 직접적으로 손을 대는 조치였다. 이 법안의 지지자들은 미배당 기업 이윤에 세금을 매긴다면 기업이 이윤을 임금이나 배당으로 지출할 유인이 되기 때문에 경제 회복에 도움이 될 것이라고 주장했다. 또한, 기업 이윤을 줄이면 과잉 투자나 공급도 방지할 수 있다고 주장했다.

하지만, 기업은 정부가 기업의 이윤에 손을 댄다면 기업이 어려운 시절에 필요한 재원 확보를 방해한다고 주장했다. 연방의회는 결과적으로 루즈벨트가 제시한 법안에 비해 상당히 희석된 법을 통과시켰지만, 기업이윤에 세금을 매기겠다는 생각은 루즈벨트에 대한 월스트리트의 우려를 더 키웠다.

1936년 6월 27일, 루즈벨트는 민주당 전당대회에서 대통령 후보로 나서며 "자본가들이 나를 무너뜨리기 위해 하나가 되어 공격하고 있다"며 "국민들의 절대적인 지지가 필요하다"고 주장했다. 그것은 당시 선동적 급진주의자들의 연설과 거의 다를 바 없었다. 자본가의 수도였던 뉴욕에서 이들을 공격하는 연설을 한 셈이었다.

11월 3일 선거에서 이민 노동자들은 1932년에 비해 30% 이상 투표에 참여했고 이 표의 대부분은 루즈벨트로 갔다. 그는 무려 2천8백만 표로 당선되었다.

루즈벨트의 경제 정책으로 혜택을 받은 국민은 루즈벨트에게 표를 주었다. 그뿐만 아니라 루즈벨트는 새로 생긴 정부 조직과 예산을 통해 충성심 강한 조직을 만들었다. 특히, 신흥 이민자의 중심이었던 가톨릭 신도를 민주당 표로 끌어오기 위해 4명 중 1명의 연방판사를 가톨릭 출신으로 임명했다. 흑인과 노동단체도 민주당의 견고한 지지층이 되었다. 뉴딜 정책에는 이런 정치적 의도가 있었다. 또한, 뉴딜 정책은 연방정부와 미국인의 관계를 근본적으로 바꾸었다. 이제 연방정부는 미국인의 삶 곳곳에 자리 잡았다.

연방대법원을 공격하다

압도적으로 재선에 성공한 루즈벨트는 여전한 공황을 극복하기 위해 첫 번째 임기 때 추진했던 정책들에 박차를 가했다. 그러나 연방의회를 통과한 법들이 연이어 대법원으로부터 위헌 결정을 받으며 제동이 걸렸다. 당시 연방대법원은 자유방임주의 원칙에 따라 정부가 민간 부분에 개입하는 법안에 대해 연이은 보수적인 판결을 내렸다.

1933년에만 연방대법원은 6개의 뉴딜 법이 위헌이라고 판결했다. 또한, 대통령이 독립된 규제위원회의 인사를 단행하는 권한을 위헌이라고 결정했고 1936년 6월에는 뉴욕주가 여성과 아동 최저임금법을 위헌이라고 판단했다.

반대로 미네소타 주가 모기지(mortgage)채권 상환을 동결시킨 법이나 뉴욕주가 공황을 극복하기 위해 가격을 규제한 법에 대해서는 합헌 판결을 내렸다.

대법원이 보수적인 판결을 내린 이유에는 법관들의 법리 판단 문제도 있었지만, 다급하게 준비된 법들이 대부분 엉성하게 작성되어 대법원의 위헌 결정이 불가피했던 측면도 있었다.

일부 법률은 지나치게 광범위한 단어들을 포함하여 그 적용 범위가 모호했고, 대법원은 모호한 정부의 민간 부분 관여를 위헌으로 판단했다. 연방대법원이 연이어 정부의 주요 경제 법안에 대해 위헌결정을 내렸지만, 대법원이 법안의 위헌 여부를 판단하는 권한을 통해 전통적으로 수행해 온 입법부와 행정부의 견제 역할에 대한 믿음은 여전히 강했다. 이 당시 대법원이 역사적으로 보수적인 대법원으로 분류되지만, 휴즈가 이끈 대법원은 언론과 표현의 자유와 같은 기본권에서는 정부 간섭을 위헌으로 판단하여 기본권 보장에 앞장서기도 했다.

　한편 견제구를 맞은 루즈벨트는 연방대법원을 상대로 반격에 들어갔다. 그런데 여기서 그는 연방대법원의 판결이나 법률의 문제를 호소하는 대신 나이 많은 대법관을 직접 공격하는 바람에 역풍을 맞는다. 이 문제로 루즈벨트는 정치적인 타격을 입었다.

루즈벨트 경기침체

　1933년부터 점차 회복되던 경기는 1937년이 되었는데도 여전히 1929년 수준에 훨씬 못 미치고 있었다. 오히려 8월부터는 경제가 악화되기 시작했고 9월에는 급락하기 시작하여 10월에는 다시 증시 패닉으로 이어졌다. 갑작스러운 경기 침체는 후버 대통령 당시와 같은 경제적 위기로 발전했다. 기업 이윤은 80%나 떨어졌고 1937년 마지막 분기의 철 생산량은 이전 분기의 40% 이하로 떨어져 전체 산업생산량의 저하로 이어졌다.

　경기 침체가 일어나자 다시 실업자가 늘어났고 디트로이트에서 실업급여를 받는 사람이 1937년에 비해 4배로 늘었다. 여기에 노동자 시위는 더욱 늘어나 미국의 공장은 다시 멈추어 버렸다. 1937년~38년 사이에 2백만 명 이상의 노동자들이 해고되었다. 실업자가 다시 늘어나면서 미국의 전체 실업인구는 전체 노동자의 19%인 천만으로 늘어났다.

　〈루즈벨트 경기침체〉라고 불린 이 경기 침체로 인해 루즈벨트는 1938년 중간선거에서 엄청난 타격을 받았다. 무엇보다 뉴딜 정책의 성공으로 경기가 회복되고 있다고 생각했던 루즈벨트의 인사들은 갑작스러운 경기 침체에 어떤 정책으로 대응해야할 지 우왕좌왕했다. 일부에서는 정부의 지나친 반기업 정책으로 투자 의욕이 상실되었고 경제 정책에 대한 불투명성이 커졌다고 했다.

이런 지적에도 불구하고 루즈벨트는 경기 침체의 원인이 정부 규제와 세금으로 인한 민간 부분의 투자 위축이라는 비판에 대해 오히려 정치 음모론으로 대응했다. 즉, 동부의 자본가들이 루즈벨트의 경제 정책을 좌절시키기 위해 일부러 투자하지 않는다고 주장했다. 그는 1935년 부유세 논쟁과 1936년 재선 캠페인 당시 성공했던 전략을 그대로 답습했다.

루즈벨트의 정치 공세는 사실 여부를 떠나 루즈벨트 정부 내의 뉴딜러(New Dealers)라는 새로운 정치 세력의 탄생으로 이어졌다. 이 세력들은 대부분 경제 공황을 극복하기 위해서는 정부가 직접 고용에 나서야 한다고 주장했다. 이들의 구체적인 정책 대안에는 차이가 있었지만, 기업에 대한 불신과 정부 역할의 중요성에 대해서는 공통된 인식을 가졌다. 이들은 특히 케인즈를 신봉했다. 정부의 역할이 단순한 경기 진작이 아니라 고용 창출이라는 적극적인 역할을 해야 한다는 케인즈 이론이 정책의 근간이 되었다. 케인즈는 정부가 균형예산으로부터 탈피하여 부채를 일으켜서라도 수요 진작에 나서야 한다고 주장했다. 이제 정부의 부채는 예산 낭비가 아니라 경기 부양을 위한 필수적인 조건이 되었다.

미국의 주류 경제학자는 물론 루즈벨트도 케인즈의 주장이 너무 과격하다고 생각했지만, 1937-38년 사이에 경기 침체가 반복되자 더 적극적인 정부의 개입이 필요하다고 생각을 바꾸기 시작했다. 1937년 11월 뉴딜러들은 경기 진단 및 처방에 대한 보고서를 썼다. 이 보고서는 미국 경제침체의 원인이 연방준비위원회가 인플레이션을 걱정하여 지나치게 높은 이자율을 유지한 것에 있다고 했다. 정부가 지나치게 균형재정에 매달리다 보니 필요한 통화 공급이 제대로 이루어지지 않고 있다고도 했다. 새로운 경제 침체 국면은 루즈벨트의 내부에도 분열을 일으켰다.

나아지지 않는 경제

다시 찾아온 경제 침체를 어떻게 극복해야 하는지 고민했던 루즈벨트는 선택과 집중보다는 거의 조금씩 모든 정책을 시도했다. 1938년 4월, 루즈벨트는 추경 예산을 주장하는 참모들의 의견을 받아들여 의회에 약 3조 달러의 예산을 요청했다. 이 예산은 미국 역사상 처음으로 수요 창출을 위한 적자 재정 편성의 사례가 되었다. 3조 달러는 당시 연방정부의 예산으로는 큰 금액이었지만 100조가 넘어선 미국 경제의 회복을 위해서는 턱없이 부족했다. 나아가 루즈벨트는 기업에 대한 정치 공세를 제기했다. 그는 법무부 장관에 서먼 아놀드(Thurman Arnold)를 임명하면서 기업에 대한 반독점 소송을 늘리라고 했다. 아놀드는 수십 명밖에 되지 않았던 법무부의 변호사를 거의 300명으로 늘렸다.

미국 역사는 이 시기를 전후하여 이전의 진보 세대와 이후의 진보 세대를 나눈다. 이전의 진보 세대는 경제의 구조적인 개혁을 통해 분배 문제를 개선하고 미국인의 시민권 보장에 경제적 보장도 포함하려 했다. 하지만, 이후의 진보 세대는 이런 구조적인 개혁보다는 일정 수준의 고용률과 소비력이 확보되면 경제가 안정될 수 있다는 경제 성장주의를 주장했다.

문제는 루즈벨트의 재정 확대가 경제를 회복시키기에는 충분하지 못하면서 기업이 투자하기에는 여전히 위험 부담이 크다고 느끼는 최악의 상황으로 간 것이다. 루즈벨트의 이런 불안전한 정책 수단으로 미국의 총생산은 1941년이 되어서야 1937년 수준으로 올라왔다.

 루즈벨트의 뉴딜 정책에 대한 평가는 여전히 논란거리이다. 세계적인 경제 공황으로 인해 유럽에 파시스트 세력이 등장하면서 자유민주주의를 지키기 위한 차원에서 정부 역할의 중요성은 커졌다. 루즈벨트가 재정 확대를 실시한 이유는 이런 정치적 위협 때문이었다. 이런 정치적 배경을 의식하여 루즈벨트는 1938년 4월 14일 노변정담에서 "민주주의가 여러 나라에서 사라졌다. 그 이유는 사람들이 민주주의가 싫어서가 아니라 높은 실업률과 불안감 때문이다. 역사를 보면 독재는 강하고 성공적인 정부가 아니라 약하고 아무 도움이 되지 않는 정부 하에서 태어났다."라며 전 세계를 휩쓸기 시작한 독재의 광풍을 경계했다. 하지만, 루즈벨트는 미국의 가장 중대한 시점에서 가장 많은 권력 누수를 경험했다. 이제 대공황이 9년 차에 접어들었지만, 미국은 여전히 경기 회복을 위한 해답을 찾지 못했다.

뉴딜은 과연 성공했는가?

1938년 유럽에 전쟁의 먹구름이 드리워지고 있었지만, 루즈벨트는 여전히 국내 정치 문제에 집중할 수밖에 없었다. 1937년 재선 직후 사법부와의 다툼으로 국정 동력의 상당 부분을 상실했던 루즈벨트는 경기 침체가 재발하면서 확실한 정책을 실시하지 못해 미국의 경제는 회복세를 찾지 못했다. 루즈벨트는 집권 1기와 달리 이어지는 정치적 열세 속에서 고도의 정치력을 발휘하며 국정 동력을 회복하기보다는 여전히 공세적인 입장을 취했다.

그는 대외적으로 미국의 가진 자를 비난했고 민주당 내에서는 다시 결집하기 시작했던 민주당 내 보수파의 숙청에 나섰다. 그는 민주당의 보수적인 인사를 정치에서 퇴진시키기 위해 민주당 예비 선거에 관여하기 시작했다. 전통적으로 미국의 대통령은 지역 정치의 독립성을 존중하여 예비 선거에 관여하지 않았다. 하지만, 루즈벨트는 앤드루 잭슨 대통령 이후 처음으로 예비 선거에 직접 관여했다.

1938년은 흔히 뉴딜이 끝난 해라고 한다. 1939년 연두교서에서 루즈벨트는 처음으로 어떤 사회, 경제적 프로그램도 제시하지 않았다. 그는 대신 "이제 우리의 에너지를 우리의 개혁을 유지하기 위해 경제 회복에 모든 에너지를 쏟아 부어야 할 때이다."라며 새로운 정책을 실시하기보다는 기존의 정책을 집행하는데 더 집중할 것임을 분명히 했다.

뉴딜이 과연 무엇을 성취했는가에 대한 논의는 미국에서 여전히 진행 중이다. 미국의 경기 회복은 뉴딜 정책이 아니라 2차 세계 대전으로 이루어졌고 이 전쟁은 단순한 경기 회복이 아닌 미국에 전례 없는 25년간의 번영기를 안겨주었다.

그렇다고 뉴딜이 아무 흔적도 남기지 않은 것은 아니었다. 루즈벨트가 당선된 이후 약 5년 동안 미국 연방정부는 전례 없는 정책을 추진하면서 연방정부의 역할을 근본적으로 바꾸었다. 그리고 이 당시 실시된 사회보장법과 같은 주요 정책은 여전히 미국 제도의 근간을 이루고 있다.

우선, 뉴딜은 미국의 소득 재분배에 큰 영향을 미치지 못했다. 1940년대의 미국의 개인 소득 분포도는 1930년대와 유사했는데, 이 또한 1920년대와 별다른 차이가 없었다. 경기 침체로 대부분의 미국인의 소득이 줄어들었지만, 그 차이의 정도에는 변화가 없었다. 그나마 불평등이 줄어든 이유는 투자이윤이 떨어졌기 때문이지 재분배 정책 때문이 아니었다.

무엇보다 뉴딜 정책은 다양한 실험적인 정책을 실시했음에도 불구하고 이 정책들을 이어주는 일관성이 없었다. 직접적인 가격 통제, 재정 확대, 수요 진작 등 다양한 정책을 시도했지만, 이들은 그 때 그 때의 필요와 정책 결정으로 추진되었을 뿐, 체계적인 목표와 방법을 가지고 적용한 것은 아니었다.

그나마 루즈벨트가 추진했던 가장 중요한 가치는 안정(security)이었다. 그는 경제 공황으로 수많은 사람이 불안정한 생활에 내몰리면서 정부가 국민의 안전망을 제공해야 한다고 생각했다. 이런 그의 문제의식은 사회보장법에서 잘 드러났다.

하지만, 기업가들에게 필요한 안전망과 노동자들에게 필요한 안전망은 다를 뿐만 아니라 서로 상충되기도 했다. 이 때문에 루즈벨트는 사회적 안전망 확보에 노력하면서 위에서부터의 압력으로 건설하는 급진적인 안전망 건설이 아니라 기존 제도 안에 녹아 들어가는 부드러운 접근법을 택했다. 루즈벨트가 사회보장법의 재원을 자체 조달토록 고집한 것은 이런 원칙의 단면을 보여준다.

 이런 미국의 〈보수적 개혁성〉은 특히 산업정책에서 찾아 볼 수 있다. 대공황이 시작되면서 가장 큰 타격을 입은 산업은 금융업 즉 은행이었다. 대공황이 시작되면서 사람들은 자신의 예금을 찾기 위해 은행으로 달려갔고 예금 대량인출(bank run)로 은행이 도산하면서 더 많은 사람이 피해를 입는 악순환이 이어졌다. 은행의 위기를 맞아 루즈벨트는 은행의 국유화나 중앙은행의 설립 대신 미국의 기존 은행 산업 구조를 그대로 둔 채 보완 정책을 실시했다. 우선, 글래스-스티걸 은행법으로 투자은행과 상업은행을 분리하여 개인의 예금 보호에 나섰다. 이어 연방은행 예금보험공사를 설립, 예금주의 예금을 일정 금액까지 보장해 뱅크런이 일어나지 않도록 했다. 이런 정책 보완으로 주기적으로 반복되던 은행 파산은 상당히 줄어들었다.

고양이에게 생선 맡기기 전략

 은행 관련 정책들은 시행착오를 통해 계속 정교해졌지만, 증권시장은 훨씬 어려운 대상이었다. 일단 아직, 증권을 제대로 이해하는 사람들은 별로 없었다. 이 때문에 많은 사람들이 큰 손실을 겪기도 했다. 무엇보다 증권 관련 정보가 별로 없었다. 기업들이 거액의 자금을 조달하기 위해 증시에 상장 하지만, 이런 기업들에 대한 충분하고 투명한 정보가 없었다.
 정보의 비대칭은 사기가 난무할 수 있는 환경을 낳았다. 루즈벨트는 증권 시장 규제를 위해 증권거래소위원회(SEC)를 설립하고 그 초대 위원장으로 조세프 케네디(Joseph Kennedy)를 임명했다.

존 케네디의 아버지이기도 했던 조세프 케네디는 증권으로 거액을 번 사람으로 그를 위원장으로 임명한 것은 생선을 고양이에게 맡긴 꼴이었다. 하지만, 케네디는 지도력을 발휘하며 증권거래소위원회를 가장 강력한 정부 기구로 키웠다.

증권거래소가 증권 시장을 위해 사용한 규제는 우선 정보 공개였다. 증권거래소위원회는 증시 상장 회사가 재무제표, 수익, 회사 임원의 급여 등을 공개하도록 했다. 두 번째로 이렇게 공개된 정보의 보증을 위해 독립적인 회계 법인이 규격화된 회계 원칙에 따라 정보를 제공하도록 했다. 이 제도로 회계사의 수가 급격히 늘어났지만, 이 조치는 시장에 대한 규제라기보다는 시장의 효율성을 높이는 조치였다. 투명한 정보 공개로 시장에서의 정보 비대칭 문제는 해소되었고 투명한 정보를 배경으로 한 거래는 시장을 훨씬 효율적으로 개선했다.

시장 보완 정책은 부동산 대책에서도 이뤄졌다. 부동산 수요는 광범위했고 새로운 일자리 창출을 위해서도 가장 중요한 분야였다. 케인즈도 부동산 분야야말로 새로운 수요 창출에 가장 중요한 산업이라고 강조했다. 루즈벨트는 케인즈의 제안과 같이 본격적인 공공부동산을 공급하거나 후버 대통령이 시도했던 것과 같이 민간 부동산 사업을 촉진하고 부동산 소유를 늘리는 방안을 실시했다.

그린벨트 사업과 부분적 공공부동산 사업을 시도하기도 했지만, 루즈벨트 정부의 주요 부동산 정책은 민간 부동산 사업 진작이었다. 루즈벨트는 부동산 경기 부양을 위해 주택대출은행(HOLC), 연방주택공사

(FHA) 및 연방주택담보협회를 설립했다.

HOLC는 부동산담보대출로 파산하는 개인을 보호하기 위해 설립되었다. HOLC의 설립으로 개인 파산이 줄어들었지만, 더 큰 영향은 전국적으로 대출 기준과 부동산 평가 방식을 표준화하여 보다 효율적인 거래가 가능해졌다는 것이다. FHA는 장기 모기지(mortgage)에 대한 보호를 위한 보험을 제공하고 부동산 건설의 표준화도 달성했다. 마지막으로 페니메이는 대출업자들이 모기지(mortgage)를 재판매하여 리스크를 넘기고 유동성을 확보할 수 있도록 했다. 결국 이 정책으로 부동산 시장의 규격화가 이루어져 부동산 시장의 리스크를 줄였다. 이 제도들은 최근의 모기지론 위기에서도 상당한 역할을 했다. 결국, 증권과 부동산 사업에서 뉴딜은 표준화, 정보 공개 및 보험 제도를 통한 시장의 투명성과 안전망을 확보했다.

다가오는 전쟁의 먹구름

루즈벨트는 국내적으로 전례 없는 대공황에 직면해 있었고 동시에 국외적으로는 제2차 세계 대전이라는 엄청난 문제에 직면한 대통령이기도 했다.

1939년 1월, 루즈벨트는 연두교서에서 점차 어려워져가는 국제정세를 본격적으로 언급하며 점점 위기에 빠져드는 세계 평화를 우려했다.

루즈벨트는 우선 미국의 군사력을 준비시키고자 했다. 그는 연방의회에 5억2천5백만 불의 국방 예산 지원을 요청했다. 이 중 4억5천만불은 육군에, 6천5백만 불은 해군에, 천만 불은 민간 조종사를 군인 조종사로 양성하는데 투입했다. 육군에게 배정되었던 4억5천만 불 중 3억 불은 전투기를 구입하는데 배정했다. 당시만 해도 연방정부에는 공군이 존재하지 않았다.

루즈벨트는 이 예산이 당장 전쟁을 위해 쓰일 것은 아니라고 했지만, 유럽의 상황은 더욱 나빠졌다. 1939년 3월 히틀러는 체코슬로바키아의 남은 지역도 독일군의 보호가 필요하다며 침공을 단행했다. 루즈벨트는 더 이상 히틀러의 야심을 관망만 할 수 없었다. 루즈벨트는 이제 본격적인 전쟁 준비에 나섰다.

독일이 체코를 침공하자 루즈벨트는 우선 연방의회에 중립법 개정을 통해 군사 물자를 영국과 프랑스에 판매할 수 있게 해달라고 요청하고 육군 준장, 조지 마샬(George C. Marshall) 장군을 새 참모총장으로 임명했다. 육군 서열에서 34번째였던 마샬 장군은 웨스트포인트가 아닌 버지니아 군사학교 출신으로 자제력이 뛰어나고 냉철한 전형적인 군인이었다. 그는 뛰어난 리더십으로 일을 처리했다. 그는 얼음장과 같은 성격이어서 사람들은 그를 조지라고 부를 수 있는 사람은 부인밖에 없을 것이라고 말하곤 했다.

9월 1일. 독일은 폴란드를 침공했다. 루즈벨트는 새벽 2시 50분 파리의 미국 대사였던 불릿으로부터 긴급 전화를 받았다. 그는 불릿 대사에게 "빌, 드디어 올 것이 왔군. 하나님의 가호가 있기를"이라고 했다.

루즈벨트는 곧바로 기자회견을 가졌다. 기자들은 미국이 다시 유럽의 전쟁에 빨려드는 것은 아닌지 우려했다. 루즈벨트는 "정부는 전쟁에 말려들지 않기 위해 최대한 노력할 것"이라고 답했지만, 역사가 다시 반복될 수 있음을 인정하지 않을 수 없었다.

한편, 영국 의회에서 챔벌린은 히틀러가 폴란드를 침공하면 영국은 가만히 있지 않겠다는 기존 입장을 지킬지 분명히 하지 못했다. 챔벌린이 계속 머뭇거리자 보수진영이던 레어 아버리(Leo Amery)는 "어서, 영국을 대표하여 발언하시오."라며 챔벌린의 결단을 촉구했고 이 발언에 의사당에 모여 있던 의원들도 박수를 보냈다.

의원들의 강력한 반발에 내각도 용기를 냈다. 영국은 9월 3일. 독일이 3시간 이내에 폴란드로부터 철수하지 않으며 전쟁을 선포하겠다고 선언했다. 3시간이 지났지만, 독일로부터 아무 반응이 없었고 챔벌린은 결국 "이 나라는 이제 독일과 전쟁을 선포한다."라고 발표했다.

영국과 독일의 전쟁이 선포되자 루즈벨트는 노변정담을 통해 유럽의 상황과 미국의 역할을 설명했다. "미국은 계속 중립국으로 남을 것입니다. 그렇다고 미국인들의 생각조차 중립이어야 한다고 요구할 수는 없습니다. 중립 국가도 생각과 양심까지 포기할 수는 없습니다."라며 전쟁의 책임이 누구에게 있으며 미국이 누구를 지지하는지 분명히 했다.

루즈벨트는 점점 다가오는 전운을 느끼며 우선 중립법 개정에 힘을 쏟았다. 중립법이 그대로 유지되는 한 미국은 전쟁 당사국에 원조할 수 없었다. 그러나 중립법 폐지는 쉽지 않았다. 상황이 긴박해지자 루즈벨트는 직접 의회 연설을 하기로 했다. 루즈벨트는 중립법 폐지를 위해 의원들에게 화해의 손짓을 보내며 의원들의 결단을 촉구했다. 여론은 루즈벨트의 연설에 절대적인 지지를 보냈다. 드디어 의회 외교위원회가 안을 통과시킨 날 폴란드의 바르샤바가 함락되었다.

처칠에게 다가온 운명의 시간

1940년 초반까지 독일은 잠잠했다. 프랑스는 독일이 마지노선을 넘어올 수 없을 것이라고 자만했다. 영국은 9월 시골로 대피시켰던 아이들도 12월 크리스마스 이전에 런던으로 돌아올 수 있도록 했다. 보라 상원의원은 이 기간을 "가짜 전쟁(The Phony War)"이라고 불렀다.

하지만, 블릿은 파리에서 프랑스가 독일의 공군 공격에 무방비 상태라고 우려했다. 일부에선 챔벌린이 여전히 독일과의 타협을 포기하지 않았고 이런 시도가 영국민의 전쟁 의지를 약화시키고 있다고 우려했다. 1940년 2월, 루즈벨트는 유럽의 상황을 알아보기 위해 섬너 웰스(Sumner Welles) 국무부 차관을 파견했다. 그러나 웰스가 미국으로 돌아오자마자 독일은 다시 공세에 나섰다.

독일은 4월 9일 덴마크를 점령했고 이어 노르웨이로 쳐들어가 주요 항구를 접수했다. 영국과 프랑스 연합군은 독일의 공세에 맞서 싸웠지만,

윈스턴 처칠(Winston Churchill)

몇 주 만에 패배했다. 영국 군대가 노르웨이에서 철수하면서 챔벌린 내각이 무너졌다.

5월 10일, 처칠이 수상으로 선출되었다. 그는 "나는 운명의 순간을 맞은 듯 했다. 나는 일생 동안 이 순간을 위해 준비해왔다."라고 말했다. 그간 영국의 무기력함을 일관되게 비판해 온 처칠이 드디어 운명의 시간을 맞이하는 순간이었다.

5월 14일, 독일 탱크 부대가 마지노선 북쪽의 아르덴 숲을 돌아 후방을 치면서 프랑스와 영국 부대의 보급선을 차단했다. 5월 14일 홀랜드가 항복했고 벨기에는 5월 28일에 항복했다. 5월 15일 프랑스 수상은 처칠에게 프랑스가 패배했다고 전화했다. 32일간의 전투 동안 그나마 다행이었던 것은 덩케르크에 집결해 있었던 338,000명의 군인을 영국으로 안전하게 철수시킨 일이었다. 군인을 철수시키는 데는 성공했지만, 영국군은 90,000정의 소총과 7,000톤의 무기 및 120,000개의 수송 수단을 두고 와야 했다. 덩케르크 철수이후 프랑스는 독일에 넘어갔다.

처칠은 영국 의회에 "프랑스 전쟁은 끝났고 곧 영국 전쟁이 시작될 것이다."라고 말했다.

프랑스의 항복으로 연합군의 독일 대응 전략은 전면적인 수정을 해야 했다. 영국은 프랑스가 한동안 독일을 저지해주면 영국이 본격적인 전쟁 준비를 할 수 있을 것으로 예상했다. 미국도 프랑스의 육군, 영국의 해군과 미국의 산업력, 특히 비행기 생산 능력을 합하여 독일에 대항하는 구상을 하고 있었다. 하지만, 프랑스가 무너지면서 이제 영국 홀로 독일의 전진을 막아야 했다.

영국이 무너진다면 미국은 무사할 것인가? 처칠은 영국이 패배한다면

"모든 것이 새로운 암흑의 시대로 접어들 것"이라고 말했다. 루즈벨트도 "힘의 논리가 지배하는 세상에서 미국만이 섬으로 남아 있을 수는 없다."며 영국이 넘어가면 미국의 안전도 위협을 받을 것이라고 경고했다.

처칠은 본격적으로 미국의 개입을 유도해야 했다. 이를 위해서 우선 영국이 프랑스처럼 쉽게 독일에 넘어가지 않고 끝까지 항전하겠다는 항전의 의지를 보여야했다. 그리고 궁극적으로는 미국이 영국과 함께 전쟁에서 싸우도록 설득해야 했다.

야당을 내각에 끌어들이다

유럽이 전면전으로 치닫는 중 루즈벨트는 미국 대통령으로는 처음 3선에 도전하게 되었다. 대공황 시기를 이끌었던 루즈벨트는 미국의 안전이 위기에 놓인 시점에서 3선 도전의 명분이 생겼다. 1940년 여름, 이해 대선의 막이 열렸다.

야당이던 공화당은 무명의 웬델 윌키(Wendell Willkie)를 지명했다. 얼마 전까지 민주당이었던 윌키는 루즈벨트의 뉴딜이 본격적으로 반기업 정책으로 발전하자 공화당으로 당적을 바꾼 사람이었다.

루즈벨트는 이 무렵 매우 영리한 판단을 내렸다. 그는 공화당 전당대회가 열리기 직전에 공화당의 중견 인사였던 프랭크 녹스(Frank Knox)를 해군 장관에 헨리 스팀슨(Henry Stimson)을 전쟁부 장관에 임명했다. 루즈벨트는 두 명의 공화당 인사를 내각에 입각시켜 윌슨이 공화당과 대립하는 바람에 1차 세계 대전의 전후 처리에 실패했던 실수를 막으려했던 것이다.

결국 1940년 대선은 루즈벨트의 3선에 동의하느냐 마느냐의 선거였다. 1940년 대선에서 루즈벨트는 압승을 거두었고 3선에 성공했다.

루즈벨트는 3선 도전과 함께 유럽 전쟁에 본격적으로 나서야했다. 처칠이 수상이 되면서 영국의 결전 의지는 확고해졌지만, 미국이 당장 영국을 돕기는 쉽지 않았다. 영국은 무엇보다 미국의 무기를 공급받아야했다. 중립법이 개정되어 전쟁 당사국에 무기를 팔 수 있게 되었지만 미국은 어떤 재정 지원도 할 수 없어 영국에 미국 무기는 그림의 떡이었다.

특히, 영국은 독일의 상륙 작전을 막기 위해 당장 구축함이 필요했다. 루즈벨트는 고심 끝에 한 방법을 생각해냈다. 미국이 영국에 구축함을 제공하는 대신 영국이 뉴펀드랜드와 버뮤다에 미국의 해군 기지 두 군데를 제공하고 영국 서인도 제도의 다른 곳에서도 99년간의 임대를 제공토록 하는 안이었다. 이 제안은 미국의 해군력 강화를 위해서도 필요했기 때문에 미국 내 고립주의자의 반발도 막을 수 있었다.

미국으로부터 구축함을 제공받게 된 처칠은 "영어를 하는 민주주의, 영국 제국과 미국이 서로의 이익을 위해 힘을 합치게 되었다."며 기뻐했다. 하지만 구축함 제작과 양도는 빠르게 진행되지 못했다. 1940년 말까지 미국이 제공하기로 한 50척의 구축함 중 겨우 9척이 전달되었는데, 그나마 잘 만들어지지도 않았다. 다행히, 독일의 비밀 무선을 해독한 결과 히틀러가 준비했던 상륙 작전이 취소되었다는 것이 확인되었다. 영국 전쟁은 미국의 구축함이 아니라 영국 공군의 승리였다.

영국, 재정 지원을 호소하다

이 무렵 영국의 국가재정이 문제가 되었다. 주미 영국 대사로 있었던 로디언 경(Lord Lothian)은 영국이 파산했다고 선포했다. 영국은 전쟁이 본격화되기 직전이었던 1939년부터 재정 보호를 위한 조치를 취했다. 영국 재무부는 해외로 보냈던 금을 모으기 시작했고 재정 확보를 위해 관세를 높였다. 그럼에도 영국은 파산 선고를 했다.

그런데 영국이 파산한 이유 중의 하나는 관세 장벽으로 미국과의 무역이 줄어들었기 때문이었다. 이제 미국은 영국에 대한 무기 제공뿐만 아니라 재정 지원까지 해야 하는 상황에 놓이게 되었다.

미국인들은 영국의 파산 소식을 이해할 수 없었다. 영국에는 여전히 상당량의 파운드화가 있었지만, 미국과의 무역이 줄어 충분한 달러를 보유하지 못했다. 스팀슨 전쟁장관은 재무부 자료를 보고 영국이 미국의 무기를 구입할 수 없음을 알았다. 녹스 장관은 "이제 우리가 영국 무기를 사주어야 한다는 말이네요"라고 물었고 모겐소 재무장관은 "영국이 계속 구입을 하도록 할 것인가요?"라며 되물었다.

이 대화에는 미국이 직접 전쟁에 나서지 않으면서도 영국을 통해 독일과 전쟁을 하려는 루즈벨트의 전략이 담겨 있었다. 또 한편으로는 전쟁뿐만 아니라 1940년대 중반부터 급격하게 회복하기 시작했던 미국의 경기 회복을 이어가는 방안과도 연관되어 있었다. 장관들은 미국에 선택의 여지가 없음을 알았지만, 어떤 방법으로 영국이 무기를 구입토록 할 것인지 답은 찾기가 쉽지 않았다.

당시 미국법은 1차 대전의 채무를 지불하지 못하는 국가에 대해서는 추가 대출을 할 수 없도록 되어 있었다.

영국의 상황이 악화되자 처칠은 루즈벨트가 3선에 성공한 직후 휴가를 보내고 있던 캐리비안 섬에 한 통의 편지를 보냈다. 처칠이 가장 공들였다고 알려진 이 편지에서 처칠은 현대 국가가 전시 체제로 전환하는데 3년에서 4년이 필요하며 미국의 생산력이 최대치로 올라오는데도 2년이 걸릴 것이라고 했다.

　이어 처칠은 이 기간 동안 독일에 맞설 국가는 영국밖에 없음을 강조하면서 영국의 재정 상태를 호소하기 시작했다.

　이 부분은 처칠의 편지에서 가장 중요한 문제였다. 처칠은 영국이 처분 가능한 자산을 지금 모두 처분해 버린다면 전쟁에서 승리를 하더라도 남는 것이 아무것도 없을 것이며 전후 복구를 위해 미국으로부터 물자 구입도 불가능할 것이라고 절박함을 호소했다.

　루즈벨트는 처칠의 답신에 유명한 예화를 들었다. 그는 "이웃집에 불이 나서 이웃이 당신의 호스를 필요로 하다면 가격이 얼마인가를 놓고 다투지는 않을 것이며 우선 호스를 빌려주고 불이 꺼진 다음에 돌려받으면 된다."라고 했다.

　이어 루즈벨트는 마찬가지로 미국은 영국이 필요한 무엇이든 빌려주고 다 사용한 후에는 같은 물건으로 돌려주면 된다. 그럼 달러가 필요 없다고 했다. 루즈벨트는 영국에 대한 이 제안을 국민에게 설득하기 위해 12월 17일 노변정담에서 국민들에게 영국의 중요성과 영국이 무너지면 미국에 어떤 위협이 될 것인지 설명했다. 그는 여전히 미국이 직접 전쟁에 참여하지는 않을 것이라고 했다.

　그러나 이미 이 당시에는 루즈벨트의 참모들이 미국도 직접 전쟁에 참여할 준비를 해야 한다고 조언하기 시작하고 있을 때였다.

모두 군대 갑시다

1940년도 루즈벨트는 영국에 대한 무기 공급을 넘는 지원조치를 준비하기 시작했다. 아직 여론은 미국이 직접 참전해야 한다는 정도까지 나아간 것은 아니었지만, 루즈벨트는 일단 의회에 군사력 증강을 요청했다. 시급한 것은 공군력이었다. 만약 독일이 미국을 침공한다면 공습으로 시작할 것이기 때문에 미국은 매년 5만대 이상의 전투기 생산을 준비했다. 공군뿐만 아니라 탱크, 트럭과 대포 등 육군 전략 강화에도 나섰다. 루즈벨트는 신속한 군사력 증강을 위해 연방의회에 1조 달러의 예산을 요청했다.

프랑스가 독일에 항복하자 루즈벨트는 한발 더 나아가 육군이 신병을 훈련시키기 위한 1조 달러의 추가예산을 요청했다. 루즈벨트는 "전쟁이 시작된 이후에 육군을 훈련시키고 무장하면 이미 늦는다."며 군사대비태세와 훈련의 중요성을 강조했다. 그는 의회에 유사시, 예비군을 소집할 수 있는 권한도 요청했다.

그는 "이번 전쟁은 부분적인 방어로는 부족하다."며 미국이 독일의 공세를 물리치기 위해서는 특정 지역이 아니라 미국 전체의 무장이 필요하다고 강조했다.

그러나 가장 중요한 것은 신병 충원 방법이었다. 루즈벨트는 침묵을 지켰지만, 마샬 참모총장은 이미 징병제를 염두에 둔 발언을 시작했다. 징병제 법안은 이미 연방의회에 제출되었지만, 의회는 정치적 부담을 우려해 징병제 도입에 소극적인 자세를 보였다.

결국, 루즈벨트가 직접 나섰다. 하지만 그도 여론을 의식하여 징병제만큼은 다른 법안과 달리 조심스럽게 추진했다. 루즈벨트는 기자와의 대화 형식을 빌려 자신이 징병제를 선호한다는 발언을 했다. 루즈벨트의 입장이 기사화되자 미국의 고립주의를 주장했던 인사들은 일제히 공격에 나섰다. 이들은 루즈벨트가 미국을 불필요한 전쟁에 휘말리게 했으며 군사력 강화는 결국 자신의 권력을 강화하고 미국을 파시스트와 같은 전체주의로 끌고 가기 위한 것이라고 반대했다.

다행히 여론은 루즈벨트의 징병제 도입에 긍정적이었다. 한 언론사의 여론 조사 결과에 의하면 국민의 약 80%가 징병제를 지지했고 갤럽 조사에서도 미국의 국민이 2:1로 징병제를 선호한다는 결과가 나왔다.

여론의 지지에도 불구하고 대선이 한참이었던 1940년 루즈벨트는 자신의 징병제 추진이 정치적 공격의 대상이 되지 않을 것이라는 확신이 필요했다.

루즈벨트는 야당인 민주당의 대선 후보였던 윌키에게 징병제를 지지하는 공동성명서를 발표하자고 제안했다. 윌키는 이를 거절했지만, 나중에 별도의 성명서를 통해 자신도 징병제를 지지한다고 발표해 주었다. 이렇게 민주당 대선 후보의 동의까지 끌어내자, 연방의회 내의 반대파들도 더 이상 징병제 도입을 막을 수 없었다. 1940년 9월, 미국에서 처음으로 평화 시기에 징병제가 도입되었다.

일본에 견제구를 날리다

　문제는 독일만이 아니었다. 아시아에서는 일본의 야심이 점점 커갔다. 한동안 중국 대륙에 갇혀 장개석을 공격하지도 못하고 후퇴하지도 못했던 일본이 다시 본격적인 공세에 나섰기 때문이다. 루즈벨트는 유럽 전쟁으로 정신이 없었지만 더 이상 일본을 그대로 둘 수 없다고 생각했다. 하지만, 전쟁 준비가 덜 된 상황에서 자칫 섣부른 전쟁이 발발하는 것은 피해야 했다.

　루즈벨트는 우선 경제로 일본을 압박하기 시작했다. 그는 1940년 1월에 미국과 일본 사이의 무역 협정이 만료되면 재계약을 하지 않겠다고 했다. 일본에 대한 본격적인 경제 제재를 단행하기 전에 미국이 경제적으로 일본에 얼마나 중요한지를 확인시켜 주었다. 동시에 헐 국무장관을 통해 일본에 경고를 보냈다. 그럼에도 일본의 태도가 달라지지 않자 1940년 7월에는 일본에 대한 전략 물자의 수출 금지 항목에 비행기 연료를 포함시키는 조치를 단행한다.

　미국 정부는 일본을 특정하지 않았지만, 미국에 상당량의 비행기 연료 수입을 의존했던 일본은 이 조치가 누굴 향한 것인지 잘 알고 있었다. 루즈벨트는 여기에 고철도 포함시켜 일본이 무기를 생산하는데 필요한 철 공급에 타격을 주었다. 하지만, 잇따른 경제 제재에도 불구하고 일본의 야심은 사그라지지 않았다.

　루즈벨트에게 우선 급한 쪽은 유럽이었다. 1941년 1월 6일의 연두교서에서 그는 표현의 자유, 종교의 자유, 궁핍으로부터의 자유와 불안으로부터의 자유라는 4개의 자유를 지키겠다고 했다. 여기서 궁핍과 불안으로부터의 자유는 뉴딜 정책의 목표이기도 했다.

그는 처칠이 요청하는 영국군 군수물자 지원을 위해 무기대여법 (Lend-lease)라는 새로운 방법을 제시했다. 무기대여법은 '미국의 방위를 촉진하기 위한 법'(An Act to Promote the Defense of the United States)으로 명명되었고 '대통령이 미국의 방위를 위해 무기를 판매, 양도, 교환, 임대 또는 다른 방식으로 매매할 수 있다'고 명시하여 대통령에게 광범위한 권한을 부여했다.

법의 통과 시점에서 루즈벨트는 여전히 미국의 참전을 선포할 의사는 없지만, 더 이상 위험의 축(the Axis danger)을 방관하지 않겠다고 분명히 했다.

이후 루즈벨트는 연방의회에 7조 달러의 예산을 요청했다. 얼마 전까지만 해도 엄청난 액수로 간주되었을 이 금액이 이제는 얼마 되어 보이지 않았다. 루즈벨트는 의회에 재정을 요청하면서 본격적으로 미국의 희생을 주장했다. 루즈벨트는 "이 일은 최고의 노력이 필요하며 최고의 노력 없이는 승리할 수 없다. 미국인 모두가 힘을 합쳐 국난을 극복하자!"고 호소했다.

루즈벨트는 국민에게 희생을 각오하라는 메시지와 함께 본격적인 전쟁 준비에 나섰다. 그는 1차 세계 대전 당시의 국가방위중재위원회를 모델로 가격행정과 민간물자청을 수립하여 전쟁 물자 생산을 방해하는 노동 쟁의 행위에 규제를 가했다.

루즈벨트는 전 세계적으로 미국과 같은 생산 기지는 없으며 이제 기계를 "일주일 24시간 7일 내내 가동해야 한다."며 더 이상의 노동 분쟁을 용인하지 않겠다고 했다. 그는 파업 중이던 광산과 철강 회사 노동자들을 공장으로 돌려보냈다.

이와 함께 국가청년행정청을 만들어 방위 산업을 위해 일할 일꾼을 훈련시키고 민간인들의 전쟁 지원을 위한 채권과 우표 판매도 시작했다.

여론의 반걸음만 앞서 간다

무기 수출은 가능해졌지만, 여전히 수송 문제는 해결되지 않았다. 7조 달러에 이르는 군 물자가 독일 잠수함의 공격으로 침몰한다면 미국의 물자 생산은 아무 소용이 없었다. 무기 대여법이 통과되기 이전 3개월 동안에만 영국 상선 142척이 독일 U보트의 공격으로 침몰했다. 독일은 영국이 새 배를 만드는 속도보다 3배나 빠르게 영국 상선을 침몰시켰다. 어느새 영국 전쟁은 대서양 전쟁으로 바뀌고 있었다.

4월 10일, 루즈벨트는 네덜란드의 임시 정부와 협상하여 미군이 그린란드에 상륙하여 그곳에 기지를 지을 수 있도록 합의했다고 발표했다. 이로써 미국은 수해 보호 구역을 확장하여 미 군함이 보다 넓은 지역에서 독일 U보트를 감시할 수 있게 되었다.

루즈벨트의 조치에 기자들은 미 해군의 목적이 '정찰'인지 영국 상선의 '호송'인지 분명히 해달라고 주문했다. 루즈벨트는 미 해군의 역할이 '미국을 방위하는데 있다'고 대답했다. 만일 적군이 공격해오면 어떻게 할 것인가 라는 질문은 루즈벨트 특유의 유머로 "기자님이 알려주시오."라며 피해갔다.

루즈벨트가 이토록 조심한 이유는 여론 때문이었다. 당시 미국 내 여론의 흐름은 영국에 대한 군수지원에는 찬성하지만, 미국이 직접 전쟁에 참여하는 것은 80%이상이 반대했다. 루즈벨트는 링컨과 마찬가지로 미국의 여론보다 반 발짝만 앞서 갔으며 무엇보다 교전의 첫 당사자가 되는 것을 피하려했다. 그러나 미 해군의 정찰 확대에도 불구하고 영국 상선은 계속 U보트의 공격을 받았다. 5월에도 3주 동안 20척의 영국 상선이 루즈벨트가 확장한 미국의 보호 수역에서 침몰되었다.

전황은 더욱 악화되고 있었다. 히틀러는 유고슬라비아와 그리스를 침공했고 북아프리카에서는 이집트 국경까지 이르렀다. 다급해진 처칠은 루즈벨트에게 미국이 연합군으로 참전하겠다고 선언만 해줘도 전선 방어에 도움이 될 것이라고 간청했다.

처칠의 간청에 루즈벨트는 5월 10일 답신을 보냈다. 그는 여전히 미국의 참전 여부를 밝히지는 않았지만, 중동 지역으로도 곧 무기를 보낼 것을 약속했다.

5월 27일, 루즈벨트는 노변정담을 통해 독일 나치의 위협이 얼마나 무서운지 설명한 후, 이들을 물리치기 위해 어떻게든 영국에 필요한 군수물자를 전달하겠다는 의지를 표명했다. 그는 여전히 미 해군의 영국 상선 호송 여부에 대해 밝히지 않았지만, 이런 결정을 내려야 할 때를 대비하여 국민의 마음을 준비시켰다. 루즈벨트의 노변정담은 국민의 마음을 움직였고 여론은 그렇게 서서히 움직이기 시작했다.

민주주의의 무기고

루즈벨트는 미국이 민주주의의 무기고가 되겠다고 선언했지만, 실제 무기를 생산하는 작업은 쉽지 않았다. 특히, 미국은 상시적으로 중앙 군대를 유지하지 않았기 때문에 대량의 무기를 단기간에 생산하는 데는 많은 준비 작업이 필요했다.

1941년에 돈은 더 이상 문제가 아니었다. 더 큰 문제는 돈을 무기로 만드는 작업이었다. 루즈벨트는 7조 달러를 요청했는데 이 금액은 1940년 미국 전체 국방예산이었던 2.2조 달러의 2.5배나 되는 큰 금액이었다. 어마어마한 돈이 풀리면서 미국 경제는 드디어 긴 공황의 터널에서 벗어날 수 있었고 징병제 실시로 백만 명의 젊은이들이 군에 입대하면서 실업률은 10% 미만으로 떨어졌다.

돈이 풀리고 경기가 회복되자 미국 정부는 예상치 못한 벽에 부딪혔다. 오랜만에 돈을 벌 기회가 생긴 민간 업체는 가격과 이윤이 제한되는 군수 물자 생산에 투자하고 싶어 하지 않았다. 무엇보다 전쟁이 끝나면 남아돌지 모를 생산 시설은 또 다른 경기 침체로 이어질 수 있었다.

자동차 생산기지였던 디트로이트는 1941년에 약 4백만 대의 차를 판매할 것으로 예상했는데, 이 숫자는 1939년에 비해 백만 대나 많았다. 하지만, 자동차 노조가 남은 50%의 유휴 공장을 군사용 비행기 생산을 위해 활용하자고 제안하자 자동차 회사는 이를 거절했다. 자동차 공장을 비행기 공장으로 만드는 것은 많은 설비 투자와 새로운 인력 등 비용과 준비작업이 필요했다. 또한, 뉴딜 정책 하에 정부에 시달렸던 기업들은 정부가 가장 큰 고객이 될 군사용 비행기 생산에 선뜻 나서기를 꺼려했다.

정부도 거대한 생산 확장을 효율적으로 관리하는 데 어려움이 많았다. 루즈벨트는 1차 세계 대전 당시와 같은 비효율적인 정부 역할로 막대한 예산이 낭비되는 것을 피하려 했다. 1차 세계 대전 때는 미국 정부가 군수 물자 생산을 위해 〈전쟁산업위원회〉를 두었는데, 대부분 민간인으로 채워져 막대한 예산과 권력을 휘두르고 낭비로 이어졌다.

루즈벨트는 정부 중심의 생산 증대에 나섰지만 수많은 이해관계의 충돌과 관료사회 특유의 보신주의로 효율성은 훨씬 떨어졌다. 무엇보다 군수 물자 생산 증대의 궁극적 목적이 어디에 있는지 아직 정리되지 않은 상황에서 구체적인 생산목표 설정과 실행은 많은 혼란으로 이어졌다. 이렇게 우왕좌왕하는 미국의 모습을 보며 독일은 "미국의 군사력 증강은 역사상 가장 큰 허풍이다."라고 폄훼했다.

플랜 독(Plan Dog)

루즈벨트는 1940년 말 미국의 총체적 전쟁 전략을 검토하도록 했다. 전략의 초안은 해롤드 스타크 제독(Admiral Harold Stark)이 준비했다. 그는 4개의 해군전략을 제안했는데 이 중에서도 4번째 안을 추천했다. 이 4번째 안은 D번으로 표시되어 이후 플랜 독(Plan Dog)이라고 불렸다.

이 계획은 미국이 전쟁 이전에 준비했던 여러 전략 중 〈레인보우5〉라는 전략을 기초로 했다. 〈레인보우5〉 작전계획은 미국이 양안에서 동시에 전쟁이 발발할 것을 대비한 계획이었고 그 상대는 독일과 일본이었다. 이 계획은 영국, 프랑스와의 협력 및 미국도 참전하는 것을 전제로 했다. 플랜 독은 프랑스가 패배한 상황과 일본의 침략 가능성이 점점 커져가는 현실을 반영하여 수정한 군사 작전이었다.

스타크의 계획은 영국의 지속적인 항쟁을 가장 중요한 변수로 삼았다. 이 진단을 기초로 미국은 우선 유럽 전쟁에 주력하기위해 태평양에서는 일본과의 전쟁을 피해야 하며 장기적으로 독일을 패배시키기 위해서는 결국 상륙 작전이 필요하다고 결론 맺었다. 이 전략에서 유럽 상륙 작전을 위한 지리적 근거지로써 영국이 독일에 항복하지 않고 버텨주는 것이 중요했다.

루즈벨트는 스타크의 군사작전을 염두에 두었지만 아직 미군의 전쟁 참여를 반대하는 여론 때문에 이 작전의 수행 여부에 확답을 주지 않았다. 대신 본격적인 군사 작전을 준비하기 위해 미국과 영국 군사 담당자들이 계획을 수립토록 했다.

1941년 1월, 영국에서 5명의 장교가 비밀리에 미국에 왔다. 이들은 플랜 독을 기초로 우선 영국 지원에 초점을 맞추고 태평양에서는 수비에 집중하는 것을 기본 전략으로 삼았다. 가장 중요한 내용은 양안에서 동시에 전쟁이 발발하더라도 우선 히틀러를 패배시키는데 주력한다는 합의였다.

마샬 장군은 "대서양이 넘어간다면 치명적이겠지만 극동이 넘어가는 것은 심각할 뿐 치명적은 아니다."라며 당시 미군의 유럽과 아시아에 대한 전략적 평가를 요약했다. 따라서 가장 큰 문제는 어떻게 일본과 직접 전쟁을 하지 않으면서 그들을 견제할 것인가의 문제였다.

해롤드 스타크 제독(harold rainsford stark)

적의 적은 나의 친구

이 무렵 전쟁의 방향을 바꾸는 새 변수가 생겼다. 1941년 6월 22일, 히틀러는 아무 경고 없이 소련침공을 단행했다. 새벽 3시 30분. 3백8십만의 독일군이 수천 대의 전투기와 탱크의 지원을 받으며 기습 공격을 단행했다.

북쪽으로는 레닌그라드, 중앙에서는 모스크바, 남쪽에서는 우크라이나로 향하는 3갈래 기습이었다. 소련군은 당황하여 전선은 급속히 무너졌다. 단 4일 만에 독일 탱크부대가 소련 국토 300km까지 진군했다. 소련의 2개 군단이 무너지고 60만 명의 포로가 발생했다. 공중에서도 소련은 첫날 전투기 1,800대를 잃었고 다음 날 8,000대를 잃었다.

처칠은 즉각 영국 국민들에게 "연합군이 소련을 도와야 한다."고 연설했다. 처칠은 독일이 또 하나의 전선을 열자 호재임을 바로 판단하고 미국에 지원을 요청했지만, 루즈벨트는 처칠의 환호에 곧바로 응답할 수 없었다.

6월 23일, 독일의 소련 침공 후 첫 공식 발표에서 미국 정부는 히틀러가 미국의 주적이라고 했지만, 소련에 대한 언급은 없었다. 그동안 루즈벨트는 미국이 영국을 돕는 이유가 세계의 민주주의를 위해 지키기 위해서라고 했는데 미국이 자유의 적으로 간주했던 소련을 지원하는 것은 이런 루즈벨트의 명분과 맞지 않았기 때문이었다. 그러나 다음 날 그는 기자와의 대화에서 '미국은 소련을 지원할 것'이라고 했다. 처칠과 마찬가지로 루즈벨트도 공산주의를 반대했지만, 오랜 세월 정치를 해온 그는 '적의 적은 나의 친구'라는 사실을 잘 알았다.

그러나 정부의 내부의견은 갈렸다. 국무부는 여전히 소련을 적으로 보앉고 전쟁부는 미국의 지원이 없다면 소련도 수개월 만에 독일에 넘어갈 것을 우려했다. 정치적으로는 공산주의의 승리가 파시스트의 승리보다 더 큰 위협이 될 것이라는 판단도 존재했다.

루즈벨트는 국무부의 저항을 막기 위해 홉킨스를 소련으로 보내 스탈린을 만나게 했다. 홉킨스는 스탈린과 만남에서 그의 저항의 의지가 확고하다는 것을 확인했다. 홉킨스의 의견을 들은 루즈벨트는 소련 대사를 불러 소련이 필요로 하는 지원 물자를 제시토록 했고 이를 기초로 연방의회에 1.8조 달러의 지원요청을 위한 법안 준비에 나섰다.

루즈벨트가 소련 지원을 결정하자 영국 지원에 집중하고 있던 미국 정부 내 인사들은 난감해졌다. 기존의 군수 물자 생산도 제대로 실행되지 않는 상황에서 소련에 필요한 물자까지 추가 생산을 한다는 것은 불가능한 일이었다. 주어진 일이라면 무조건 해내던 마샬 참모총장조차 불만을 터뜨리자 루즈벨트는 한발 물러서 전쟁부에 적절하게 필요한 군수 물자 생산과 수송 계획을 수립토록 했다. 루즈벨트의 지시는 불투명한 면이 있었지만, 이전과 같이 중요한 결정을 전적으로 자신이 내림으로써 모든 부담을 자신이 떠안는 것은 피해갈 수 있었다.

한편, 징병과 훈련 문제는 앨버트 웨드마이어 소령이 맡았다. 그는 승리 프로그램(Victory Program)이라는 계획을 백악관에 제출했다. 이 계획은 미국이 전투를 벌일 수 있는 대부분의 지역을 포함한 종합적인 계획을 담고 있었다.

이 계획에 의하면 육군에 총 8백7십만의 군인으로 구성된 215개의 사단이 필요했다. 이 많은 군인을 무장하기 위해서는 현재의 생산 계획을 두 배로 늘려야 했고 필요한 총자금은 1000억달러로 예상했다.(실제 비용은 3000억 불이 넘었다.)

　그런데 이 중요한 군사 작전이 1941년 12월 4일 시카고 트리뷴 신문에 보도되었다. 이 기사에는 미국의 전쟁 준비가 끝나려면 시간이 걸리기 때문에 1943년 7월에나 참전이 가능할 것이라고 쓰여 있었다.

　이 기사는 미국 역사상 최악의 비밀누설이었다. 이 보도로 그간 미국의 참전은 없을 것이라는 루즈벨트의 입장은 심각한 타격을 입었다. 그러나 다행히도 이 기사는 고립주의자들의 마지막 공세였다. 여론은 이미 군사력 증강의 필요성을 받아들이고 있었다. 고립주의자들은 본거지였던 시카고에서도 야유를 받기 시작했다. 보도가 나간 지 3일 후, 미국은 전쟁에 나섰다.

전쟁으로 가는 길

　미국의 본격적인 참전이 다가올 무렵, 루즈벨트는 처칠과의 첫 대면 자리에 미국 공군에 입대한 아들 엘리엇을 대동했다. 엘리엇은 반항아로 부모 속을 썩였던 아들이었는데, 미국이 전쟁 준비에 돌입하자 부모 몰래 공군에 입대했다. 루즈벨트는 그 사실을 아들이 백악관에 방문했을 때 처음 알았다. 입대 소식을 접한 아버지는 명령서와 아들의 얼굴을 쳐다보더니 이내 눈물을 흘렸다. 한동안 말을 잇지 못하던 루즈벨트는 "아들아 자랑스럽다."고 말했다. 며칠 후 루즈벨트는 가족 모임에서 아들을 위한 건배를 하며 "우리는 모두 엘리엇의 결정을 자랑스럽게 생각한다. 특히, 내가 제일 자랑스럽다."며 한동안 소원했던 아들과의 관계를 회복했다.

초미의 관심사는 여전히 미국의 참전이었다. 미국 언론은 "참전 시기가 점점 다가오고 있는 것이 아니냐"고 루즈벨트에게 물었지만 루즈벨트는 여전히 "그렇지 않다."고 답했다. 하지만 기자가 루즈벨트의 대답을 인용해도 되냐고 묻자 그는 "간접적으로만"이라고 제한했다.

한편 연방의회는 1940년에 통과된 징병제법의 연장 여부를 놓고 논쟁 중이었다. 이 법은 상원을 통과했지만, 하원에서는 겨우 한 표 차로 연장되었다. 루즈벨트는 징병제법 연기 안이 이런 치열한 결과를 낳자 다시 국민 여론을 환기시키기 위해 나섰다.

그는 9월 11일, 노변정담에서 미국 군함인 그리어(Greer)호가 그린랜드 인근에서 독일 잠수함의 공격을 받았다는 사실을 알렸다. 그는 "군함은 미국 국기를 달고 아이스란드에 편지를 배달 중이었다."며 독일이 중립국인 미국을 공격했다고 발표했다. 사실, 그리어호는 편지 배달뿐만 아니라 독일 잠수함을 공격하는 비밀 명령도 받고 있었지만, 루즈벨트는 이 사실을 국민에게 알리지 않았다.

프랭클린 루즈벨트와 윈스턴 처칠

루즈벨트의 기본 전략은 아시아에서 점점 커가는 일본의 위협은 일단 뒤로하고 유럽에서의 전쟁에 참전할 명분을 찾아 독일과 먼저 싸운 후 일본과의 전쟁이 불가피하면 전쟁을 할 계획이었다.

그는 독일이 소련을 무너뜨리면 중동의 석유가 위험에 빠지고 이어 인도와 영국을 단절하여 영국 제국을 무너뜨릴 것이며 미국의 국익에도 엄청난 손해가 될 것으로 생각했다. 반면, 일본은 아시아의 위협이지만, 중국 공세가 성공하더라고 그곳에서의 헤게모니 구축에는 훨씬 많은 시간이 걸릴 것이라고 판단했다.

루즈벨트의 설득으로 미국의 여론은 서서히 미국의 참전이 불가피함을 인정하기 시작했다. 여론조사 결과 미국인의 68%가 루즈벨트가 설명한 "미국에 대한 위협이 발생하면 독일군에게 공격으로 대항하라"는 교전수칙에 동의했다. 나아가, 70%의 여론이 '미국이 참전해서라도 히틀러를 반드시 패배시켜야 한다.'고 했다. 1차 세계 대전 이후 세계와 담을 쌓으려 했던 미국은 이제 다시 유럽의 전쟁에 얽힐 수밖에 없다는 현실을 인정하기 시작했다.

미국과 일본의 속내

유럽전선에 주력한 미국은 일본이 아시아에서 더 이상의 공세에 나서지 못하도록 일본에 대한 수출금지와 경제 제재를 단행했다. 일본의 동남아 공세가 본격화되자 미국은 제재 품목에 철광석과 선철을 더했다. 그러나 일본에 가장 치명적일 수 있었던 석유는 여전히 제재 품목에 넣지 않았다.

일본은 미국의 무역 제재를 해결하기 위해 1941년 초 노무라 기치사부로를 주미 대사로 보냈다. 그러나 대화에 진전은 없었다. 무엇보다 일본은 '계속되는 미국의 제재로 동남아 공격이 불가피했다'는 입장이었고 미국은 '일본이 중국으로부터 철수하는 방안 이외의 타협은 없다'며 단호했다.

양측 모두에 협상은 결국 시간을 버는 수단에 불과했다. 노무라는 시간을 벌면서 일본 정부가 상황을 냉철히 파악하고 미국과의 전쟁을 피하도록 하고 싶었다. 미국은 해군력이 충분히 증강되어 유럽 전쟁에 영향을 미치지 않으면서 동시에 아시아에서의 전쟁을 수행할 수 있을 때까지 시간을 벌어야 했다.

그런데 이렇게 유지되던 팽팽한 균형은 1941년 6월 히틀러의 소련 침공으로 완전히 바뀌고 말았다. 히틀러는 소련 침공 계획을 동맹에도 알리지 않았기 때문에 일본은 소련만큼이나 독일의 공격에 깜짝 놀랐다.

그러나 일본은 결국 이 사건이 유전을 확보할 수 있는 절호의 기회라고 판단했다. 일본은 독일이 소련을 침공한 상황에서 더 이상 시베리아 전선을 걱정하지 않아도 되게 되어, 군대를 인도네시아와 말레이 반도로 돌려 일본에 가장 중요한 유전을 확보할 수 있다고 생각했다. 무엇보다 일본에는 2년을 버틸 수 있는 석유만 비축되어 있었고 전시에는 겨우 18개월밖에 버틸 수 없었다. 미국이 유전을 차단한다면 일본은 아무것도 할 수 없는 상황이었다.

1941년 7월. 인도차이나반도 북부에 집결해 있었던 일본군은 남부로 진격하여 영국령 말레이지아와 네덜란드의 동인도섬 공격에 나섰다. 일본의 암호를 풀었던 미국 정부는 이미 일본의 아시아 전략을 간파하고 있었다. 그러나 일본의 새로운 공세에 미국이 어떻게 대응할지에 대해서는 입장을 정하지 못했다.

루즈벨트는 여전히 일본과의 전쟁을 피하려 했기 때문에 일본과의 전면전은 하고 싶지 않았다. 루즈벨트는 "우리에게는 충분한 해군력이 없고 아시아에서 일이 벌어지면 그만큼 대서양 함대의 수가 줄 수밖에 없다. 선택의 여지가 없다."고 했다. 미국의 강경파는 이제 일본에 대한 유류 제재에 나서야 한다고 했지만 전쟁계획부는 유류 제재는 일본이 동남아로 쳐들어갈 수밖에 없는 상황으로 몰고 가기 때문에 신중해야 한다고 반대했다.

7월 26일, 루즈벨트는 미국의 입장을 밝혔다. 그는 미국에 있는 일본 자산을 동결했다. 루즈벨트는 자산 동결 조치를 통해 일본에 대한 제재의 강도는 높였지만, 일본에 가장 위협적이었던 석유 수출 제재는 단행하지 않았다. 루즈벨트는 미국이 과연 치명적인 제재를 단행할지 여부에 대한 일본 정부의 판단을 계속 불확실하게 만들어 시간을 벌려고 했다.

그런데 국무부는 루즈벨트의 이런 의도를 무시하고 일본이 더 이상 미국의 자산을 구입할 수 없는 조치를 발표했다. 9월, 뉴펀들랜드에서 돌아온 루즈벨트는 자신의 조치가 잘못 집행된 것을 알게 되었지만, 그 시점에서 제재 단계를 낮추는 것은 미국의 의지가 약해졌다는 신호가 될 수 있기 때문에 이를 그대로 유지할 수밖에 없었다. 이제 미국과 일본 사이의 수출은 완전히 동결되었다.

일본 정부는 다급해졌다. 일본 해군은 전쟁을 치를 수 있는 석유 비축량이 18개월 정도밖에 되지 않으며 2년 후면 미국의 해군력이 일본과 전면전을 벌일 수준에 이를 것이라 전망하고 있었다.

9월 6일, 일본 정부는 10월 초까지 미국이 무역 제재를 해제하지 않으면 동남아 작전을 실행할 것이라고 벼랑 끝 전술을 폈다. 일본은 동남아 작전에서 성공하기 위해서는 싱가포르에 있는 영국의 해군을 봉쇄하고 미국이 필리핀을 기지로 사용할 수 없도록 해야 하며 미국의 태평양 함대 기지였던 진주만을 무력화시켜야 한다고 분석했다.

일본은 미국과 전면전을 벌일 경우, 멸망의 길로 들어설 수밖에 없다는 사실을 알고 있었지만 그럼에도 불구하고 이러한 작전 개념이 등장한 것은 기습작전을 통해 시간을 벌기 위해서였다. 일단 기습작전을 펼쳐 태평양에서 미국의 군사력을 일시적 공백 상태로 만들 수 있다면, 동남아 작전이 성공할 때까지 시간을 벌수 있고, 그 후에는 보다 우월한 입장에서 미국과 협상을 할 수 있다는 판단이었다.

하지만 고노예 수상은 전쟁을 피하기 위한 마지막 시도를 하고자 했다. 그는 루즈벨트와의 만남을 추진했다. 그러나 미국이 계속 일본의 중국 철수를 주장하는 바람에 만남은 이뤄질 수 없었다. 결국 고노예 수상은 물러났고 군부 출신의 도조가 수상으로 임명되었다.

11월 5일, 일본은 마지막 외교 노력이 실패한다면 군사 작전을 단행하겠다고 선포했다. 미국은 일본과의 마지막 타협안으로 6개월간 현 상태 유지안을 제시하려 했지만, 처칠과 장개석은 이를 반대했다. 미국도 중국이 일본의 공세로 약화되면 소련도 위험해질 수 있었기 때문에 일본과의 타협을 포기했다. 이제 일본과의 전쟁도 점점 불가피해지고 있었다.

진주만 공습과 작전권 이양

1941년 11월 29일, 루즈벨트는 일본의 진주만 공격 사실을 보고 받았다. 일본의 첫 공격이 단행되고 약 45분 후였다. 녹스 해군 장군은 진주만 공습을 보고했고 오후 2시 30분에 스타크 제독이 공격 사실을 확인했다. 루즈벨트는 일본이 공격을 단행했다는 사실에는 놀라지 않았지만, 진주만을 공격한 사실에는 놀랐다.

그는 처칠과의 통화에서 일본의 진주만 공격을 알렸다. 처칠은 담담히 소식을 들으며 "문제가 오히려 단순해졌군요. 하나님의 가호가 함께 하기를 기도합니다."라고 했다. 처칠은 미국의 참전이 확실시되자 오히려 한숨을 돌릴 수 있게 되었다.

오후 5시, 루즈벨트는 비서를 불러 다음날 국회 연설을 준비시켰다. 저녁 8시 30분에는 내각과 만나 전쟁 준비를 논의했고 밤 10시에는 양당의 의회 지도부를 초청하여 진주만 공격에 관해 설명했다. 설명을 들은

공화당 지도부는 루즈벨트의 결정을 전적으로 지지하기로 했다.

다음날 12시 루즈벨트는 연방의회 의사당으로 향했다. 그는 짧지만 단호한 연설로 미국의 대일본 선전포고를 요청했다. 하지만 여전히 독일에 대한 선전포고는 담지 않았다. 곧 이어 상원과 하원은 루즈벨트의 선전포고 요청을 승인했다.

루즈벨트는 독일과의 전쟁을 계획했지만, 일본과의 전쟁이 먼저 시작되었다. 독일이 미국과의 전쟁을 선포할지는 아직 미지수였다. 11월 29일 미국이 해독한 독일이 일본에 보낸 메시지는 '일본이 미국과 전쟁에 돌입하면 독일도 곧바로 전쟁을 선포하겠다'는 내용이었다. 루즈벨트는 일본과의 전쟁이 확정된 이후, 독일의 선전포고를 유도하고자 했다.

그는 12월 9일 노변정담을 통해 국민들에게 이제 미국이 파시스트와의 전쟁에 돌입했음을 알렸다. 이렇게 미국은 다시 세계 대전에 참전하게 되었다.

12월 22일, 미국의 참전이 확정되자 처칠은 즉각 미국으로 날아와 루즈벨트와 심도 깊은 회담을 이어갔다. 두 사람은 함께 백악관에 머물렀는데, 이때 서로의 침실을 오가며 협의를 했다. 한번은 처칠이 샤워를 한 후 타올도 걸치지 않고 나오다가 루즈벨트와 맞닥뜨렸다. 당황한 루즈벨트가 자리를 피하려 하자 처칠은 괜찮다며 바로 옷을 걸쳐 입고 논의를 이어갔다. 이제 미국과 영국 사이에는 아무것도 숨길 것이 없는 사이가 되었다. 다행히, 미국은 일본의 진주만 공격에도 불구하고 유럽 전쟁을 우선으로 한다는 입장에는 변화가 없었다. 좀 더 어려운 문제는 미군과 영국군의 협력 문제였다. 처칠은 미국에 지휘권을 넘기는데 머뭇거렸다. 하지만, 미국은 단일화된 지휘체계 없이는 전쟁 수행이 불가능하다고 주장했다. 특히, 1차 세계 대전 참전했던 경험이 있었던 마샬 장군이 단호했다.

결국, 처칠은 마샬 장군과 독대한 후 그의 의견을 받아들여 미국에 지휘권을 넘기기로 했다. 다만, 참모단은 미국과 영국 장교를 포함한 합동참모단으로 구성하였고 그 본부는 워싱턴에 두었다. 합동참모단의 본부 위치가 워싱턴으로 결정되면서 사실상의 지휘권은 미국으로 넘어갔다. 한때, 소련이 합동참모단에 참여하는 것도 검토되었으나 이는 폐기되었다.

한편, 진주만 공격으로 기선을 잡은 일본은 본격적인 아시아 정복에 나섰다. 야마모토는 "첫 6개월에서 1년 정도는 공세가 가능하지만 2, 3년 이후에는 자신이 없다."며 미국의 거대한 제조업 기반이 군수산업으로 전환되기 전에 전쟁을 끝내고 싶은 마음을 드러냈다.

진주만 공격이 끝나자마자 홍콩, 괌과 웨이크섬(Wake Islands)이 일본에 넘어갔다. 일본은 인도차이나반도를 거침없이 침공하며 1942년 1월에는 버마까지 별다른 저항 없이 진군했다. 일본 육군은 말레이 반도를 따라 남하하며 싱가포르로 향했다. 2월 15일, 영국이 절대 함락되지 않을 것으로 자부했던 싱가포르가 일본군에 항복했다. 싱가포르에는 85,000명의 영국군이 있었는데 이들은 병력 규모가 반밖에 되지 않는 일본군에 항복했다.

얼마 후 동인도섬이 일본에 넘어갔다. 인도네시아까지 접수한 일본인들은 그곳 주민들에게 해방군으로 받아들여졌다. 나구모 제독은 인도양으로 넘어가 영국의 상선을 침몰시키고 실론섬에 있는 영국 기지를 공습했다. 영국의 극동 함대는 동아프리카로 피신했고 오스트리아 해군도 자국으로 돌아갔다.

하지만 필리핀을 접수하는 데는 좀 더 시간이 걸렸다. 필리핀에는 맥아더 장군이 지휘하는 미국의 극동 사령부가 있었다. 12월 8일, 맥아더 장군은 일본이 진주만을 공격했다는 소식을 들었는데, 그는 대만의 일본 기지를 공격하자는 부관들의 의견을 무시했다. 이렇게 아무 작전도 펼치지 않는 동안 일본의 폭격기가 필리핀의 미군 부대를 공습하여 36대의 B-17 폭격기와 200대의 전투기를 파괴했다.

12월 22일 일본은 루손섬에 일본 군대를 상륙시켰다. 맥아더는 루손섬을 방어하기보다는 남은 군대를 모아 바탄섬으로 피신했다. 전투 대신 피신을 택한 맥아더에게 '덕아웃 덕(Dougout Doug)'이라는 별명이 붙여졌다. 철수에는 성공했지만, 80,000명의 미군과 필리핀군, 25,000명의 민간인이 동시에 피신하면서 바탄섬의 물자는 급속하게 줄었다. 일본군도 물자 부족으로 당장 공격을 단행하기에는 어려웠다.

루즈벨트는 맥아더가 진주만 공습 이후 아무 조치도 취하지 않은데 화가 났지만, 미국의 극동사령부가 바탄섬에서 오래 버티지 못한다는 것을 인정했다. 결국, 맥아더에게 호주로 철수할 것을 명령했다. 3월 12일, 맥아더는 가족과 부관과 함께 호주로 피신했다. 루즈벨트는 미군의 사기 진작을 위해 맥아더에게 명예 훈장을 수여했다.

하지만, 맥아더가 남기고 간 바탄섬의 미군과 필리핀 사람들은 고난의 시간을 견뎌야 했다. 결국 4월 9일 바탄 부대가 일본에 항복했고 저항을 계속했던 웨인라이트 장군도 5월 6일에는 항복을 선언했다. 이 사건에 대해 아이젠하워는 "불쌍한 웨인라이트! 그가 싸웠는데, 영광은 맥아더에게로 돌아갔다."며 필리핀 상황을 개탄했다. 이렇게 일본의 전략은 성공할 것처럼 보였다.

싸우겠다는 의지

루즈벨트는 어떻게든 반격하고 싶었다. 아직 일본 해군과 맞붙기에는 군사력이 부족했지만, 루즈벨트에게는 승전 소식이 필요했다. 진주만 사건 직후, 미국 국민은 항전의 의지를 불태웠지만, 시간이 흐를수록 이 의지는 점점 약해질 수밖에 없었다. 전쟁 준비가 늦어질수록 초기의지는 색이 바랠 것이고 중간 선거도 다가오기 때문에 뭔가 승전 소식이 없이는 정치적 후폭풍도 감수해야 했다.

루즈벨트는 이러한 상황에서 무리하지만 일본 본토에 대한 공습을 단행했다. 일본의 진주만 공습 같은 기습 작전이었다.

1942년 미국의 두리틀 소령은 16대의 B-25 폭격기를 항공모함에서 띄워 동경을 공격했다. 동경의 석유 정유소, 무기 공장, 항구 등 주요 군사 시설에 대한 폭격을 단행했다. 대공포의 공격을 받았지만, B-25기는 무사히 중국과 소련으로 피했다. 이 작전은 규모는 크지 않았지만, 미국이 일본 본토를 공격할 수 있다는 심리적인 압박을 주었고 미국 국민에게는 보복전에 성공했다는 자긍심을 심어주었다.

얼마 후 미국은 산호초섬 전투에서 일본을 막아냈다. 더 중요한 전투는 하와이의 북서쪽에 위치한 미드웨이에서 벌어졌다. 일본은 시간에 쫓기고 있었다.

얼마 남지 않은 시간 동안 미 해군을 완전히 궤멸시켜야만 승산이 있다고 생각한 일본은 미 해군의 주력을 태평양으로 유인하여 궤멸시키기 위해 미드웨이 공격에 나섰다. 하지만 이번에도 미국은 일본의 암호를 풀어 공격을 미리 알고 있었다.

6월 초. 4일 동안에 걸쳐 미국과 일본 사이에 유례없는 항공모함전이 벌어졌다. 전투 결과는 미군의 대승이었다. 일본은 4척의 항공모함과 200대의 전투기를 잃었지만 미국은 단 한 대의 항공모함과 100대의 전투기를 잃었을 뿐이었다.

이 전투로 태평양의 전세는 역전되었다. 미드웨이 해전의 패배는 일본에 엄청난 피해를 주었다. 이 전투로 한동안 해전의 주도권을 쥐고 있던 일본은 일시에 열세에 놓이고 말았다. 미국에 비해 생산력이 턱없이 부족했던 일본은 함대 재건이 불가능했다. 이후 전쟁이 끝나기까지 일본은 겨우 6척의 항공모함만 더 건설할 수 있었다.

제2전선을 열어라

미국은 미드웨이 전투로 태평양에서 기선을 잡았지만, 소련 전선은 점점 어려워지고 있었다. 1942년 봄, 히틀러는 코카서스의 유전을 향한 공세를 재개했다. 5월 말, 독일은 무려 70만 명에 달하는 소련군을 죽이거나 포로로 잡았다. 또한, 탱크 2,000대와 6,000개의 포를 파괴했다. 이런 파죽지세가 이어진다면 독일이 목표로 하는 소련의 유전 확보는 시간 문제로 보였다. 소련은 미국으로부터 전쟁 물자를 지원받고 있었지만 더는 독일과의 전투를 버텨내기는 쉽지 않아 보였다.

다급해진 몰로토프 소련 외상은 5월 29일 미국의 도움을 청하기 위해 백악관으로 달려갔다. 그의 방문은 언론에 알려지지 않았다. 몰로토프는 워싱턴에 무엇이 있을지 몰라 빵과 소시지, 총을 가지고 찾아왔다. 몰로토프를 만난 루즈벨트는 처칠과 달리 복잡한 협상을 진행해야 했다. 몰로토프는 몽골 출신으로 몽골어 밖에 할 줄 몰랐다. 루즈벨트는 완벽한 영어를 하는 소련 사람과 슬라비아 언어를 전공한 미국인을 통역으로 두어야했다. 이렇게 4명이 두 번 걸친 통역으로 협상을 진행했다.

이 회담에서 소련은 미국이 제2전선을 열어서 소련 전선에 집중되어있는 독일군의 압박을 풀어주기를 요청했다. 미국이 프랑스에 상륙하여 서부 전선을 열어달라는 것이었다. 그렇게 되면 독일의 군사력을 분산시키는 효과를 가져 올 수 있었다. 몰로토프는 미국의 참전이 빠를수록 성공률이 높을 것이라며 한 해를 늦추면 미국이 더 많은 독일 군대와 싸워야 할 것이라고 루즈벨트에게 경고했다.

마샬 장군은 루즈벨트에게 소련이 연합국 중 독일에 가장 많은 피해를 주고 있다며 소련을 우선 도와야 한다고 했다. 루즈벨트는 해가 바뀌기 전에 두 번째 전선을 형성하겠다고 약속했다. 하지만, 미국이 본격적인 전투에 참여하기 위해서는 그간 무기대여법으로 소련에 제공되었던 군수 물자를 더 이상 제공할 수 없다고 했다. 몰로토프는 그렇게 되면 소련의 방어력이 떨어질 것이라며 반대했지만, 이에 대해서는 루즈벨트도 양

프랭클린 루즈벨트 대통령과 몰로토프 소련 외상

보할 수 없었다. 그는 전쟁이 끝나면 영국과 소련이 미국에 대한 채무를 변제하고 미국은 이자를 취소하겠다고 했다.

1942년 6월 11일, 루즈벨트는 몰로토프와 유럽에 제2의 전선을 구축할 것을 합의했다고 발표했다. 이제 미국은 제2전선 구축을 위한 준비에 전념하기 시작했다. 하지만, 이 전략에 처칠이 브레이크를 걸어왔다.

소련은 히틀러의 공세를 분산시키기 위해 미국에 하루빨리 제2의 전선을 구축해 줄 것을 원했지만 처칠은 미국이 북아프리카전투에 먼저 참여해 줄 것을 원했다.

영국은 영국 해협을 건너는 작전은 너무 위험하다고 생각했고 오히려 북아프리카에서 지중해를 건너 이탈리아를 공격하고 이어 독일을 공격하는 것이 성공 확률이 높다고 주장했다. 무엇보다 미국이 북아프리카 전투에 참여하면 영국이 지키려는 중동과 인도를 보호할 수 있었다.

루즈벨트는 영국과 소련 사이에서 쉽게 입장을 결정하지 못했다.

미국과 소련이 발표한 공동성명을 접한 처칠은 즉각 루즈벨트를 만나러 갔다. 스팀슨과 마샬도 이미 프랑스에 제2의 전선을 형성하는 작전을 선호했기 때문에 이들은 루즈벨트가 다시 처칠 때문에 흔들리지 않기를 바랐다.

루즈벨트를 만난 처칠은 충분한 준비 없는 상륙 작전은 무리라고 했다. 처칠은 프랑스 상륙에 성공한다 해도 과연 영구적인 교두보를 확보할 수 있을지에 대해서도 의문을 제기했다.

처칠은 대신 미국과 영국이 프랑스의 북아프리카령을 공격하는 짐네스트 작전(The operation Gymnast)을 제안했다. 6월 21일 독일의 롬멜 부대가 이집트 서부의 마지막 영국 군사 기지였던 토브루크를 함락하면서 북아프리카 지역의 중요성이 갑자기 커졌다. 이 지역이 독일에 넘어가면서 영국은 더 이상 북아프리카 지역의 방어를 할 수 없었다.

다급해진 북아프리카 상황에 루즈벨트도 즉시 결단을 내려야 했다. 루즈벨트는 처칠에게 어떤 도움이 필요하냐고 물었고 처칠은 최대한 많은 셔먼 탱크를 제공해 줄 것을 요청했다. 루즈벨트는 마샬 장군에게 셔먼 탱크 생산 상황을 물었다. 마샬은 셔먼 탱크가 준비되었지만, 이 탱크는 미군을 위한 것이라고 답했다. 하지만, 루즈벨트는 즉시 이 탱크를 영국에 지원할 것을 명령했다.

결국 루즈벨트는 상당한 준비 기간이 필요한 프랑스 상륙작전보다는 비교적 빨리 진행할 수 있는 북아프리카 작전을 선택했다. 태평양에서와 마찬가지로 루즈벨트는 국민의 지지를 계속 유지하기 위해서는 뭔가를 계속 보여줘야 했던 것이다.

루즈벨트가 북아프리카 작전으로 방향을 잡자 그동안 유럽의 제2전선을 주장했던 스팀슨과 마샬은 당황했다. 하지만, 대통령이 결정을 내린 이상 북아프리카 작전을 준비할 수밖에 없었다.

이들보다 더 열 받은 것은 스탈린이었다. 몰로토프는 미국이 제2전선을 구축하는 대가로 소련에게 제공되었던 군수물자의 감축에 동의했는데, 제2전선은 자신들이 원했던 유럽이 아니라 북아프리카에 형성될 예정이었다.

화가 난 스탈린은 처칠에게 "소련 정부는 유럽의 제2전선 구축을 1943년으로 미루는 것을 결코 용납할 수 없다."고 항의 편지를 썼다. 처칠은 스탈린을 달래기 위해 8월에 모스크바로 떠났다. 처칠은 소련으로 떠나면서 "나는 내가 태생 때부터 뿌리를 뽑으려 했던 볼셰비키 정부를 달래러 간다. 마치 북극에 얼음을 가지고 가는 것과 같다."고 자신의 심정을 기록했다.

처칠은 소련 방문에 루즈벨트의 동행을 요청했지만 루즈벨트는 미국이 아직 전쟁에 나서지 않은 상황에서 세 사람이 함께 만나는 것을 원치 않았다.

처칠을 만난 스탈린은 시종일관 결례 수준의 불평과 불만을 토로했다. 스탈린은 "소련의 군사 작전은 1942년 유럽에 제2의 전선을 구축하는 것을 전제로 세워졌다."며 미국과 영국이 유럽에 제2전선을 구축하지 않는다면 소련이 이 해를 버틸 수 없다고 항의했다. 처칠은 1943년에 제2전선을 구축하는 장점을 설명했지만, 소련은 독일이 동부전선에 독일의 최정예 군대를 배치했다며 프랑스 지역은 무방비 상태나 마찬가지라고 했다.

루즈벨트도 처칠을 돕기 위해 소련에 한 달 내에 1,000대의 탱크를 포함한 다양한 군수 물자를 추가로 보내겠다고 약속하고 스탈린에게 "가능한 빨리, 최고로 강력한 지원을 할 것이다."라는 편지를 보냈다. 하지만, 소련에게 더욱 급한 것은 미국의 군인이었다.

일부 학자들은 바로 이 시기에 전후 냉전의 싹이 텄다고 평가 한다. 미국은 영국과의 동맹을 유지하기 위해 소련과의 간극을 감수했는데, 소련은 미국이 영국을 더 중시하는 모습을 보며 결국 소련은 이용당할 수 있다고 생각하기 시작했다는 것이다.

스탈린과의 회담을 마친 처칠은 루즈벨트에게 이제 토치 작전(The operation Torch)을 빨리 준비하여 진행하는 것이 중요하다고 전했다.

토치 작전은 북아프리카 상륙작전의 새 이름이었다. 미국과 영국은 이 작전으로 연합국이 승리할 수 있는 불을 붙이자는 의도에서 토치 작전이라고 명명했다.

처칠은 이 작전을 위해 마샬 장군을 최고 사령관으로 임명하고 아이젠하워 장군을 부관으로 전투 현지에 파견해 줄 것을 요청했다. 이렇게 미국과 영국은 북아프리카 작전에 나섰다.

전세 역전

한동안 프랑스 상륙작전을 염두에 두고 준비를 해왔던 아이젠하워는 갑작스러운 작전 변경으로 방향을 완전히 바꾸어 새 준비에 나서야 했다. 대서양 항로 확보 작전은 지중해 항로 확보를 위한 작전으로 변경되었고 유럽 전투를 준비 중이던 미군은 전혀 다른 사막 기후에서의 전투를 준비해야 했다.

토치 작전은 간단했다. 65,000명의 미군과 영국군 연합 부대가 북아프리카의 서쪽에서 진격하고 몽고메리가 지휘하는 영국의 제8군단이 동쪽에서 진격해 협공하는 것이었다.

그러나 독일에는 롬멜이라는 뛰어난 지휘관이 있었다. 롬멜 장군은 튀니지 산악 지대에 진을 치고 전투 경험이 전혀 없었던 아이젠하워 장군에게 첫 전투 경험을 선사했다. 아이젠하워는 복잡한 다국적 군대를 지휘해야 했고 아직 전투 경험이 없었던 미군은 롬멜의 베테랑 부대에 대항할 수준이 못 되었다. 특히, 미군의 셔먼 탱크는 독일 탱크 부대를 대항하기에는 결함이 많았다. 이렇게 첫 전투에서 미군의 승리는 어두워 보였다.

미영 연합부대는 초반 공세에서 롬멜 부대에 밀렸지만, 시간이 흐를수록 전세는 연합국에게 유리하게 전개되었다. 3월에 건강이 악화되었던 롬멜이 독일로 돌아가자 북아프리카 북부에 있었던 157,000명의 독일군과 193,000명의 이탈리아군은 공군력에서도 열세에 빠졌고 본토로부터의 보급도 끊어졌다. 독일군은 이제 겨우 76대의 탱크만 남았고 포도주를 정제하여 만든 연료로 겨우 버텼다. 3월 7일, 미국의 패튼 장군은 대대적인 공격에 나섰다. 5월 13일 추축국(樞軸國) 군인 125,000명이 항복했다.

한편 소련 역시 승전보를 보내왔다. 소련군은 1943년 2월 독일의 공세를 막아내면서 독일군 20개 사단을 격파했다. 이 전투의 승리로 소련군은 더 이상 궤멸을 걱정하지 않아도 되었고 거꾸로 공세를 펼 수 있게 되었다. 소련군의 반격은 시간이 걸렸지만 일단 발동이 걸리자 무서운 속도로 독일 군대를 밀어붙였다. 1942년까지만 해도 소련이 지탱할 수 있을지가 걱정이던 연합군은 이제 소련의 발 빠른 공세를 걱정해야 했다. 독일의 완패는 소련이 유럽을 지배하는 상황으로 바뀔 수 있었기 때문이었다.

1943년 1월 23일, 미국과 영국은 카사블랑카에서 공동성명을 발표했다. 이 성명에서 양국은 30%의 군사력을 태평양 지역에 추가하기로 했다. 보다 중요한 결정은 미국과 영국은 당장 유럽에 제2의 전선을 구축하지 않고 이탈리아를 먼저 공격하겠다는 발표였다. 이 공동문은 소련은 물론, 마샬 장군도 우려했던 최악의 상황이었다. 마샬은 이탈리아 작전이 연합군의 전력 낭비로 이어질 것을 우려했고 스탈린은 이렇게 되면 독일이 소련과의 전투에 더 많은 전력을 투입할 것을 우려했다. 이렇게 미국과 소련의 행보는 점점 엇갈렸다.

오버로드(OVERLORD) 작전

처칠의 영향력으로 프랑스에 제2전선 구축이 늦어졌지만, 유럽의 상황은 결국 미국이 프랑스에 제2전선 구축으로 나갈 수밖에 없게 되었다. 1943년 8월 17일, 루즈벨트는 퀘벡에서 처칠과 만났다. 회담의 중요 의제는 노르망디 상륙을 위한 준비 작업이었다. 처칠은 영국 해협을 통한 상륙작전이었던 오버로드(OVERLORD) 작전의 지휘권을 미국이 가져야 한다고 주장했다. 결국 지휘권은 마샬 장군이 맡기로 했다.

이어지는 강행군 속에서 루즈벨트는 밤잠이 없는 처칠로 인해 고통 받았다. 처칠은 새벽에도 아이디어가 떠오르면 루즈벨트의 침실로 향했고 잠이 필요했던 루즈벨트는 연일 이어지는 수면 부족에 시달렸다.

퀘벡 회담에서는 독일의 항복 문제도 다루었다. 루즈벨트는 마샬 장군에게 미국이 히틀러가 갑자기 무너지는 사태에 대비되어 있는지 물었는데, 마샬 장군은 히틀러 정부가 무너져도 베를린까지 진격해야 미국이 소련과 같은 위상의 전승국이 될 수 있다며 베를린 진격의 중요성을 강조했다.

하지만 스탈린은 미국과 영국이 제2전선을 지연시키자 그해 여름, 미국과 영국에서 대사를 소환했다. 9월에는 히틀러가 소련에 휴전을 제안했다는 소문이 돌았다. 소련이 독일과 독자적인 휴전협정을 맺는다면 미국과 영국도 독일과 별도의 평화협정을 맺어야 했다.

하지만, 소련도 미국을 의심하긴 마찬가지였다. 소련은 미국이 여전히 영국과의 동맹을 우선으로 하여 계속 제2전선을 지연할 것을 우려했다. 미국은 독일과의 본격적인 전쟁 없이 소련이 독자적으로 전쟁을 마무리한다면 전후, 소련이 유럽의 맹주로 등극할 것을 우려했다. 미국, 영국, 소련 3국은 서로의 의도와 의지를 분석하며 복잡한 셈법에 들어갔다.

루즈벨트, 처칠과 스탈린이 처음으로 다 같이 만나는 테헤란 회담을 앞두고 각 국가는 회담의 기세를 잡기 위한 샅바 싸움을 벌였다. 루즈벨트는 전후 처리 문제를 위해 스탈린과 별도의 회담을 갖기 원했고 처칠은 그동안 공을 들여온 미국과 영국의 동맹이 소련의 등장으로 흔들리는 것을 원하지 않았다.

루즈벨트는 스탈린이 가장 원하는 문제가 서부전선이라는 점을 알고 있었지만, 우선 전후처리 문제를 거론했다. 스탈린은 전후 독일 제국은 해체되어야 한다고 말했고 루즈벨트도 이에 동의했다. 이어 인도 문제도 나왔지만, 루즈벨트는 이 문제는 영국이 중요시하는 문제이므로 이번 회담에서 거론하지 말 것을 부탁했다.

스탈린, 루즈벨트, 처칠

테헤란 회담의 가장 중요한 목적은 상륙작전을 지휘할 사령관을 정하는 것이었다. 루즈벨트와 처칠은 일찍이 그간의 노고를 고려하여 그 자리는 당연히 마샬 장군의 차지라고 생각했다.

그런데, 루즈벨트의 주요 군사 자문단이 루즈벨트의 생각을 반대했다. 특히, 세계 1차대전의 영웅으로 미군에서 가장 존경받았던 인물이었던 퍼싱 장군이 "마샬 장군은 육군참모총장으로 전쟁 전체를 지휘하는 것이 현장 지휘보다 훨씬 중요하다."고 건의했다. 퍼싱 뿐만 아니라 다른 주요 참모들도 의견을 같이했다. 남을 실망시키는 말을 하는 것을 극도로 꺼려했던 루즈벨트는 고민에 빠졌다.

전통적으로 미국 역사는 참모단보다는 현장을 진두지휘한 장군을 영웅시했다. 남북전쟁의 영웅은 모두 현장에서 전투 부대를 지휘했던, 리, 그랜트, 셔먼 장군 등이었다. 루즈벨트는 결정을 미루고 싶었지만, 이 문제를 테헤란 회담에서 결정하지 않으면 스탈린이 다시 상륙작전에 대한 미국과 영국의 의지를 의심할 수도 있었다. 루즈벨트는 마샬 장군을 불러 안 좋은 소식을 전했다.

사령관 자리는 결국 아이젠하워에게로 넘어갔다. 아이젠하워는 캔사스 출신으로 당시 25년간 군 복무를 했다. 그러나 그는 노르망디 상륙 작전 이전까지 한 번도 직접 전투 경험을 한 적이 없었다. 이렇게 아이젠하워는 역사에 기록되었고 그랜트 장군과 마찬가지로 이후 대통령 자리에까지 올랐다.

테헤란 회담 이후 상륙작전에 대한 합의와 준비가 전격적으로 진행되었다. 문제는 상륙지점을 어디로 할 것인가 였다. 상륙 작전 지원은 영국 전투기가 주로 담당해야 했기 때문에 상륙지점은 전투기의 작전반경 내에 있어야 했다.

　결국 노르망디의 칼바도스 해안이 선정되었다. 노르망디의 넓고 단단한 해안은 수십만 명의 군인이 교두보를 확보하기에 좋았다. 또한, 노르망디는 연합국이 독일을 기만하기 위해 준비 중이었던 칼레 상륙 작전의 효과를 극대화할 수 있었다. 연합국은 독일을 속이기 위해 패튼 장군에게 미국 제1군단이라는 가짜 군단까지 만들었다.

　D-DAY 전야, 영국 남부에는 20개의 미국 사단, 14개의 영국 사단, 3개의 캐나다 사단 및 각각 1개 사단의 폴란드, 프랑스 군인이 집결했다. 이 사단 수는 통상 공세와 수비의 비율로 여겨지는 3:2를 충족하지 못했지만 연합군은 속이기, 공군력과 시간으로 이 열세를 극복할 생각이었다.

　1차 상륙작전으로 해안에 교두보가 확보되면 주로 미군으로 구성된 백만 대군이 상륙할 예정이었다. 그러나 미국의 물량 공세에도 한계가 있었다. 1943년 10월, 아이젠하워가 상륙작전을 처음 검토했을 때, 초기 상륙작전에 필요한 공격력이 턱없이 부족한 것을 발견했다. 아이젠하워는 사령관이 된 직후 1차 상륙 부대의 수를 3개 사단에서 5개 사단으로 늘렸고 추가 1개 사단은 24시간 이내에 상륙토록 했다. 하지만, 아이젠하워의 지시를 수행하기 위해서는 필요한 수송선 등 많은 추가 준비가 필요했다. 아이젠하워는 상륙 부대 수를 늘리기 위해 다른 전력을 노르망디로 집중시켜야 했다. 이를 위해서는 상륙 일자를 5월 5일에서 6월 5일로 연기해야 했다. 이는 루즈벨트가 스탈린에게 해준 '서부전선을 형성하겠다는 약속'에 차질을 빚는 것이었다.

　마침내 6월 3일, 군인들이 도버해협을 건너기 위한 수송선에 올라탔다. 작전은 6월 5일 새벽에 노르망디 해안에 도달하는 것이었다. 그런데, 6

월 4일 아이젠하워는 기상청으로부터 도버해협의 파도가 너무 높아 상륙 작전이 실패할 수도 있다는 소식을 들었다. 두꺼운 구름과 비 때문에 공습이 제대로 이루어지지 않으면 수송선을 제대로 방어할 수 없었다. 새벽 3시 30분, 아이젠하워는 기상청이 예상했던 비바람 치는 새벽을 맞이했다. 아이젠하워는 하루 정도 작전을 늦출 수 있었지만, 그만큼 작전 성공률은 떨어질 수밖에 없었다. 이때, 다행히 폭풍우가 약 36시간 동안 잦아든다는 예보가 올라왔다. 아이젠하워는 잠시 고민한 후 '작전 개시'를 명령했다.

독일군이 폭풍우로 인해 상륙작전이 어려울 것으로 안심하고 있을 시간, 노르망디 하늘에는 낙하산 부대가 내려오기 시작했다. 미국의 공수부대는 후방에 침투하여 독일군 보급선을 차단하려했다. 그러나 낙하가 제대로 진행되지 않은 바람에 일부 부대원은 목표 지역으로부터 멀리 떨어진 지역에 분산하여 떨어졌다. 그런데, 이런 작전의 실패가 오히려 독일군이 본격적인 상륙작전인지 여부를 파악하는데 힘들게 만들었다.

해안가에는 6,483척의 수송선이 노르망디 해협으로 향했다. 하늘은 이들을 보호하기 위한 연합군 전투기와 폭격기로 뒤덮였다. 노르망디 해안 동부 쪽에는 캐나다 1개 사단과 영국 2개 사단이 상륙하여 낙하산 부대와 연결을 시도했다. 서쪽에는 미국의 4연대가 유타라고 명명한 지역에 상륙했다. 여기는 독일의 709연대가 방어하고 있었지만, 이들은 곧바로 격퇴되었다. 여기서는 23,000명의 상륙군인 중 197명의 사상자만 나왔다.

그러나 오마하 해안으로 향했던 1연대의 상황은 매우 나빴다. 이곳은 독일의 강력한 352연대가 높은 절벽 위에 견고한 진지를 구축하고 상륙부대를 기다리고 있었다. 미군은 탱크 상륙을 시도했지만, 대부분은 탱크가 상륙도 하기 전에 물에 빠져버렸다. 이날 하루에만 2,000명 이상의 사상자가 발생했다.

하지만, 저녁이 되자 무려 10만 명 넘는 군인이 노르망디 해변에 상륙했다.

루즈벨트의 건강 악화

1944년 초, 루즈벨트의 건강은 급격히 악화되었다. 루즈벨트의 비서였던 그레이스 툴리(Grace Tully)는 루즈벨트의 기력이 점점 쇠하는 것을 보았다. 그의 눈에는 다크 서클이 심해졌고 손도 이전보다 훨씬 더 많이 떨었다. 2, 3월이 되면서 그의 건강은 더욱 악화되었다. 루즈벨트는 아침에도 힘이 없었고 신문을 보다 졸기도 했다. 하루는 편지에 서명하다가 잠이 들기도 하여 서명이 엉망이 된 일도 있었다. 3월 마지막 주에 그의 체온은 40도까지 올랐다.

아버지의 건강이 걱정되었던 딸 애나는 루즈벨트의 주치의였던 맥인타이어 제독에게 항의를 했다. 그러나 이비인후과 전문의였던 맥인타이어는 루즈벨트의 상태에 대해 별다른 걱정을 하지 않았다.

루즈벨트는 해군 병원에 입원하여 전면 검진을 받기로 했다. 병원에 있던 심장병 전문의는 루즈벨트를 보는 순간 그에게 심각한 질병이 있다고 생각했다. 루즈벨트는 숨을 가쁘게 쉬었고 X레이 결과는 더 심각했다. 그는 심부전이었고 그의 심장은 정상적으로 피를 순환시킬 수 없었다. 제대로 치료를 받지 않으면 1년 이상 살기 어려운 상태였다.

그러나 맥인타이어는 전쟁을 수행 중인 대통령에게 병 상태를 그대로 알릴 수는 없다고 했다. 맥인타이어는 루즈벨트뿐만 아니라 언론에도 대통령의 상태를 제대로 알리지 않았다. 그는 4월 3일, 기자 회견에서 대통령의 건강은 양호하다고 거짓말을 했다.

　다행히 루즈벨트는 약을 먹으며 상태가 호전되었고 4월 19일에는 요양을 위해 사우스 캐롤라이나의 대농장으로 떠났다. 2차 대전이 정점에 이른 시기에 미국의 대통령 루즈벨트의 건강은 위기를 맞이했다.

드골을 인정하기 싫었던 루즈벨트

　1944년 여름, 미군이 프랑스로 진군하는 동안 미국에서는 대선을 위한 준비가 한창이었다. 미국이 태평양과 유럽에서 기선을 제압하는 상황이라 현직 대통령의 승리는 거의 확정적이었다.

　공화당은 1944년 선거를 마지막으로 루즈벨트의 은퇴가 확실시되는 상황에서 루즈벨트 이후를 생각하며 전당대회를 준비했다. 공화당의 대선후보로 확정된 인물은 토마스 드위(Thomas Dewey)였다. 드위는 뉴욕시에서 갱스터와 월스트리트 조작단과 싸우면서 명성을 얻었고 1942년에는 20년 만에 처음으로 공화당 후보로 뉴욕 주지사에 당선된 사람이었다. 그는 1944년 대선에서 지더라도 1948년을 기약할 수 있었다.

　민주당은 공화당보다 3주 후에 시카고에서 전당대회를 가졌다. 루즈벨트는 최고군수통수권자로써 전쟁 중 자신의 지휘를 임의로 포기할 수 없었고 어떤 면에서는 미국이 루즈벨트에게 계속 전쟁을 지휘할 것을 명령하는 선거였다. 민주당 전당대회에서 더 복잡한 문제는 누가 부통령을 할 것인가의 문제였다.

　민주당 전국위원회 의장이었던 로버트 해네건은 부통령에 대한 루스벨트의 의향을 물었다. 루즈벨트는 민주당에서 해리 트루먼(Harry Truman)과 빌 더글러스(Bill Douglas)에 대해 문의했다며 그는 누가 되든 같이 일할 의향이 있다고 했다. 하지만, 실제로는 내심 트루먼이 적임자라고 생각하고 있었다. 뉴딜 진영을 의식하여 더글러스를 언급했을 뿐이었다.

미주리 주의 재선 상원의원이었던 트루먼은 당시, 군부의 사기와 비효율성 문제를 제기한 개혁적인 인물이기도 했고 중간 주 출신으로 개혁파와 보수파 모두가 거부감을 갖지 않은 인물이었다. 상원의원 정도를 자신의 정치이력에서 최고의 정점으로 생각했던 트루먼은 뜻밖의 부통령 제안에 당황했다. 결국 당내 부통령 경선에서 트루먼은 크게 승리했다. 마침 샌드위치를 먹고 있었던 트루먼은 자신이 너무 빨리 당선된 것에 당황했는지 소감을 묻는 사람들에게 간단히 답변한 후 남은 샌드위치를 먹었다.

한편, 그 무렵 루즈벨트는 또 다른 고민이 생겼다. 프랑스 영토를 수복하면서 이 지역을 누가 통치하느냐가 당장 문제가 되었다. 미국은 이곳을 점령지로 통치할 예정이었지만, 드골은 자신이 정통성을 가진 프랑스 정부가 되어야 한다고 주장했다. 프랑스에서 2년간 생활한 경험이 있었던 아이젠하워는 프랑스를 드골이 통치해 주기를 바랐다. 그렇지 않고 군정을 단행하면 아이젠하워는 전쟁과 함께 프랑스 통치를 위한 정부 업무도 신경을 써야 했다. 처칠도 아이젠하워와 마찬가지로 프랑스는 프랑스인이 통치하도록 하는 것이 옳다고 주장했다.

하지만, 루즈벨트는 비쉬 정부의 개혁과 국무부 내의 반 드골 정서에 영향을 받아 이를 반대했다. 루즈벨트는 프랑스 수복 이후 프랑스 국민들 스스로가 정부를 구성하기 전까지는 특정인이나 정치 세력을 지지하지 않겠다고 천명했다.

그러나 현실은 루즈벨트의 생각과 반대로 돌아갔다. 드골은 해외에 제 3공화국을 잇는 망명 정부를 수립했다. 그는 정적 문제도 대부분 해결하여 그에 저항할 수 있는 세력은 비쉬 정부밖에 없었다. 독일에 협력했던 비쉬 정부를 옹호할 생각이 전혀 없던 연합국은 현실적으로 드골 이외에는 대안이 없었지만, 루즈벨트는 여전히 그에게 프랑스 통치를 맡기려하지 않았다.

그는 D-DAY 이틀 전까지 드골에게 상륙작전을 알리지 않았다. 아이젠하워가 드골을 사령부에 초대하여 작전을 설명했다. 또한, 그는 프랑스 수복 후 드골이 해 줄 연설문을 전했다. 드골은 이 연설문을 거부했고 드골이 연합군의 지시를 받는 프랑스 임시 정부의 수장이 되어달라는 제안도 거절했다. 처칠의 중재로 결국 드골이 연설문을 직접 작성토록 했다.

6월 14일, 아이젠하워의 묵인 하에 드골은 자신의 정부 인사들과 함께 귀국했다. 드골에 대한 프랑스인의 환영은 기대 이상이었다. 비쉬 정부 인사들조차 드골 정부에 충성을 맹세했고 아이젠하워는 프랑스의 안정을 위해 드골이 프랑스 정부를 구성하는 것을 반대하지 않았다.

미국이 드골 정부를 인정할지 여부와는 상관없이 드골은 프랑스 정부의 수반이 되었다. 루즈벨트는 현실을 인정하여 드골을 워싱턴으로 초청했다. 그러나 그는 국가 정상으로 초청되지 않았다. 드골은 7월 6일부터 9일 사이에 미국을 방문했고 그는 미국 어딜 가든 뜨거운 환영을 받았다. 루즈벨트는 드골과 전후 처리 문제를 논의했다. 루즈벨트는 연합국의 주요 국가였던 미국, 영국, 소련과 중국이 주도할 질서에 대해 설명했다. 반면, 드골은 전후 질서에서 서유럽의 역할이 중요하다며 루즈벨트와는 다른 의견을 냈다.

루즈벨트는 드골의 방문 중 드골 정부를 프랑스를 통치할 자격이 있는 실질적 정부로 인정했다. 그러나 드골 정부에 대한 정식 인정은 수개월 후에 이루어졌다. 8월 중순, 연합국은 프랑스 남부에 상륙했는데, 이때까지도 드골은 아직 국가수반으로 인정받지 못했다.

8월 25일, 파리가 수복되면서 드골은 수많은 환영 인파 속에 파리에 입성했지만 루즈벨트는 여전히 드골을 인정하지 않았다. 헐 국무장관도 드골을 인정할 것을 권유했지만, 루즈벨트는 계속 뜻을 굽히지 않았다. 이어 아이젠하워와 처칠까지 가세한 뒤에야 루즈벨트는 10월 23일 드골 정부를 인정했다. 이 당시 루즈벨트가 드골을 홀대한 것은 이후 미국과 프랑스 관계에 영향을 미쳐 오늘날까지도 이어지고 있다.

지옥에나 가라

연합군은 1944년, 10월 라인강 서쪽까지 진격했다. 그러나 이 과정에서 독일은 맹렬한 방어전을 펼쳤고 20만 명의 미군 사상자가 발생했다. 아이젠하워는 이어지는 독일의 저항을 우려한 나머지 마샬 장군에게 독일에게 무조건 항복 대신 조건부 항복을 요구하는 것을 건의했지만, 처칠은 무조건 항복 이외의 다른 대안이 없다고 버텼다.

겨울이 시작되면서 히틀러는 마지막 반격을 준비했다. 독일이 연합군의 보급항구였던 엔트워트를 장악하기 위한 작전이었다. 이를 장악한다면 연합군의 보급선을 차단하고 V-2 무기도 다시 손에 넣을 수 있었다.

만약 V-2로 영국 공습에 나선다면 미국과 영국으로 부터 협상을 끌어낼 수도 있다는 판단이었다.

반면, 아이젠하워는 북부에 영국군을 남부에 미군을 배치하여 루르와 사르 지방 공략에 나섰다. 이 둘 사이에는 아르덴 숲이 있었는데, 아이젠하워는 이곳은 독일이 공격하기 어려울 것이라고 판단하고 이 지역을 방어를 위해 미군 4개 대대만 포진시켰다. 12월 16일. 독일군은 팬저 부대를 앞세워 아르덴 숲 공격에 나섰다. 독일의 갑작스러운 공격에 당황한 미군은 거의 모두 항복했다.

이어 독일군은 바스통에 있었던 미군에게 항복할 것을 종용했다. 그러나 현지 지휘관이었던 맥컬리프 장군은 항복을 요구하는 독일인에게 "Nuts"라고 답변했다. 독일 군인이 그게 무슨 뜻이냐고 묻자 "지옥이나 가라(Go to hell)"와 같은 뜻이라며 독일군을 좇아냈다.

결국 1944년 12월, 패튼 장군의 지원으로 바스토뉴에 고립되었던 미군은 해방되었다. 12월 22일 하늘이 맑아지면서 연합군의 공중 폭격이 다시 진행되었다. 히틀러는 아르덴 숲에서 방어하던 독일군에게 철수를 명령했고 벌지 전투는 끝났다. 이 전투에서 연합군 7만 명과 독일군 10만 명의 사상자가 발생했다. 사상자 규모만으로는 미군이 가장 큰 피해를 입었던 전투였지만, 이 전투로 히틀러의 마지막 군사력이 궤멸되었다.

한편, 태평양 전선에서는 1944년 대선을 2주 앞둔 시점에 맥아더가 자신의 약속을 지켰다. 루즈벨트는 맥아더에게 우선 필리핀부터 수복할 것을 지시했다. 10월 20일, 맥아더는 필리핀의 레이테섬에 상륙했다. 이어 미 함대가 일본 함대 대부분을 레이테 만에서 침몰시켰다. 일본 항공모함 4척과 3척의 구축함 은 물론, 10,000여명의 일본 해군이 수장 되었다.

루즈벨트는 1차 세계 대전 이후 윌슨이 국제연맹 때문에 결국 조약을 체결하지 못한 사례에도 불구하고 이번 전쟁이 끝난 후 U.N.을 통해 세계 평화를 유지하기 위해서는 유엔이 실질적인 힘을 가져야 한다며 연방 의회에 승인을 요청했다.

루즈벨트는 선거를 U.N 설립의 자양분으로 활용하고자 했다. 자신이 4선에 성공하면 미 국민이 이를 위임한 것으로 간주하려 했다. 1940년 선거 운동 당시만해도 미국의 젊은이들을 절대 전쟁터에 보내지 않겠다던 루즈벨트가 이번에는 세계 평화를 위해 미국의 젊은이들을 어디든 보낼수 있게 해달라고 호소했다.

4년 전만 해도 미국은 고립주의가 강했지만, 세계 2차대전으로 미국은 국제주의의 나라가 되었다. 미국 국민은 양 대양의 보호에만 안주한다고 해서 위협이 없는 것은 아니라는 것을 깨달았다.

루즈벨트는 대선에서 압승을 거두었다. 루즈벨트에 대한 호감으로 민주당은 하원에서 20석을 추가로 획득했다. 루즈벨트는 미국 최초의 4선 대통령으로 새로운 임기를 시작했다.

전쟁의 끝

전쟁 막바지에 연합국의 공군력은 독일에 대한 본격적인 융단 폭격에 나섰다. 독일의 폭격에 시달렸던 영국은 전쟁을 빨리 끝내기 위해 독일 민간인에 대한 폭격도 단행해야 한다고 미국을 설득했다. 미국은 처음에는 거부했지만 전쟁을 일찍 끝내기 위해서는 이 작전이 필요하다고 인정하게 되었다. 2월 3일, 베를린 폭격으로 25,000명의 민간인이 죽었다.

10일 후 드레스덴 폭격으로 35,000명의 시민이 사망했다.

미국은 폭격에 대한 효과를 평가하기 위해 여러 연구를 단행했는데, 그 결과는 "폭격만으로 전쟁을 끝낼 수 없다."는 것이었다. 이 연구 결과는 일본에 대한 대대적인 폭격으로 전쟁을 끝내고 싶어 했던 군사 작전가에게 다른 방법을 강요하게 되었다.

아이젠하워는 1월에 다시 서부 전선을 이동시켰다. 4월 11일, 미군 부대가 소련과 협의 된 경계선이었던 엘베강 유역에 다다랐다. 아이젠하워는 이곳에서 멈추었고 베를린에서 전투를 벌이고 있었던 소련군을 기다렸다. 이렇게 북유럽 전쟁은 종점에 이르렀다.

이제 전선은 태평양 전쟁만 남았지만, 소련과 유럽의 주도권을 쥐기 위한 싸움은 이제 막 시작되었다.

태평양 전선에서 맥아더 부대는 한 달간의 치열한 전투 끝에 마닐라를 수복했다. 미국은 마닐라를 기지로 삼아 일본 본토에 대한 융단 폭격에 나섰다. 미국은 매일 300대의 폭격기를 도쿄로 보내 전 도시를 파괴했다. 일본은 미국의 가공할 만한 힘에 연일 시달렸지만, 미국은 이보다 더한 무기를 준비 중이었다. 1944년 12월, 루즈벨트는 맨해튼 프로젝트의 책임자였던 레슬리 그로브스(Leslie Groves)와 마샬 장군으로부터 핵무기 개발에 대한 보고를 받았다.

과학자들은 두 종류의 원자탄을 개발 중이었다. 한 방식은 핵융합 방식이었다. 이 방식은 핵심 재료가 적게 들어 개발을 빨리할 수 있다고 보았다. 하지만, 예상치 못했던 기술적 어려움으로 더 많은 융합 재료가 필요했고 이 때문에 개발이 한 달 이상 늦어질 것이라고 했다. 또 다른 방식은 핵폭발 방식으로 핵융합 방식보다 훨씬 더 강력한 폭발력을 가질 것이라고 했다. 그로브스는 핵융합 방식은 1945년 8월 쯤 개발이 완성되고 핵폭발 방식은 1945년 말에나 개발이 완성될 것이라고 했다.

보고를 들은 루즈벨트는 자세한 기술적 내용에는 관심이 없었지만, 보고의 핵심이 핵폭탄을 1945년 7월 이전에는 쓸 수 없으며 관료들의 보고 관행으로 보아 실제 폭탄은 가을이나 되어야 준비될 것을 알고 있었다. 루즈벨트는 핵폭탄의 활용 여부에 대한 결정은 1946년에나 가능할 것으로 생각했다.

얄타에서 세계의 밑그림을 그리다

4선에 성공한 루즈벨트는 다시 3국의 정상이 만날 때가 되었다고 생각했다. 유럽과 태평양 전쟁이 막바지에 이르면서 이제 전후 처리 문제를 본격적으로 논의해야했기 때문이었다.

하지만, 스탈린은 소련이 승기를 잡으면서 소련 밖의 장소에서 회담을 갖는 것을 원치 않았다. 스탈린은 소련의 얄타를 제안했다. 처칠은 얄타를 최악의 장소라며 반대했지만, 루즈벨트는 얄타를 받아들이는 대신 처칠과 몰타에서 사전 회의를 갖기로 했다.

그러나 오래지 않아 미국은 곧 처칠이 왜 얄타를 그토록 반대했는지 알 수 있었다. 그곳은 소련에 있는 여러 온천 휴양지 중 하나였다. 따뜻한 기후로 차르 시절부터 러시아 황제와 귀족들이 이곳을 휴양지로 즐겨 찾았다. 그러나 차르 황제가 처형된 이후 이곳은 몰락했고 독일 점령 후에는 대부분의 시설이 파괴되었다. 얄타가 정상회담 장소로 정해지자 3개국의 정부 인사들은 서둘러 얄타 리모델링에 나서야 했다.

루즈벨트는 얄타까지의 여정 중 잠시 몰타에 들려 처칠과 사전 회담을 가졌다. 루즈벨트는 처칠과 식사를 하며 동맹을 다지는 시간을 가졌지만, 스탈린이 두 국가 간만의 꿍꿍이 있는 것처럼 보이지 않기 위해 너무 오랜 시간 머물지 않았다.

얄타에 도착한 루즈벨트는 처칠과의 사전 회담을 의식한 듯 스탈린, 몰로토프와의 사전 회담 시간을 가졌고 다음날, 루즈벨트, 처칠과 스탈린이 테헤란에 이어 두 번째 공식 회담을 시작했다.

3국은 본격적으로 전후 문제를 논의하기 시작했다. 우선 전후 평화 관리의 핵심적인 역할을 할 〈유엔〉에 대해서는 전체 회원국이 참여하는 총회와 앞의 4개국이 참여하는 안보이사회로 구성하기로 했다. 이어 유엔 회원국과 안보이사회 국가의 자격 및 표결 방식은 루즈벨트, 스탈린과 처칠이 결정토록 했다.

다음 날에는 유럽의 미래에 대한 논의가 있었다. 먼저 독일 점령 문제가 논의되었다. 베를린을 포함한 독일의 동부는 소련이, 북서쪽은 영국이, 남부와 남서부는 미국이 점령하도록 했다.

세 정상은 회담 중간에 중간 담화를 발표했다. 독일이 패전을 앞둔 상황에서 더 이상 3인 회담을 비밀에 붙일 이유가 없었다. 중간 담화문에서는 세 정상이 전쟁을 마무리하기 위한 합동 군사 작전에 동의했으며 해방된 유럽의 전후 평화를 보장하기 위한 국제기구의 설립에 대해 논의하고 있다고 설명했다.

루즈벨트, 처칠과 스탈린은 얄타에서 8일 동안 8차례의 회담을 가지며 독일 분할 문제와 전후 배상 문제도 논의했다. 정상은 우선 20조 달러를 논의를 위한 금액으로 합의했다. 러시아는 이 중 50%의 배상금을 요구했다. 이 문제는 별도의 3국 위원회를 구성하여 논의하기로 했다. 전범에 대한 재판 문제는 외무 장관들에게 맡기기로 했다. 유엔 문제와 관련하여 가장 중요한 돌파구는 스탈린이 총회에서 1국 1표를 허용하는 대신 안보이사회 결정은 만장일치로 하자는 안에 동의한 것이었다. 스탈린은 모든 국가가 똑같이 한 표를 행사한다는 것은 현실에 맞지 않는다고 반대했지만, 안보이사회의 만장일치 안으로 이에 동의했다.

난제는 폴란드 문제였다. 이미 폴란드를 점령한 소련은 자신들이 확보한 우선권을 포기할 생각이 없었다. 미국의 폴란드계 이민자를 의식했던 루즈벨트는 폴란드의 미래는 폴란드 사람들이 결정해야 한다고 맞섰다. 하지만, 소련이 폴란드를 점령한 상황에서 이는 쉽지 않았다. 미국의 군사 고문들도 이 문제로 아직 남은 전쟁에서 미국과 소련의 틈이 벌어지는 것을 원하지 않았다. 결국 루즈벨트는 소련이 조속히 태평양 전쟁에 참여토록 유도하기 위해서는 더 이상 폴란드 문제에 매달릴 수 없다고 생각했다. 이렇게 폴란드의 운명은 소련의 손에 넘어갔다.

폴란드 문제를 해결한 소련은 독일이 항복한 후 2, 3개월 내에 본격적으로 일본에 대한 공세를 취하겠다고 약속했다. 소련의 전쟁 참여 대가로 루즈벨트는 소련의 외몽고에 대한 점령 상황을 인정했고 사할린과 쿠릴섬도 소련에 반환하기로 했다.

또한, 소련의 전쟁 수행을 돕기 위해 어서 항구를 임차하고 다롄은 자유항으로 하며 만주 철도에 대한 소련의 임차권도 부활시키겠다고 약속했다. 하루속히 전쟁을 끝내고 싶었던 루즈벨트에게 가장 중요한 것은 소련의 조속한 태평양 전쟁 참여였다. 루즈벨트와 처칠은 얄타 회담에서 만족스러운 결과를 얻어냈다고 자축했다.

대통령의 죽음

얄타회담의 결과를 설명하기 위한 루즈벨트의 의회연설은 그의 마지막 주요 활동이었다. 얼마 후 루즈벨트는 백악관에서 40번째 결혼기념일을 가족들과 함께 자축했다.

하지만, 루즈벨트는 4선 도전, 얄타회담과 합동연방회의 연설 등 굵직한 일정을 소화하며 자신의 남은 마지막 건강을 소진했다. 여전히 쉴 줄 몰랐던 루즈벨트는 마지막 임기를 위해 다시 일에 매진했지만, 입맛이 없다고 불평했고 몸무게도 점점 줄었다. 평생 자신이 직접 운전을 고집했지만 이제는 엘라노어에게 대신 운전을 해달라고 부탁했다.

3월 29일, 루즈벨트는 요양을 위해 다시 웜 스프링스로 떠났다. 루즈벨트가 백악관에서 가진 마지막 면담은 독일 군정의 수뇌로 임명된 루시우스와의 만남이었다. 어린 시절을 독일에서 보냈던 루즈벨트는 동부 유럽의 재건을 위해 미국의 테네시 계곡 발전소와 같은 발전소의 건립을 제안했다. 루즈벨트는 이 면담에서 쉬지 않고 이야기했지만 루시우스는 "우리는 죽어가는 분과 대화를 나누었다."라고 당시를 회상했다.

4월 11일, 루즈벨트는 민주당 행사였던 제퍼슨 데이의 연설을 준비했다. 이날 저녁 헨리 모겐소가 대통령을 만나러 웜 스프링스를 방문했다. 그는 루즈벨트의 모습에 기겁했다. 루즈벨트는 더 늙어 보였고 손이 떨려 유리병이 깨지기도 했다. 그는 제대로 기억을 하지 못했고 이름도 제대로 부르지 못했다. 나중에 알게 된 사실이지만, 이는 뇌출혈 증상이었다. 루즈벨트는 오후 1시에 잠시 낮잠을 자겠다며 잠이 들었다. 이후 그는 의식을 회복하지 못했고 오후 3시 35분에 사망 진단을 받았다. 루즈벨트의 마지막 의지도 죽음을 이기지는 못했다.

미국 리버럴의 아버지

프랭클린 루즈벨트는 오늘날에도 민주당의 진보 진영이 인정하는 미국 리버럴의 아버지이다. 그는 대공황 당시 경제 정책을 통해 지금도 실행되고 있는 다양한 복지정책을 도입했다. 오늘날 미국의 민주당 대통령이 의료공영제를 도입하려 하는 것은 루즈벨트 정부 당시 도입한 다양한 복지 정책 중, 의료공영제만 좌절되었기 때문이다.

그러나 앞에서 살펴본 바와 같이 루즈벨트의 경제 정책은 일관성 있는 이론이나 방향이 있었다기보다는 미국의 경제 위기를 극복하기 위한 다양한 실험이었다. 그러나 이런 실험에도 불구하고 미국 경제는 회복되지 않았고 2차 세계 대전을 통해 다시 호황을 되찾았다. 루즈벨트의 뉴딜 정책은 여전히 미국 리버럴들의 이상이지만, 이는 실패한 정책이었다. 그리고 미국의 연방정부가 물먹는 하마로 변신하는데 일등 공신의 역할을 했다.

 루즈벨트의 지도력은 2차 세계 대전과 함께 빛났다. 그는 자신이 롤모델로 삼았던 시어도어 루즈벨트의 정치 역정을 그대로 이어갔고 해군 차관 자리도 똑같이 이어갔다. 그가 갑작스러운 소아마비로 쓰러지지 않았다면 전투에도 참여했을 것이다. 그는 윌슨 정부에서 파리 조약 협상에 참여하면서 윌슨의 완고함으로 좌초된 국제연합의 전철을 밟지 않기 위해 국제연맹의 탄생을 위해 열강의 협력과 초당적 지지를 얻어내는 데 성공했다. 그에게는 타고난 정치 감각이 있었다.

 그러나 그 대가는 자신의 목숨이었다. 역사의 무게를 감당한다는 것은 무척이나 어려운 일이다. 소련이 스탈린을 중심으로 전체주의 국가로 변신하며 세계 제패의 야욕을 노골적으로 드러내기 시작한 2차 세계 대전 직후에 미국이 루즈벨트의 지도력을 잃은 것은 아쉬운 일이었다. 이제 전후 처리는 무명 부통령이었던 트루먼에게로 넘어갔다.

4 | 해리 S. 트루먼
Harry S. Truman

정치가는 내일, 내주, 내달, 그리고 내년에
어떤 일이 일어나기로 되어 있는 지를
예언할 수 있는 능력을 필요로 한다.
그리고 그 이후에 왜 그것이 일어나지 않았는지를
설명할 능력을 가질 필요가 있다.

루즈벨트의 사망 2시간 24분 후

루즈벨트가 4선에 도전했을 때, 그가 임기 중 사망하면 트루먼이 대통령직을 승계한다는 사실을 고민했던 민주당 인사는 있었을까? 특히, 루즈벨트의 건강이 하루가 다르게 나빠졌던 상황에서 이 문제는 분명 심각한 문제였을 것이다. 하지만, 루즈벨트가 워낙 긴 세월 대통령직에 있었고 여전히 전쟁이 끝나지 않은 상황에서 이런 문제를 고민하는 것 자체가 불경스러운 일이었을지 모른다.

1945년 4월 12일 오후 5시 47분. 루즈벨트의 사망 소식이 언론에 알려졌다. 워싱턴에 머물고 있었던 트루먼은 즉시 내각과 연방대법원장을 소환했다. 트루먼은 대통령의 집무실이던 웨스트 윙으로 가서 민주당의 상원 지도자였던 레스 비플(Les Biffle) 상원의원에게 전화를 걸어 백악관으로 와줄 것을 부탁했다. 상원 출신이었던 트루먼은 장관들보다 상원들이 더 편했을 것이다.

백악관에 있었던 기자와 보좌관이 모여들었다. 저녁 7시가 되어 대부분의 장관이 웨스트 윙으로 모였고 대법원장도 도착했다. 사람들은 대통령 취임 선서를 위해 성경을 찾아 나섰다. 겨우 기드온에서 출판한 성경 한권을 발견했다. 스톤 대법원장은 우드로 윌슨의 초상화 밑에 서서 선서식을 거행했다. 시간은 7시 9분. 루즈벨트가 사망한 지 2시간 24분 후였다. 이렇게 트루먼은 미국의 제33대 대통령으로 취임했다.

대통령 취임 선서를 마친 윌슨은 주변에 있었던 장관들에게 자신이 루즈벨트의 정책을 이어갈 것이며 장관들은 사표를 내지 말고 계속 일해

달라고 당부했다. 트루먼이 대통령이 된 사실에 대부분의 사람은 놀랐다. 미주리 주 출신의 무명의 정치인이었던 트루먼은 일약 전시 미국 대통령이라는 막중한 임무를 맡게 되었다.

테드 루즈벨트, 윌슨, 프랭클린 루즈벨트 등 20세기의 미국 대통령 대부분은 주지사 출신이었다. 하지만, 트루먼은 상원의원 출신이었는데 20세기 미국 대통령 중 유일한 상원의원 출신은 미국에서 최악의 대통령으로 손꼽히는 하딩 대통령이었다. 대부분의 사람은 루즈벨트가 링컨과 마찬가지로 전쟁이 거의 끝나가는 시점 4월에 사망한 것을 보고 운명이라고 생각했다. 이는 링컨을 이은 앤드루 존슨 대통령이 링컨과는 너무도 대조되는 최악의 대통령이었던 것처럼 트루먼도 존슨과 같은 전철을 밟을 것으로 우려를 담고 있었다.

취임 다음 날 트루먼은 대통령으로서 첫 일정을 백악관에서 보냈다. 그는 우선 전쟁 상황 보고를 받았다. 그가 처음 백악관에서 집무를 한 날은 그가 1차 세계 대전 당시 미군의 정찰병으로 브레스트에 낙하한 지 꼭

트루먼 대통령 취임식

27년이 되던 날이었다. 그는 여전히 루즈벨트의 짙은 향취가 남아 있는 백악관에서 바쁜 하루를 보냈다. 이날 트루먼은 점심에 연방의회 의사당으로 향했다. 그는 연방의회가 더 친숙했고 아는 지인도 많았다. 대통령의 방문에 놀란 의원들은 그를 반갑게 맞았다. 특히, 루즈벨트의 강력한 리더십에 한동안 제 역할을 못했던 연방의회는 자신의 동료가 대통령이 되어 다시 국정의 파트너로 인정받을 것을 기대했다.

미군은 이제 엘베강 유역까지 이르렀고 미군과 소련군 사이는 가장 가까운 곳이 100km 정도밖에 남지 않았다. 태평양에서 미군은 일본이 점령하고 있었던 마지막 주요 지역인 보홀섬에 상륙했다.

미군, 소련군을 만나다

1945년 4월 12일. 트루먼이 대통령이 된 날 유럽의 전쟁터에서는 미국 제9군이 베를린에서 80km 정도 떨어진 엘베강에 이르렀다. 반면, 소련 군대는 비엔나를 포위하고 동쪽으로부터 베를린으로 향했다.

1945년 4월 25일. 엘베 강 유역에 있는 토르가우 시에서 드디어 미군과 소련군이 조우했다. 5일 후, 히틀러는 베를린의 지하 벙커에서 자살했고 일주일 후 독일은 무조건 항복을 선언했다. 힘든 전쟁을 마친 두 나라 군대는 전우애를 다지며 서로 축하해주기보다는 마치 외계인을 조우하는 듯한 조심스러운 만남을 가졌다.

이들은 각각 서부전선과 동부전선에서 싸웠지만, 미군은 5월 7일 프랑스 랭스에서 소련은 5월 8일 베를린에서 별도의 승전식을 가졌다. 소련은 모스코바에서 친미시위가 벌어지자 곧바로 진압했고 미국은 유럽 전쟁이 끝나자마자 소련에 무기대여법으로 제공했던 군수 물자를 끊었다가 얼마 후 재개했다. 미국과 소련은 독일이라는 공동의 적을 상대로 함께 싸웠지만, 이념과 지역적으로 완전히 다른 두 국가로 2차 세계 대전이 시작되기 이전부터 이미 갈등 관계에 있었다.

미국과 소련은 닮은꼴이었다. 두 국가 모두 혁명을 통해 탄생했다. 두 국가 모두 전 세계적으로 확산시키려는 이념이 있었다. 두 국가 모두 대륙의 강대국으로 넓은 영토를 가졌다. 그러나 이 두 국가의 역사와 이념은 완전히 달랐다. 미국은 150년 전에 혁명과 전쟁을 통해 탄생했다.

이렇게 탄생한 국가는 자유를 가장 중요한 가치로 삼았고 정부의 개입이 적을수록 개인과 국가의 삶이 윤택해진다고 생각했다. 반면, 소련은 불과 25년 전 자본주의로 인한 계급 갈등을 없애기 위한 프롤레타리아 혁명으로 세워졌다. 소련은 미국과 반대로 정부의 계획과 분배를 통한 과도기적 과정을 통해 마르크스가 주장했던 공산주의 국가가 이루어질 수 있다고 믿었다.

이오시프 비사리오노비치 스탈린

미국은 독일과 일본 두 국가와 전쟁을 벌였고 약 30만명의 사망자가 발생했다. 미국 본토는 주요 전쟁터로부터 멀리 떨어져 있어서 민간과 국토의 파괴는 거의 없었다. 미국은 자신들이 원하는 곳에서 전쟁할 수 있었다. 반면, 소련은 2차 세계 대전에서 가장 큰 피해를 입었다. 소련은 독일의 기습 공격으로 우랄산맥 동쪽으로 생산 기지를 옮겨야 했고 독일이 점령한 지역에서는 힘든 저항을 벌였다. 2차 세계 대전 동안 소련 인구 2천 7백만이 사망했다.

미국과 영국은 유럽 본토와 떨어져 있어 전쟁이 끝난 이후 자국으로 물러났다. 하지만, 소련은 유럽 대륙의 일부였기 때문에 여전히 소련의 막강한 군대는 유럽 곳곳에 여전히 주둔했다. 또한, 전후 지도력에서도 미국은 전쟁을 이끌었던 루즈벨트가 방금 사망 했지만, 소련에는 절대 권력을 지닌 스탈린이 건재했다.

고립주의에서 국제주의로

미국은 세계 1, 2차 대전을 통해 명실공히 세계 최고의 국가가되었지만, 전쟁 이후에 어떤 역할을 해야 할 지 아직 방향을 잡지 못했다. 유럽 국가들에게 세계 1, 2차 대전은 오랜 세월 이어졌던 유럽 대륙에서의 헤게모니를 쟁취하기 위한 또 하나의 전쟁이었지만, 건국 후 외부에 개입하지 않는 먼로주의를 고수하며 유럽에도 개입하지 않았던 미국은 세계 대전을 겪으면서 이제 더 이상 세계를 외면한 채 평화를 유지할 수 없다는 것을 깨달았다.

미국은 전통적으로 혁명을 통해 이룩한 자유민주주의 국가 이념의 좌

표로 다른 국가의 모델이 되려 했지만, 미국의 이념과 정체를 다른 국가에 강요할 생각은 없었다. 오히려 고립주의가 주류였다. 1차 세계 대전을 겪으면서 미국은 더 이상 유럽의 대립으로부터 자유로울 수 없다는 것을 알게 되었고 전쟁이 끝난 이후에도 윌슨의 국제연맹으로 대표되는 이상적인 해법을 추구했다.

그러나 1차 세계 대전은 평화보다는 더 불안한 유럽으로 이어졌다. 미국은 1920년대 눈부신 경제 성장을 이루며 성큼 앞으로 나갔지만, 1930년대는 전 세계가 경제 공황으로 시달렸다. 경제 공황의 현실은 독일의 재무장으로 이어졌고 새로운 유럽의 갈등 중에 극동에서는 일본이 제국의 야심을 실현했다. 일본의 진주만 공습으로 루즈벨트는 일본에 대한 전쟁 선포를 했고 곧이어 독일과도 전쟁 상태에 돌입했다.

루즈벨트는 4가지의 전쟁 우선순위를 가졌다. 첫째 영국, 소련, 중국 등 연합군을 지원하여 독일과 일본에 대한 저항을 지속할 수 있도록 했다. 두 번째는 연합국의 이해관계를 조절하여 전후 평화 유지를 위한 체제를 세우는 것이었다. 세 번째는 이런 평화 유지를 위한 유엔의 설립이었다. 마지막으로 미국인이 동의할 수 있는 전후 배상 문제였다. 루즈벨트는 처참한 세계 대전을 겪으며 자신의 멘토이기도 했던 윌슨과 마찬가지로 다시는 이런 전쟁이 일어나지 않도록 필요한 국제기구와 협력 관계를 만들려고 했지만, 윌슨과 같이 이상에만 얽매여서는 아무것도 할 수 없다는 것을 알고 있었기 때문에 미국의 여론과 정치 상황을 의식하며 실현 가능한 체제를 만드는 데 힘썼다.

여기에 미국은 가장 가까운 동맹이었던 영국의 우선순위도 고려해야 했다. 영국은 한때 제국의 영광을 뒤로한 채 살아남는 데 매달려야 했다. 유럽 대륙 대부분이 독일의 통치하에 들어간 상황에서 영국은 선택의 여지가 없었다. 이제 영국은 한때 식민지였고 1차 세계 대전 때만 해도 대등한 관계를 갖는 것조차 주저했던 미국에 주도권을 넘겨주었고 제국의 해체도 감수했다. 처칠은 자신의 주적이었던 공산주의와 손을 잡아서라도 우선 히틀러의 야망을 꺾어야 했다. 영국은 이제 결정권이 미국으로 넘어갔다는 현실을 인정했다.

미국, 영국과 소련은 전쟁 수행과 전후 국제 질서 문제를 테헤란과 얄타에서 논의했고 그 결과 2차 세계 대전 이후의 국제질서 재편이 이루어졌다. 그러나 이들의 협력은 독일이라는 공동의 적이 있는 동안 유효했고 이들 사이에 뿌리 깊은 갈등, 특히 영미와 소련 사이의 갈등은 이 회담 과정에서도 사라지지 않았다. 처칠은 여전히 소련과 스탈린을 믿지 않았고 미국도 전쟁 말기 점점 발톱을 드러내는 소련의 모습에 당황했다. 스탈린은 항상 루즈벨트와 처칠이 소련을 고립시키기 위한 자기들만의 계략을 세울 것이라고 의심했다. 이렇게 서서히 냉전의 서막이 올랐다.

맨해튼 프로젝트

1945년 4월 25일. 트루먼이 대통령이 된 지 12일째 되던 날 스팀슨 국무장관은 다시 트루먼을 만나러 백악관으로 향한다. 이날 트루먼은 몰로토프와 회담을 가졌고 샌프란시스코에서는 유엔 설립을 위한 회의가 열렸다. 그러나 이날 스팀슨 장관에게는 더 중요한 의제가 있었다. 스팀슨

장관은 이 중요한 의제의 비밀을 유지하기 위해 맨해튼 프로젝트의 책임자였던 그로브 장관은 별도의 문으로 들어오도록 했다. 스팀슨 장관은 1941년 11월 루즈벨트가 그를 핵폭탄 개발위원회의 위원으로 임명하면서 핵폭탄 개발 계획에 대해서 처음 알게 되었다.

스팀슨은 트루먼에게 핵폭탄 개발 계획을 처음 알리기 위해 전날 보고서를 작성하였다. 그의 보고서에는 그동안 미국과 영국이 협력해 온 원자탄 개발 현황이 적혀 있었고 현재 미국과 영국 모두 핵을 개발할 수 있는 기술이 있었지만, 미국만이 실제 원자탄을 만들 수 있다고 적혀 있었다. 또한, 이 보고서에는 앞으로 수년 안에 미국처럼 원자 폭탄을 만들 수 있는 나라는 소련뿐이라고 설명했다.

이어 그로브 장군은 트루먼에게 맨해튼 프로젝트의 현황에 대한 보다 자세한 보고서를 제시했다. 트루먼은 부통령 당시 루즈벨트로부터 미국의 무기 개발은 물론, 일반 전황에 대해서도 자세한 보고를 듣지 못했다. 루즈벨트는 혼자 진두지휘하는데 바빴고 트루먼은 그의 측근이 아니었다.

핵 개발 계획을 처음 알게 된 트루먼의 반응에 대해서는 별다른 기록이

맨해튼 프로젝트

없지만, 이날 그로브가 남긴 메모에 의하면 트루먼은 핵무기가 전쟁을 빨리 끝낼 수 있을 것이라는 희망적인 생각보다는 이토록 가공할만한 무기가 사용된다면 인류의 미래가 어떻게 바뀔지 더 고민했다고 한다. 하지만, 트루먼은 전쟁을 빨리 종결시키기 위해서는 핵무기가 필요할지도 모른다는 점에 대해서는 의문의 여지를 두지 않았다고 한다.

1945년 5월 9일. 핵폭탄 제조가 가능해지면서 스팀슨 장관은 민간인으로만 구성된 맨해튼 프로젝트 중간위원회의 의장으로 첫 회의를 주재했다. 이 위원회는 하버드 대학교 총장으로 국가방위위원회의 의장이었던 제임스 브라이언트 코난트등 8명이 참여했고 이 중에는 맨해튼 프로젝트에 직접 참여했던 3명의 저명한 학자도 포함되어 있었다. 8번째 위원은 대통령이 대리인으로 임명한 지미 번스였다. 이 위원회는 앞으로 핵무기를 어떻게 사용할 것인가에 대한 의견을 대통령에게 보고하기 위해 만들어진 위원회였다.

위원회는 세 차례의 회의를 가졌고 마지막 날에는 핵폭탄 개발에 핵심적인 역할을 했던 과학자 두 명이 추가로 참여하는 회의를 가졌다. 이 회의에서 핵폭탄에 대한 다양한 의견이 개진되었고 그중에는 소련의 참여 여부도 논의되었다. 그러나 위원회는 우선 핵폭탄 제조에 집중하고 소련과의 관계 개선은 별도로 진행해야 한다는데 의견을 모았다.

이 위원회는 다음의 결론을 내렸다. 첫째, 원자탄을 가능한 빠른 시일 안에 일본에 사용해야 한다. 둘째, 폭격 목표는 군수 공장으로 특히 가정집이나 건물이 많은 지역으로 하여 폭탄으로 인한 직접적인 피해뿐만 아니라 많은 일본인에게 심리적인 타격을 주어야 한다. 셋째, 경고 없이 사용되어야 한다.

위원회가 결론을 내리자 번스는 곧바로 트루먼을 찾아가 위원회의 결론을 보고했다. 번스의 설명을 들은 트루먼은 안타깝지만, 위원회의 결론에 동의할 수밖에 없다고 답변했다. 이렇게 트루먼은 당장의 전쟁뿐만 아니라 인류의 미래를 결정하는 원자탄 사용 여부에 대한 최종 결정도 내려야 했다.

철의 장막이 시작되다

1945년 5월 7일. 역사상 가장 처참했던 전쟁이 독일의 무조건 항복으로 끝났다. 독일은 새벽 2시 30분에 무조건 항복 문서에 서명했다. 처칠은 독일의 항복을 당장 언론에 알리고 싶었지만, 스탈린은 아직 동부전선 상황이 불투명하니 기다려 달라고 했다. 소련의 일본 참전을 위해 여전히 소련의 눈치를 보아야 했던 미국은 스탈린의 손을 들어주어 5월 8일에 공표하기로 했다.

5월 8일 오전 9시. 트루먼은 루즈벨트가 지난 수년간 언론 발표를 했던 자리에서 독일의 항복을 알렸다. 그는 발표문에서 전임 대통령인 루즈벨트를 기리면서 미국이 아직 일본과 전쟁 중임을 상기시켰다. 트루먼은 발표문에서 일본의 신속한 항복을 종용하고 설사 일본이 무조건 항복을 한다 해도 미국이 일본을 지배할 의도는 없다고 재차 강조했다.

유럽 전쟁이 끝나면서 트루먼에게 소련 문제는 더 중요한 사안이 되었다. 이어지는 소련의 동부전선 공세에 트루먼은 소련의 의도와 미래를 걱정했다. 그동안 유럽 전쟁으로 소련과 협력했던 트루먼은 전쟁이 끝나자마자 소련에 대한 군수 물자 지원을 단절했다. 반면, 프랑스와 영국에는 여전히 군수 물자를 지원했다. 트루먼은 이 건의 결제를 요구했던 국무부 직원이 이 문제는 루즈벨트가 이미 결정한 사안이라 하여 문서를 보지도 않고 서명했다. 이후 그 내용을 알게 된 트루먼은 곧바로 소련에 대한 군수 물자 지원을 재개했다.

5월 6일, 독일이 항복하기 직전 처칠은 트루먼에게 미국과 영국이 앞으로 소련의 요구에 대해 더 단호하게 대처해야 한다는 비밀 텔레그램을 보냈다. 트루먼은 처칠의 텔레그램에 현재 자신은 얄타 회담의 결정 내용을 따를 것이라고 했다. 얄타 회담에서 미국과 영국은 독일이 항복하면 독일로부터 200km가 떨어진 아이젠바흐까지 철수하기로 했다.

5월 11일, 처칠은 트루먼에게 두 번째 텔레그램을 보냈다. 이 텔레그램에서 처칠은 보다 구체적으로 앞으로 미국과 영국이 대응해야하는 소련 문제에 대해 적었다. 처칠은 소련이 독일 내에서 엘베강까지 진군하는 것을 우려했고 이미 발틱 지역, 체코슬라바키아, 유고슬라비아, 헝거리 등 동부 유럽을 장악한 소련이 유럽 역사상 유례없는 광대한 지역에 영향력을 미치게 되었다고 적었다. 처칠은 폴란드와 독일 문제가 해결되기 전까지 미군과 영국군이 현 위치에서 철수하면 안 된다고 했다.

다음날, 처칠은 또 다른 텔레그램을 보내면서 유명한 "철의 장막이 드리워지고 있다."는 표현을 썼다. 처칠은 하루빨리 트루먼 대통령이 자신과 함께 스탈린을 만나야 한다고 종용했다. 하지만, 트루먼은 국내 문제로 6월 30일까지는 회담을 갖기가 어렵다고 답신했고 대신 해리 홉킨스를 소련에 보내겠다고 했다.

스탈린을 만난 홉킨스는 백악관에 긴 전신 메시지를 보냈다. 스탈린은 미국이 군수물자 지원을 갑자기 중단한 것에 유감이었지만, 이 일은 더 이상 문제 삼지 않겠다고 했다. 유엔의 안보이사회 표결방식도 미국의 안을 받아들이겠다며 자칫 무산될 뻔했던 유엔 설립 문제도 해결이 되었다. 하지만, 홉킨스는 소련이 얄타회담에서 약속한 바와 같이 소련의 독일 점령 지역으로부터 철수하지 않으면 미국과 소련은 돌이킬 수 없는 강을 넘을 수도 있다고 경고했다. 아이젠하워 장군도 소련의 철수에 동의했다.

홉킨스와 아이젠하워의 의견을 들은 트루먼은 처칠의 반복된 철수 유예 의견에도 불구하고 미국은 얄타회담의 합의 사항을 이행하겠다고 전했다. 폴란드 문제에 대해서 스탈린이 대화 의지가 있다고 전했다. 또한, 7월 15일 트루먼, 처칠과 스탈린 사이의 정상회담을 갖기로 했다. 장소는 이번에도 스탈린이 원했던 베를린 인근의 소련 점령지였던 포츠담으로 정해졌다.

미국의 전후 보수화

2차 세계 대전은 대부분 유럽 국가에게 재앙이었지만, 미국에는 한편으로 축복이었다. 루즈벨트의 뉴딜 정책에도 불구하고 미국 경제는 좀처럼 본격적인 회복세를 보이지 못했다. 하지만, 2차 세계 대전이 발발하면서 미국 산업에는 불이 붙었다. 무기대여법 개정으로 연합국에 대한 군수 물자 지원이 본격화되면서 그동안 놀고 있었던 미국의 공장은 다시 가동되기 시작했고 일자리가 없었던 노동자들은 다시 일터로 나섰다. 또한, 전쟁으로 공동의 적이 생기면서 19세기 후반부터 본격화되었던 노동자 시위도 수그러들었다. 노동자들도 미국인의 일원으로 전쟁에서 승리하기 위해 힘을 합쳤다.

그렇다고 노동자들이 노조나 노동 운동에 관심을 잃은 것은 아니었다. 오히려 노조는 1930년대 공황을 거치며 더 성장했다. 19세기 말에 본격적으로 시작되었던 노동 운동은 20세기 초만 해도 경제 성장과 1차 세계대전으로 주춤했지만 경제 공황이 깊어지면서 노조는 다시 성장했다. 1930년에서 1940년 사이, 노조원은 860만에서 1,160만으로, 1945년에는 1,480만 명으로 늘었다. 이런 노조의 약진은 경제 공황과 함께 UAW-CIO와 같은 급진적인 노조의 등장과 이들의 활발한 조직화의 산물이기도 했다.

이렇게 미국에서는 노조의 정치적 영향력이 사회당이나 공산당보다도 강했다. 이들은 민주당의 진보 정책을 지지했고 진보 후보에 투표하여 민주당의 핵심지지 세력이기도 했다. 미국의 노조는 사회당이나 공화당이 주장했던 자본주의의 본질적인 제도 개선이나 체제 변화보다는 최소 임금, 노동시간, 인권 보호, 정부 보조를 통한 교육과 의료 서비스 개선 등과 같은 문제에 더 많은 관심을 가졌다.

노동자의 생활과 밀접한 문제에 집중하면서 노조는 전시에도 다시 노동 운동을 전개했다. 1944년에는 2백만 명이 넘는 노동자들이 참여했던 4,956번의 파업이 있었다. 노동 시위는 노동자의 힘을 보여주기도 했지만, 전시에 끊이지 않는 시위에 공화당은 물론, 루즈벨트조차 우려를 표명했다. 이런 시위는 1946년에 최정점을 찍기도 했다.

노동시위의 격화와 함께 전쟁이 끝나면서 미국의 리버럴들은 한동안 중단되었던 뉴딜 정책을 계속 이어가기를 바랐다. 이 중에는 이전의 뉴딜 정책이 달성하지 못한 웨이터, 가사 도우미, 농민 등 이전 정책에 포함되지 못한 노동자를 위한 프로그램, 더 높은 최소임금, 국가 의료보험의 확대 등이 포함되어 있었다.

그러나 전후 미국 사회는 보수적으로 변했고 전시에도 이어졌던 노동자 시위로 노동 운동에 대한 인식도 나빠졌다. 또한, 노조 자체도 노동자 모두에게 고루 혜택이 돌아가는 정부 정책의 개혁보다는 자신들이 속한 노조의 요구를 우선시하면서 리버럴들이 원했던 뉴딜 정책은 더 이상 동력을 찾기 힘들어졌다. 이렇듯 2차 세계 대전 직후 미국 사회는 보수적인 분위기로 바뀌었고 트루먼 정부와의 갈등도 심해졌다.

전국노동관계위원회(The National Labor Relations Board)에서 UAW-CIO의 승리

일본 상륙작전

유럽 전쟁은 끝이 났지만 태평양 전쟁은 아직 진행 중이었다. 트루먼은 일본과의 전쟁을 끝내기 위한 전략을 검토해야 했다. 1945년 6월 18일, 트루먼은 일본 전쟁 전략 검토를 위한 회의를 가졌다.

이 회의에서 마샬 장군은 2단계 공세 작전을 설명했다. 첫 단계는 오키나와로부터 약 500km 거리에 있었던 일본남부의 섬 큐슈에 상륙하는 것이었다. 이 작전은 노르망디 작전만큼이나 힘든 상륙작전이었지만, 선택의 여지가 없다고 설명했다.

마샬은 1단계의 첫 30일 동안 루손에서와 같이 약 31,000명 정도의 사상자가 발생할 것으로 예상했다. 반면, 킹 제독은 오키나와가 더 현실적인 지역이며 이곳에서의 상륙 작전에서는 약 41,000명 정도의 사상자가 발생할 것으로 보았다. 니미츠 제독은 이보다 많은 49,000명의 사상자를 예상했다.

펜타곤의 또 다른 작전은 규슈의 북부와 남부 지역에 동시 상륙하면서 일본 본토에도 상륙작전을 동시에 단행하는 전략을 제시했다. 이 작전에서는 22만 명의 사상자를 예상했다.

핸디 장군은 보고서에서 미국이 일본과 평화협정을 맺는다면 5십만에서 백만의 사상자를 구할 수 있다고 보고했다. 스팀슨은 그간 일본 군대의 항쟁으로 보아 남은 일본 군대와 국민들은 마지막까지 저항할 것이며 이런 치열한 전투의 결과로 전례 없는 사상자가 발생할 것으로 보았다.

미국은 일본 점령 작전을 몰락 작전(The Operation Downfall)이라고 불렀고 규슈 상륙작전은 올림픽 작전이라고 명명했다. 이 작전은 11월 1

일에 단행하는 것으로 준비에 들어갔다. 이어 일본 본토 상륙작전은 코로넷 작전(The Operation Cornet)라고 불리웠고 예상 일정은 1946년 3월로 잡았다. 상륙작전 직전에 혼슈에 융단폭격을 단행할 예정이었는데, 그 규모는 유럽전쟁에서 독일에 퍼부은 폭탄보다 더 많은 양이었다.

트루먼은 군사 작전을 승인했다. 그런데 참모들이 자리를 뜨기 전 트루먼은 맥클로이의 의견을 들어보자고 했다. 맥클로이는 핵폭탄을 사용하겠다는 위협만으로도 정치적인 목적을 달성할 수 있을 것이라고 제안했다. 함께 모인 사람들은 마치 금기어를 말하기라도 한 듯 모두 갑자기 침묵했다.

맥클로이는 일본에 미국이 어떤 폭탄을 개발했으며 이 폭탄이 어떤 파괴력을 가졌는지 알려준 후 항복 조건을 알려주겠다고 했다. 그는 일본이 계속 황제를 유지할 수 있도록 하는 양보안도 언급했다. 사람들은 그에게 만일 일본이 거부한다면 어떻게 하느냐의 질문에 그래도 사전 경고를 한 것이 미국에 명분이 될 것이라고 답변했다. 맥클로이의 의견을 듣던 트루먼은 생각해 보겠다고 답했다.

소련의 위협과 일본 전쟁으로 고민하던 트루먼은 모처럼 기분 좋은 행사에 참여했다. 한동안 난항을 겪다 홉킨스의 소련 방문으로 돌파구를 찾은 유엔 헌장 서명식이 6월 26일 샌프란시스코에서 있었다. 이 행사는 트루먼이 대통령이 된 이후 처음으로 가진 대외행사였다. 그는 유엔의 설립으로 이제 전 세계인은 더 이상 전쟁의 두려움에 시달릴 필요가 없게 되었다고 선언했다. 7월 2일, 트루먼은 유엔헌장 승인을 위한 연방의회 연설을 했다.

포츠담에서 원자탄을 고민하다

포츠담 회담을 앞둔 트루먼의 상황은 녹록치 않았다. 미국의 핵 개발 가능성은 커졌지만, 아직 완성은 되지 않아 트루먼은 스탈린에게서 다시 한 번 태평양 전쟁의 개입을 요청해야 하는 입장이었다.

또한, 소련은 이미 동부와 중부 유럽의 상당 지역에 군대를 주둔시키고 있어 이 지역에서의 협상 우위를 확보하고 있었다. 무엇보다 독일과의 전쟁이 종료되면서 미국 국민은 하루속히 전시 체제에서 벗어나기를 원했다. 이런 상황에서 미국은 소련에 새로운 군사적 대응을 단행하기에는 어려웠다.

독일 문제에 관해서는 비교적 빨리 답을 찾았다. 대부분 이미 얄타 회담에서 논의되기 시작했거나 원칙적으로 합의한 내용들이 있었고 독일이 항복한 상황에서 빠른 조치가 필요했기 때문이었다.

세 정상은 독일과 오스트리아 및 베를린과 비엔나를 4개 지역으로 분할하도록 했다. 독일 전범은 재판하기로 했다. 소련의 독일 점령 지역으로부터의 배상에도 합의했다.

하지만, 이 회담에 참석하지 못했던 프랑스는 독일과 오스트리아 지역의 일부에 대한 분할 점령 권한을 확보했지만, 추후 포츠담 회담에서 결정된 사항에 대해 프랑스 점령지에서의 적용을 반대했다.

포츠담에서 회담이 한참 진행 중이었지만, 트루먼은 개발이 끝난 원자탄을 어떻게 사용할 것인가의 문제를 고민하지 않을 수 없었다.

7월 22일, 아침 스팀슨은 트루먼을 찾아와 마지막 작전에 대한 브리핑을 했다. 스팀슨은 교토가 중요한 군사 지역이었지만, 일본의 오랜 고도

(古都)로 일본의 문화와 역사를 상징하는 곳이기 때문에 폭격 대상에서 제외하자고 제안했고 트루먼은 이를 받아들였다.

첫 번째 타격 지역은 일본 본토 군대의 남부 주둔지였던 히로시마로 결정되었다. 이어 월요일에 스팀슨은 다시 트루먼을 찾았다. 트루먼은 일본에 마지막 경고가 될 메시지 초안 작업이 끝났다고 발표했다. 포츠담 선언이라고 불린 이 선언문의 초안에서 스팀슨은 일본이 황제를 계속 유지할 수 있도록 하자고 했다.

반면, 번스는 무조건 항복은 미국의 일관된 입장이며 특히 진주만 폭격으로 엄청난 피해를 본 미국이 반드시 쟁취해야 할 정치적 목표라고 했다. 또한, 정치적으로도 미국인의 7%만 황제 유지를 지지하고 있기 때문에 잘못된 결정일 것이라고 설득했다. 번스는 당시 대부분의 사람이 그랬던 것처럼 히로히토가 황제의 자리를 유지할 수 있다면 미국의 승전은 의미가 없을 것이라고 했다. 트루먼도 이날 스팀슨의 입장을 받아들이지 않았다.

7월 24일, 스팀슨은 다시 트루먼을 찾아가 워싱턴으로부터 온 비밀 메시지를 전했다. 이 메시지에는 작전이 8월 1일부터 3일 사이에 '어느 정도' 가능하며 4일, 5일에는 '상당한 가능성'이 있고 10일 이전에는 '예견치 못한 일이 벌어지지 않는 한 확실하다'고 적혀있었다. 소식을 들은 트루먼은 활력을 되찾았다. 핵무기의 사용 여부에 대해서 트루먼은 이미 미국인의 보호를 위해 결정을 내린 상태였다. 그는 마샬 장군의 보고를 통해 미국이 일본에 상륙하여 동경을 점령하기 위해서는 최소한 백만 명의 미국인이 죽을 것이라고 했다. 트루먼은 핵무기를 좋아하지 않았지만, 사실상 선택의 여지가 없었다.

당시 일본이 사실상 패전 상태였기 때문에 트루먼이 핵무기를 사용할 필요가 없었다고 주장하는 학자들이 있지만, 당시 미국의 목적은 일본의 패전이 아닌 항복이었다. 군사주의에 사로잡혀 있었던 일본은 이미 황제를 중심으로 죽음을 각오한 종교적 집단이었다.

이런 상황에서 미국이 일본 본토로 진군할 경우 마지막 순간 죽음과 할복까지 각오했던 일본인의 본토 사수의 의지는 엄청났을 것이다. 일본은 최소한 수개월은 버텼을 것이며 이들은 자신이 죽더라도 미군 몇 명을 같이 죽음으로 끌고 가는 것을 영광으로 생각했을 것이다. 전쟁은 누구의 목숨이 더 소중하며 그 목숨을 지켜줄 자의 힘이 어느 쪽이 더 강한가의 문제이다.

핵무기 개발이 완성되면서 트루먼은 이 사실을 스탈린에게 전할 것인가, 전한다면 어떻게 전할 것인가의 문제로 고민했다. 처칠은 스탈린에게 알리지 않고 결행했다가 나중에 알게 된다면 미국과 소련의 신뢰에는 결정적인 금이 갈 것이라고 했다. 트루먼도 처칠의 의견에 동의하여 스탈린에게 핵 개발 사실을 전하기로 했다.

하지만, 어떻게 전할지는 여전히 고민스러웠다. 트루먼은 자칫 너무 진지하게 전달하게 되면 필요 이상의 정보를 전달해야 할지도 모른다고 생각했다. 그래서 그는 고민 끝에 스탈린에게 간략하게 미국이 신무기를 개발했다고만 전하고 이에 대한 더 이상의 언급이나 대화를 나누지 않았다. 그런데, 스탈린도 별다른 반응을 보이지 않았다.

스탈린이 트루먼의 언급에 별다른 반응을 보이지 않은 이유는 스탈린이 이미 스파이를 통해 미국이 핵폭탄을 개발 중이라는 사실을 파악하고 있었기 때문이었다.

스탈린은 트루먼이 새 무기를 완성했다는 사실에 대해서는 별다른 반응을 보이지 않았지만, 미국이 일본에 핵폭탄을 직접 투하한 후에는 격렬하게 반응했다. 그는 핵무기를 개발하는 것과 실제 사용하는 것은 완전히 다른 문제라며 미국이 핵폭탄을 사용한 것을 맹비난했다.

또한, 핵무기 개발로 미국과의 전력에서 더 큰 격차가 벌어지자 소련 과학자들에게 서둘러 핵 개발에 나설 것을 종용했다. 스탈린은 핵폭탄으로 미국이 소련의 태평양 전쟁 참여와 이를 통한 수혜를 원천 봉쇄했고 이어 전후 협상에서도 소련을 계속 압박할 것을 우려했다. 이렇게 미국과 소련 사이의 핵 개발싸움이 시작되었다.

히로시마 원자폭탄 투하

의회와의 전쟁

핵무기 사용과 일본의 항복으로 전쟁을 끝낸 트루먼은 국내 정치에 집중할 수 있게 되었다. 트루먼은 루즈벨트 정부의 뉴딜 정책을 일관되게 지지해 왔지만, 루즈벨트 정부를 지지했던 리버럴은 트루먼이 과연 진보 정책을 계속 추진할 것인지 의문을 가졌다. 트루먼도 루즈벨트 정부 인사 중 전임 부통령이었던 월러스나 내무장관이었던 익스와 같은 진보적 인사는 지나치게 과격하다며 좋아하지 않았다.

진보진영과 트루먼 사이의 이 같은 불신에는 출신 성분도 작용을 했을 것으로 보인다. 루즈벨트 정부의 진보세력은 대부분은 동부의 유복한 집안 출신으로 글로턴과 같은 유명한 사립 고등학교를 나와 하버드, 예일 등 아이비리그 대학을 다녔다. 이들은 미국의 주인으로 자부심이 강했고 정부를 통해 사회를 변화시킬 수 있다는 이상적인 사고를 가졌다. 반면, 트루먼은 대학도 안 나온 캔사스시티 출신으로 미주리주에서 정치 경력을 쌓았다. 이 둘은 체질적으로 결이 달랐다.

미국의 평범한 가정에서 자란 트루먼에게는 습관화된 보수적인 인식이 있었다. 우선, 그는 정부재정은 균형 재정을 유지해야 한다고 생각했다. 이건 대단한 경제 이론의 결과가 아니라 가정 재정이 안정되기 위해서는 당연히 부채 없이 지출을 수입에 맞추어서 해야 한다는 상식적인 이해였다. 그는 미주리 잭슨 카운티의 행정가로 일했을 때도 균형재정을 중시했다. 그래서 그는 긴축재정을 통해 경제 진작을 할 수 있다는 뉴딜 진보세력의 주장을 이해할 수 없었다.

균형재정 문제뿐만 아니라 트루먼은 대통령직에 대해서도 보수적인 사고를 했다. 테드 루즈벨트, 윌슨 및 프랭클린 루즈벨트로 대표되는 진보적 대통령(progressive presidents)은 대통령직을 특정 이념의 정책을 추진하기 위한 자리로 생각했다. 하지만, 트루먼은 대통령은 어느 한 진영의 대통령이 아닌 모든 국민의 대통령이 되어야하기 때문에 정파적 이해관계를 넘어서야 한다고 생각했다.

미주리 출신의 트루먼에게 워싱턴은 외국과도 같았다. 미국 상원에서 워싱턴을 경험하긴 했지만, 그곳에는 자기와 유사한 지역 출신으로 자기와 같은 지역 정치 보스에 의해 파견된 비슷한 처지의 사람들을 찾을 수 있었다.

하지만, 대통령직은 달랐다. 막강한 권력을 가진 대통령에게 사람들은 많은 것을 바랐지만, 막상 대통령이 무언가를 해보려 하면 대통령 권한을 견제해야 한다며 발목을 잡았다. 자신이 대통령이 되겠다는 야망을 가지고 평생 매진해 온 사람이 아니었기에 그에게 대통령직은 늘 어울리지 않은 옷처럼 느껴졌다. 그나마 루즈벨트 사망 직후 8월까지는 전쟁 마무리를 위해 트루먼을 중심으로 미국이 움직였지만, 전쟁이 끝나면서 그는 대통령의 일상을 겪게 되었다.

그래도 생각보다 강단이 있고 루즈벨트 정부의 일원으로 그가 남긴 뉴딜의 유산을 이어가려 했던 트루먼은 태평양 전쟁이 끝난 지 며칠 되지 않아 연방의회에 무려 16,000자로 된 긴 메시지를 보냈다. 무려 21개의 정책을 담은 이 메시지에는 실업자 급여인상, 최저임금 인상, 영구적인 공정고용실행위원회의 설치, 세제 개혁, 농민을 위한 농산물 보험 및 정부가 민간 기업에 간섭할 수 있는 전쟁 권한과 안정을 위한 법안의 1년 연장 등 수많은 법안 요구가 들어있었다.

이 정책들은 트루먼이 포츠담 회담 이후 미국으로 돌아오면서 준비하기 시작했던 법안이었다. 트루먼은 통상 연두교서에 담을 내용을 가을 연방의회가 열리는 시기에 맞추어 바로 의회에 선전포고했다.

250번의 거부권 행사

루즈벨트 3기를 거치며 연방의회의 보수 세력이 점점 확대되어 연방의회는 트루먼의 요구에 즉각 반발했다. 공화당과 민주당 보수 세력과 같이 원래 루즈벨트의 뉴딜을 반대했던 세력은 물론, 민주당 내의 트루먼 정부 지지 세력도 트루먼의 지나친 요구에 난색을 표했다.

14명의 민주당과 10명의 공화당으로 구성된 연방하원의 조세무역위원회(The Ways and Means Committee)는 실업자 급여인상과 실업자에 대한 추가 보조를 즉각 거부했다. 남부 출신의 보수적인 민주당 상원은 공정고용실행위원회 법안을 필리버스터로 무너뜨렸다. 언론들은 트루먼과 의회의 신혼 관계가 이제 끝났다고 선언했다.

트루먼 정부는 유독 의회와의 갈등이 많았다. 민주당이 주도했던 루즈벨트의 뉴딜 시대와 이후 아이젠하워가 집권하면서 부활한 공화당 중심의 시대 사이에 끼였던 트루먼은 이미 보수화된 의회와 갈등이 많았다. 트루먼은 루즈벨트와 글로버 클리블랜드에 이어 세 번째로 많은 250번의 거부권을 행사했다. 이 중 12번은 거부권을 넘는 연방의회의결로 결국 법이 통과되기도 했다.

이는 앤드루 존슨이 당시 막강했던 공화당의 재건파를 상대로 거부권이 기각되었던 존슨 대통령 시대 이후로 최고의 숫자였다. 트루먼은 석유 기업과 주 정치인들이 원했던 미국 연안의 침수지에 있는 석유 시추권을 확보하기 위해 이 지역에 대한 권리를 주정부에 이양해 줄 법안 통과를 원했지만 이뤄지지 않았다. 트루먼은 이를 두 번이나 비토 했지만, 이는 1953년 아이젠하워 정부에 와서야 통과되었다.

트루먼은 연방의회뿐만 아니라 전시에 잠잠했던 수많은 이해관계의 충돌에 시달렸다. 노동자는 전시에 양보했던 임금인상을 원했다. 기업은 더 이상 가격 통제를 원치 않았다. 일반인은 다시 평시의 삶으로 돌아가고 싶어 했다. 트루먼은 이 많은 이해관계를 조절해야 했다.

전기회사는 미주리와 콜럼비아 계곡에 연방정부 주도의 전기 공기업을 세우는 것을 반대했고, 철도회사는 반독점법으로부터 자신들을 보호해 줄 수 있는 법안을 요구했으며 이 법안은 루즈벨트의 거부권 행사에도 불구하고 결국 입법되었다. 트루먼은 연방 의료보험제도를 추진하려 노력했다. 트루먼의 안은 비교적 보수적이었음에도 불구하고 의료협회의 로비로 실패했다. 의료협회는 오히려 정부가 병원 건설에 재정 지원을 하도록 하는 법안을 통과시켰다.

의회는 트루먼의 진보적인 고용자 법안도 좌절시켰다. 트루먼은 정부가 완전 고용을 보장하는 법안에서 "완전"이라는 표현을 삭제했고 민간 부분의 지출 감소 시 정부 지출을 늘리는 것을 의무화하는 법안도 좌절시켰다. 대신 연방의회는 세 명의 전문가로 구성된 경제고문위원회 및 의회를 위한 여야경제위원회를 신설했고 정부에는 연례 미국 경제보고서를 제출토록 했다. 결국 고용법은 통과되었지만, 리버럴들이 원하는 수준에는 전혀 미치지 못했다. 이어 트루먼은 가격행정청(The Offie of

Price Administration)문제로 시달렸다.

가격행정청은 전시 인플레이션 방지를 위한 가격 통제를 만들어진 정부 부처였는데, 리버럴은 전후 인플레이션 통제를 위해 이 기구를 계속 유지해 줄 것을 원했다. 하지만, 기업은 전후 호황기에서 이윤을 남기고 싶어 했고 트루먼 정부 내의 보수적인 인사도 가격행정청을 폐지할 것을 건의했다.

트루먼은 리버럴의 입장을 지지했지만, 가격행정청 유지에 별다른 지도력을 발휘하지 못했다. 결국, 의회는 가격행정청의 존치를 1년간 연장했지만, 실제 권한은 모두 삭제하여 무늬만 남게 되었다.

노조와 트루먼의 대립

2차 세계 대전 이후 미국 노동 운동의 변화는 크게 구조적인 원인과 정치적인 원인에서 찾을 수 있다. 전쟁이 시작되면서 한동안 급격하게 성장했던 중공업 분야는 점차 성장 속도가 떨어졌다. 전후 미국의 경제는 서비스 업종이 급증했고 이 분야에서 일하는 노동자들은 전국 각지의 다양한 산업에 분산되어 공장 노동자와 같은 조직화가 쉽지 않았다. 여기에 여성 노동자도 급격하게 늘었지만, 이들은 대부분은 노동과 가사를 병행하면서 노동과 가사를 번갈아 감당했기 때문에 이들도 조직화가 쉽지 않았다. 이런 경제 구조의 변화와 함께 노조 자체에도 문제가 많았다.

노동운동은 백인 남성들이 주도하여 노조 내부에서도 흑인과 여성에 대한 차별이 심했다. 또한, 전후 기업의 입김이 거세지고 사회적으로 반공 열기가 심해지면서 노동운동은 더 이상 확산되기 어려웠다.

트루먼은 민주당의 진보적인 인사로 과거 정치 활동에서도 주로 블루 칼라 노동자들의 입장을 지지했다. 하지만, 1946년 노동 시위에 다시 불이 붙으면서 트루먼 정부와 노조 지도자 간의 갈등이 심해졌다.

1946년 1월, 노동 시위가 본격화되면서 트루먼은 이런 시위가 미국이 전시에서 평시로 전환하는 과정을 어렵게 만든다고 생각했다. 수천만 명의 군대와 거대한 군수 산업을 해체하면서 새로운 노동자들이 미국 노동 시장에 다시 참가하고 군수 산업이 새로운 산업 동력을 찾아 구조 조정을 단행해야 하는 상황에서 노조는 미국 경제 연착륙에 도움이 되지 않았다. 특히 3월에는 석탄 노동자와 철도 노동자가 전국적인 시위를 벌인다는 소식에 트루먼은 더 화가 났다.

트루먼은 광부의 파업을 막을 수는 없었지만, 철도 파업은 어떻게 해서든 막으려했다. 철도 사업은 미국 물류의 핵심으로 철도 파업은 미국 경제에 큰 영향을 미쳤다. 수 주간에 걸친 협상 결과 트루먼은 노조가 합의점을 찾았다고 생각했다. 하지만 노조 지도부는 이를 받아들이지 않았다. 트루먼은 개인적으로 알고 있었던 노조 지도부에 협상안을 받아들일 것을 종용했다. 그러나 이들은 트루먼의 설득에도 파업에 돌입했다. 화가 난 트루먼은 자신이 당장 연방 의사당을 찾아가 노조 시위 가담자를 강제로 징집할 수 있는 법안을 통과시켜달라고 요청하겠다고 했다. 이어 트루먼은 노동 시위를 단죄하는 연설도 준비하라고 지시했다.

트루먼의 참모들은 그가 쓴 연설 초안을 상당히 순화시키는 데는 성공했지만, 다음날 의사당으로 가는 것은 막지 못했다. 트루먼은 의사당을 찾아가 의원들에게 대통령에게 노조원을 규제할 수 있는 권한을 부여해

달라고 호소했다.

이어지는 노조 시위에 피로감이 쌓인 의원들도 대통령의 요청에 박수를 보냈다. 이때 트루먼의 노동 정책 참모로부터 노조가 협상안을 받아들였다는 전보가 전해졌다. 트루먼은 즉시 의원들에게 소식을 전했고 트루먼은 노조와의 싸움에서 승리했다. 미국의 노조 지도자들과 리버럴은 트루먼의 언사에 놀라고 두려움을 느꼈다. 트루먼이 루즈벨트 정부 출신이지만, 그의 노동 정책은 완전 다른 방향을 향하는 듯 보였다.

실수는 트루먼이다

1946년, 트루먼은 리버럴, 보수세력, 노조, 기업 등 거의 모든 세력과 싸워야 했다. 이런 그의 문제는 어느 입장에도 서기 싫어했던 그의 지도력 때문이기도 했다. 그는 모든 사람을 만족시키려다 결국 모두를 실망시키게 하는 경우가 많았다. 사방에서 아우성치는 어떤 사안에 대해 한 입장에서 일관되게 싸우기보다는 이런저런 의견을 모두 담아 넣다가 첫 법안 발의의 취지와는 너무도 멀어진 법으로 귀결되었다.

트루먼에 대한 비난이 이어지면서 1946년 중간선거 전망은 점점 어려워졌다. 사람들은 "실수하는 것은 트루먼이다(To err is Truman)"이라고 조롱했고 공화당은 이런 분위기를 의식하여 "이제 지치셨나요? 공화당을 찍으세요"라며 트루먼과 리버럴의 개혁정책에 피로감을 느꼈던 유권자를 노골적으로 설득했다.

이런 분위기로 공화당은 1930년 이후 처음으로 상하원 모두에서 다수석을 차지했다. 하원에서는 245 대 188석이 되었고 상원에서도 51 대

45로 절대다수가 되었다. 트루먼이 완패하자 민주당 상원이었던 풀브리아트는 트루먼에게 공화당과 상의하여 새 국무장관을 지명하고 사임하라고 비난했다.

이후 수개월 동안 트루먼의 재선 가능성은 점점 멀어지는 듯 보였다. 월러스는 진보 진영 인사를 모아 〈미국진보시민연대 PCA〉를 만들었다. 이 모임은 전 세계의 무기 해체와 핵폭탄 폐기를 지지했다. 이는 소련의 입장이었다.

PCA는 월러스를 진보 진영의 대통령 후보로 낼 작전이었고 이는 이전의 태프트와 테드 루즈벨트와 같이 민주당의 분열로 이어질 것이다. 여기에 민주당의 온건한 진보진영은 민주적정책을 위한 미국인(The Americans for Democratic Action)이라는 모임을 결성했다. 이들은 PCA와 마찬가지로 진보정책을 지지했지만, 이들과 달리 소련과 거리를 두었다. 이 모임에는 프랭클린 루즈벨트 주니어, 경제학자 갈브레이스 역사학자 슐레징거 주니어와 당시 젊은 미니아폴리스의 리버럴 시장이었던 험프리 시장 등이 있었다. 이들은 소련과는 거리를 두었지만, 트루먼에 대해서는 부정적이었다.

지난 중간 선거 결과로 연방의회는 보수적인 공화당 출신이 차지했다. 이 의회는 존 케네디와 함께 조세프 맥카시, 리처드 닉슨 등이 처음 등원한 의회였다. 맥카시 닉슨 등은 반소련을 기치로 공화당 내의 새로운 보수 진영을 형성했다.

신진 보수뿐만 아니라 보수파의 전통적인 지도자들도 건재했다. 이들 중에는 태프트 대통령의 아들이었던 로버트 태프트도 있었다. 그는 예일 대학교와 하버드 로스쿨을 모두 수석 졸업했고 1939년에 상원에 등원했다. 그는 1940년 공화당 대통령 후보에 도전했다. 태프트와 공화당 내 보수 진영은 마샬 플랜과 같이 유럽 지원 정책을 반대했고 트루먼과 계속 각을 세웠다.

냉전의 시작

유럽에서 입지를 다진 스탈린은 이어 러시아 남부 지역을 안정시키려 했다. 한 일화에 의하면 스탈린은 소련의 지도를 펼쳐 놓고선 새 국경을 보며 만족해했지만, 코카서스 지역의 국경을 보면서 그곳은 만족스럽지 않다고 했다고 한다.

스탈린은 이 지역의 안정을 위해 이란의 북부 지역에 주둔시켰던 소련 군대 철수를 지연시켰다. 터키에서는 국토의 일부를 요구했고 터키 해협을 통제하는데 필요한 공군 기지를 요구했다. 또한, 동지중해에 소련 해군 기지를 확보하기 위해 이탈리아의 북아프리카 식민지에서의 행정 업무를 요구했다.

하지만, 트루먼은 터키와 지중해에서의 군사 기지 요구를 거절했고 1946년 초에는 이란에 주둔했던 소련군도 유엔안전보장이사회에 관할권을 넘길 것을 요구했다. 유엔이 중요한 국제 분쟁에 처음 개입하게 되었던 사건이기도 했던 이 문제는 스탈린이 조용히 이란에서 소련군을 철수시키면서 마무리되었다.

반면, 트루먼은 미국의 제6함대를 동부 지중해에 보냈다. 이제 스탈린은 더 이상 미국으로부터 전시를 이유로 받아낼 수 있었던 양보를 받을 수 없게 되었다.

소련과의 갈등이 본격화되면서 미국은 소련의 의도를 파악하느라 분주해졌다. 독일을 상대로 했던 미국과 소련의 동맹이 왜 무너졌는가? 이 문제에 대해 가장 영향력 있는 분석과 전략을 조지 캐넌이 제시했다.

그는 아직 국무부의 젊은 직원이었지만, 그의 탁월한 두뇌와 소련에서의 경험은 당시 가장 설득력 있는 분석과 전략을 제시했다. 그는 소련의 대응은 연합국에 문제가 있는 것이 아니라 소련의 체제 때문이라고 했다.

그는 소련은 외부 세계를 위협이라고 규정해야만 자신의 체제를 유지할 수 있고 그러므로 이들에게서 상호호혜의 원칙을 기대할 수는 없다고 했다. 캐넌은 미래의 소련 지도자가 현재와 같은 체제가 소련에 도움이 되지 않는다는 것을 인식하기 전까지는 이들이 변할 수 없다고 했다. 캐넌은 나아가 소련이 이를 깨닫게 하기 위해서는 전쟁이 필요 없으며 "장기간의 인내와 강하고 방심하지 않는 봉쇄정책이 필요하다."고 했다.

캐넌의 전략에 대해 알게 된 스탈린은 봉쇄전략은 결국 미국이 전 세계에 패권을 휘두르겠다는 자본주의 제국의 전형적인 야망이라고 비난했다.

하지만, 소련은 미국과 영국의 동맹도 갈등으로 오래가지 못할 것이라고 생각했다. 그리고 중동이 미국의 제국적 야욕과 소련이 충돌할 곳이라고 생각했다. 이렇게 새로운 주요 갈등 지역이 유럽이 아닌 중동으로 이동할 것이라는 상황 판단은 이후 미국의 마샬 정책에 대한 소련의 오판으로도 이어졌다.

마샬 국무장관

1947년 초, 트루먼은 조지 마샬을 국무장관으로 임명했다. 트루먼의 이 결정은 냉전의 초석이자 1940년대 후반 미국 역사의 방향을 결정한 사건이기도 하다.

마샬에 대한 지지는 트루먼뿐만 아니라 연방의회도 절대적이었다. 상원의 외교위원회는 통상 신임 국무장관을 대상으로 실시했던 청문회도 없이 바로 상원에 임명을 상정했고 상원은 당일에 임명을 승인했다. 공화당이 유일하게 우려한 것은 마샬이 이 자리를 발판으로 다음 대통령직에 도전하지 않겠냐는 의구심이었다. 이에 대해 마샬은 자신은 어떠한 선출직에도 나설 생각이 없다고 밝혔다. 사람들은 마샬의 신뢰했기 때문에 그의 말을 그대로 믿었다. 1947년 1월 21일, 마샬은 직업 군인 출신으로는 최초로 국무장관에 지명되었다.

1947년 4월, 마샬은 미국, 영국, 프랑스, 소련 외무장관과 모스크바에서 4국 외무장관 회의를 가졌다. 마샬은 몰로토프와 만남이 없는 시간에 영국, 프랑스 외무장관과 함께 유럽 재건 문제를 논의했다. 소련은 이들이 논의한 내용을 도청했지만, 이념에 묶여 자본주의 국가 간의 협력은 현실화되지 않거나 시작되더라도 결국 갈등으로 좌절될 것이라고 굳게 믿었다.

1947년 3월 12일, 트루먼은 그리스와 터키에 대한 군사 및 경제 원조를 단행하겠다고 발표했다. 이 발표는 영국이 2주 전 더 이상 이 두 국가에 대한 지원을 계속할 수 없다고 발표한 후에 이루어졌다. 트루먼은 원조 계획을 발표하면서 미국의 정책이 "자유를 갈망하는 사람들을 지원해야 한다."며 미국의 원조정책은 그리스와 터키뿐만 아니라 다른 국가에도 확대될 수 있음을 시사했다.

마샬 장관은 캐넌의 봉쇄정책 이론을 기반으로 유럽 재건을 위한 정책 준비에 박차를 가했다. 군대에서도 업무 추진력이 남달랐던 마샬은 열정과 실력으로 유럽 재건정책을 준비했다.

1947년 6월 마샬은 드디어 이후 마샬플랜으로 알려진 미국의 유럽 재건정책을 발표했다. 재건정책은 유럽 국가 중 소련의 영향력이 있는 곳과 그렇지 않은 곳을 구분하지 않았다. 마샬 정책의 전제는 유럽이 공산주의를 지지하는 것은 소련의 영향력보다는 굶주림, 가난과 선동으로 유럽인들이 소련의 지시를 받는 공산당을 지지 할 수밖에 없다는 현실 인식, 미국의 즉각적인 원조는 이런 경향을 극복할 수 있는 심리적 안정과 이후 물질적 번영으로 이어질 수 있다는 가능성, 소련은 미국의 원조를 받지 않을 것이기 때문에 소련과 동부 유럽 간의 간극이 생길 것이며, 결국 미국이 냉전시대의 도덕적, 지정학적 우위를 점할 수 있다는 점이었다.

마샬 국무장관(George Catlett Marshall)

한동안 승승장구했던 스탈린은 덫에 걸렸다. 미국의 적극적인 원조정책에 스탈린은 소련 대표를 보내 소련의 참여 여부를 논의했다. 하지만, 스탈린은 결국 이를 거부할 수밖에 없었고 이어 자신들이 영향력을 미치는 동부 유럽 국가에도 원조를 받지 말 것을 지시했다.

미국에 일격을 당한 스탈린은 다급하게 소련이 영향력을 미칠 수 있는 지역에 대한 블록화를 가속화했다. 소련은 1947년 9월 코민포름(The Cominform)을 구성했다. 이 회의에서 폴란드 대표단이 소련의 일방적인 지시에 반발하자 소련의 대표는 폴란드에게 조용할 것을 경고했다. 소련이 동부 국가에 대한 강압 정책을 단행하면서 소련과 동부유럽 간의 갈등이 고조되었다.

마샬플랜에 서명하는 트루먼

트루먼 독트린

트루먼은 많은 미국의 지도자들이 가졌던 좋은 가족 배경과 엘리트 교육이 없었다. 하지만, 그는 링컨과 마찬가지로 평범함 속의 강인함을 보였다.

트루먼은 우선 국민의 피로도가 쌓인 노조와 겨뤘다. 광부노조연대의 지도자였던 존 루이스는 건방지고 타협을 모르는 인물이었다. 루이스는 1946년 12월에 파업을 지시했는데, 이 당시 미국민의 69%가 노조의 요구가 지나치다고 생각했다. 광부파업이 시작되자 트루먼은 법원으로부터 파업 중단 가처분 판결을 받았다. 법원의 판결에도 불구하고 루이스가 계속 파업을 이어가자 이어 법정 모독 판결을 신청했다. 루이스는 결국 파업을 중단했다. 그는 대법원 판결을 기다리겠다는 명분으로 파업을 중단했지만, 트루먼은 노조를 굴복시켰다.

트루먼은 국내 문제뿐만 아니라 국제 문제에서도 단호했다. 1946년 소련이 팽창의 야욕을 점점 노골적으로 드러내면서 트루먼은 1947년 3월 12일 연방의회 연설에서 미국이 소련의 위협에 맞설 것을 연설했고 7월 12일에는 소련의 그리스와 터키에 대한 위협을 봉쇄하겠다고 발표했다.

트루먼 독트린이라고 불리는 미국의 외교 정책은 미국이 소련의 위협 앞에 놓인 국가들에 대해 적극적인 지원을 할 것을 밝힌 정책이었다.

트루먼의 새로운 외교 정책으로 소련은 그리스와 터키에 대한 야심을 포기했다. 유럽의 대대적 재건을 위한 마샬 플랜도 트루먼 독트린의 전략적 목표를 달성하기 위한 경제 지원 정책이었다. 이 정책은 이후 살펴볼 NATO의 설립으로 정점에 이르렀다. 트루먼은 소련에 대한 적극적인 대응에 나섰지만, 트루먼 독트린은 새로운 군사 작전을 염두에 두지는 않았다.

트루먼은 이어지는 세계 전쟁을 겪으며 미국이 안보 문제에 더 적극적으로 대응할 필요성을 느꼈다. 미국은 전통적으로 연방군대와 팽창주의에 반대해왔기 때문에 세계에 대한 군사 개입주의를 선호하지 않았다. 하지만, 두 차례에 걸친 세계 전쟁을 겪으면서 미국은 더 이상 세계 평화와 자국의 안보를 분리할 수 없음을 인정하게 되었다. 트루먼은 그동안 분리되어 있었던 육군과 해군부를 한 장관 아래 통합시키는 안을 연방의회에 보냈다. 하지만, 연방의회는 국방장관이 세 명의 별도의 수뇌부가 있는 국방부를 지휘토록 했다.

현재와 같은 단일 국방부 장관 자리는 1949년에나 만들어졌다. 또한, 트루먼은 1947년에 국안전보장회의(National Security Council)와 중앙정보국(Central Intelligence Agency)을 설립했다. 이 기구에 현역이나 전직 군인들이 참여할 수 있었지만, 이들은 군인에게 보고하지는 않았으며 정책을 만들 권한도 없었다.

연방의회 연설에서 트루먼 독트린 정책을 밝히는 트루먼 대통령

미국을 괴롭힌 인종문제

　1947년 11월, 클리포드, 제임스 로우 등 트루먼의 핵심 참모들은 1948년 재선 전략을 담은 43쪽 분량의 보고서를 트루먼에게 전달했다. 이 보고서는 트루먼이 민주당의 지지층을 결집할 수 있다면 1948년 선거에서 과거 루즈벨트와 마찬가지로 선거에서 승리할 수 있다는 분석을 담고 있었다.

　당시 민주당의 핵심지지층은 블루칼라 노동자, 흑인, 유대인 및 기타 소수 인종, 농민 및 가난한 사람들이었다. 이를 위해서는 트루먼이 계속 소련에 단호해야 하며 공화당 의회에 대해서도 더욱 단호해야 한다고 주장했다. 또한, 이 보고서에서는 이를 위해 트루먼 정부는 의도적으로 공화당 의회와 갈등을 일으킬 법안을 상정하고 타협과 협상이 아닌 투쟁을 벌여야 한다고 조언했다. 이 보고서에서는 특히 민주당 핵심 지지층의 지지를 얻기 위해서는 흑인과 유대인 지지층의 동원이 중요하다고 했다.

　트루먼 정부 당시만 해도 아직 민주당 내의 흑인의 영향력은 미비했지만, 트루먼 정부는 최초로 흑인 문제를 본격적으로 부각시킨 정부였다. 보고서는 흑인을 위한 고용 평등, 린칭의 불법화 및 연방정부의 흑인 차별을 금지하는 법안을 제안했다.

　이 보고서는 한동안 트루먼의 개혁 의지에 의심을 품었던 리버럴에게 다시 활력을 불어넣었다. 트루먼 정부는 인권을 위한 과감한 법안을 제시했지만, 그렇다고 트루먼이 당장 행동에 나섰던 것은 아니었다. 그는 군대에서의 차별을 없애기 위한 대통령령을 선포하겠다고 했고 이어 법안을 상정하겠다고 했지만, 법안은 이전과 같이 상원의 필리버스터로 통과가 어려울 것이었기 때문에 포기했고 대통령령도 선포하지 않았다.

그러나 인종 문제는 미국 사회는 물론, 민주당 내에서도 계속 갈등이 이어졌던 문제였다. 사회적으로는 흑인의 기회의 평등을 지지하는 진보적인 사람들조차 백인과 흑인 간의 사회 통합을 받아들이지는 않았다. 민주당 내에서는 여전히 남부주의 반발이 강했다. 클리포드 보고서는 남부주가 여전히 민주당을 지지할 것이라고 낙관했지만, 인종문제에 대한 남부주의 반발이 얼마나 클지에 대해서는 오판을 했다.

트루먼은 흑인 문제뿐만 아니라 유대인 문제로도 갈등을 겪었다. 미국의 유대인은 흑인보다 훨씬 적은 5백만 명 정도밖에 되지 않았다. 하지만, 이들은 촘촘한 사회안전망과 부를 가지고 있어 선거에서 큰 도움이 되었다.

당시 유대인들은 시온운동에 매진했는데, 트루먼 정부 내에서도 마샬 국무장관이 소련과 아랍국과의 관계를 의식하여 반대했다. 하지만, 5월 14일 이스라엘이 건국을 선포하면서 트루먼은 이스라엘을 사실상 인정했다. 이스라엘은 법적 인정도 원했지만, 트루먼의 이 정도 지지에도 감사했다. 트루먼의 이 결정은 미국이 아랍 대신 유대인 편에 서게 했고 이 기조는 지금까지도 이어지고 있다.

냉전의 격화

1948년 미국과 소련 사이의 냉전은 점차 격화되었다. 미국과 서부 유럽의 연대가 강화되면서 스탈린은 동유럽 통제에 나섰다. 2월과 3월, 소련은 프라하의 비공산당 장관들을 보직해임 했고 친서방파였던 대통령을 사임시켰다.

이어 2월과 3월 미국이 서부 유럽국가와의 회의에서 독일의 미국, 영국, 프랑스 영에 서독일을 건국하겠다는 소식을 듣자 스탈린의 두려움은 더욱 커졌다. 이어 3월 17일에는 영국, 프랑스, 벨기에와 네덜란드가 50년 동안의 브르셀 팩(Brussel Pack)이라는 동맹조약을 맺었다.

같은 날, 트루먼은 연방의회 연설에서 소련이 체코슬라바키아의 민주주의를 말살시킨 것을 비난하며 마샬 플랜을 위한 재정지원, 전 국민의 군사훈련법 및 강제징집법을 다시 실시해 줄 것을 요구했다.

트루먼은 소련의 확장 정책을 저지하고 대통령 선거에서도 유리한 고지를 확보하기 위해 연일 반 소련 정책을 주장했다. 그러나 이러한 트루먼의 전략은 한편으로는 소련과의 관계를 더욱 악화시켰다. 소련은 방어를 위해 불가피하다는 미국과 서부유럽의 주장을 공격을 위한 위장이라고 생각했다.

3월 20일, 독일에 대한 연합국 회의에서 미국, 영국과 프랑스는 소련의 이해관계와는 무관하게 서독일 건국에 박차를 가했다. 소련은 더 이상 서방과의 대화가 무의미하다며 4월 1일에는 베를린으로 연결되는 소련 점령지역에서 미국인들에 대한 신원조회를 단행하겠다고 선언했다.

미국과 소련의 갈등은 이제 독일을 넘어 다른 지역으로도 확산되었다.

소련은 노르웨이에 소련과의 상호보호협약을 체결할 것을 종용했다. 노르웨이는 소련의 영향력 하에 들어가지 않기 위해 미국에 도움을 요청했다. 트루먼은 연방의회에 미국이 브르셀 펙의 일원으로 참여하고 이 동맹을 확장하는 안을 제출했고 상원은 바로 동의했다.

이어 서방국가는 6월에 서독일의 독자 화폐 사용을 선포했고 소련은 이를 서독일 건국의 전초작업으로 받아들였다. 소련은 베를린의 소련 점령 지역에 대한 연합국의 출입을 통제했다. 소련이 베를린을 통제하자 트루먼은 베를린에 공수로 물자를 계속 공급하면서 소련과 대치했다. 결국 이 문제는 1년이 지나서야 해결이 되었지만, 트루먼은 소련에 대한 단호한 조치로 인기가 높아졌다.

트루먼은 대내외적으로 재선을 위한 다양한 정책과 목소리를 냈지만, 1948년 여름이 지난 후에도 트루먼의 재선 가능성을 밝지 않았다. 그는 이제 국민과 직접 대화를 위해 기차를 타고 전국 투어에 나섰다. 그는 2주간에 걸쳐 전국을 누비며 공식 행사보다 다양한 비공식 행사를 통해 국민의 지지를 넓혀갔다.

국민과의 직접 만남과 소통은 트루먼에 대한 국민들의 호감을 높였다. 이런 여러 노력의 결과로 불과 1년 전만해도 당선이 불가능하다고 보았던 트루먼은 이 해 대통령 선거에서 직접 투표에서 2백만 표 차로 선거단 투표에서 303 대 189라는 압승을 거두었을 뿐만 아니라, 민주당은 다시 상하원의 다수당으로 복귀했다.

공평한 딜(Square Deal)

1949년 1월 20일. 워싱턴은 추웠지만, 하늘에는 구름 한 점 없는 맑은 날씨였다. 전쟁이 시작된 이후 워싱턴에서는 제대로 된 취임식이 거행되지 못했는데 이번 취임식은 역사상 가장 많은 돈이 든 취임식이었다. 전쟁에서 승리한 미국인들은 트루먼의 취임식을 위해 전국에서 몰려들었고 그 숫자는 역사상 가장 많은 백만 명이나 되었다.

대통령 취임식이 역사적인 사건으로 기록된 것은 잭슨 대통령 취임식 때 몰려든 군중으로 백악관이 초토화되었던 사건으로 그때 모인 인파는 25만명 정도였다. 약 125년 만에 미국 대통령 취임식 인파는 4배나 불어났다. 이 취임식은 처음으로 텔레비전 중계가 된 취임식이기도 하다. 텔레비전 중계로 취임식장에 직접 온 백만 인파의 10배가 넘는 약 천만 명 정도가 취임식을 텔레비전으로 지켜보았다. 미국과 트루먼의 미래는 이날 날씨만큼이나 밝아 보였다.

모두가 불가능할 것이라는 재선을 달성한 트루먼은 이제 본격적으로 트루먼 정책 추진에 나섰다. 그는 1949년 연두교서에서 "이 나라 국민의 모든 일부와 모든 개인이 정부로부터 공정한 딜을 받을 권리가 있다."라며 자신의 정책 기조를 밝혔다.

테드 루즈벨트의 공평한 딜(Square Deal), 프랭클린 루즈벨트의 뉴딜(New Deal)에 이어 트루먼은 공정 딜을 내세웠다. 그는 더 공정하고 공평한 세금 제도, 최저임금 인상, 농민의 생산과 소득 향상을 위한 프로그램, 테네시 발리 프로젝트와 같은 공공사업 증가, 태프트-하틀리 법안 폐지, 더 많은 사회안전보장, 국가의료보험제도, 교육 지원, 인권 보호 등 거의 모든 분야를 망라한 정책을 제시했다.

 하지만, 트루먼의 정책은 곳곳에서 암초를 만났다. 이미 루즈벨트 시절부터 보수화하기 시작했던 연방의회는 민주당이 다수당이 되었지만, 민주당의 주도 세력은 더 이상 진보진영이 아닌 남부주의 보수진영으로 넘어갔다. 이런 연방의회의 보수적 성향은 단순히 의원의 보수화가 아닌 미국 사회 전반의 보수화를 반영했다

 1948년 트루먼은 재선에 성공했지만, 직접 투표는 49.5%로 과반에 이르지 못했다. 국민은 트루먼을 선택했지만, 국민 다수는 트루먼의 진보적 개혁을 원하지 않았다. 국민은 진보개혁보다 비싼 가격과 공산당의 위협을 더 걱정했다. 소련의 동부권에 대한 통제가 더 강화되고 중국에서도 모택동의 공산당이 장개석 부대를 압도하면서 공산당의 위협은 훨씬 커졌다.

 공산주의의 위협은 미국 정치의 단골 메뉴가 되었다. 하원 반미행동위원회(The House Committee on Un-American Activities)는 미국 정부 내의 친공산주의 세력에 대한 조사를 단행했고 국민은 이 위원회에 지지를 보냈다. 여론은 노동단체 지도자들에게 대한 국가에 대한 맹세를 요구했고 공산주의자가 대학에서 가르치는 것을 막아야 한다고 비판했다. 트루먼도 이런 반공 여론을 이용하여 정부 인사의 국가에 대한 맹세와 반소련 정부에 대한 미국의 원조 정책을 추진했다. 하지만, 이 위원회의 조사로 Alger Hiss가 공격의 대상이 되고 트루먼이 임명한 에치슨에 대해서도 의심의 칼이 겨누어지자 트루먼은 위원회 활동을 맹비난하기

도 했다. 이토록 미국의 반공 분위기는 트루먼의 개혁 정책에 암초가 되었다.

반공정서의 확대

트루먼의 단호한 의지로 베를린 물자 공수가 이어지면서 1949년 초 소련은 입장을 완화하기 시작했다. 포츠담 이후 계속 공세적이었던 소련은 베를린 봉쇄를 조금씩 풀기 시작했다. 1949년 5월 12일 소련은 베를린 봉쇄를 해제했고 미국도 베를린 물자 공습을 중단했다.

미국은 1년 2개월 동안 277,804편의 비행편으로 2,325,809톤의 식량과 물자를 베를린에 공급했다. 같은 날 연합국은 독일에 독일연방공화국을 세우고 서독일 주민들이 자신이 원하는 정부를 구성하도록 했다. 중국에서는 공산당의 약진이 이어졌지만, 트루먼은 스탈린과 마찬가지로 중국이 공산화되기는 어려울 것으로 보았다.

트루먼은 소련과 동부 유럽에 대응하기 위해 4월 4일 북대서양조약 (The North Atlantic Treaty)으로 나토를 창립했다. 이제 10개의 서유럽 국가와 미국, 캐나다가 상호방위를 하게 되었다. 이 조약은 미국이 연방헌법을 채택한 이후 최초로 평화 시에도 상호방위를 약속하는 조약이었다. 트루먼은 미국이 1914년과 1939년에 이런 조약에 가입했었다면 세계 대전은 일어나지 않았을 것으로 생각했다.

트루먼은 공화당이 이 조약을 반대할 것으로 예상했지만, 여론뿐만 아니라 공화당도 이 조약에 별다른 저항을 보이지 않았고 결국 7월 21일에 상원에서 82 대 13의 압도적인 표 차로 통과되었다.

조지 캐넌은 나토 조약 체결에 반대했는데, 미국이 NATO를 창립하면 소련도 이에 대응하는 동부유럽동맹을 형성할 것이기 때문이라고 했다. 그의 예언대로 이후 소련은 NATO에 대응하기 위해 동유럽에 바르샤바 조약을 채결했다.

여름까지만 해도 밝아 보였던 트루먼 정부의 상황이 가을이 되면서 다시 악화되기 시작했다. 중국에서 안 좋은 소식이 이어졌다. 1949년 내내 장개석의 국민당은 모택동의 공산당에 밀렸는데, 장개석의 군사 고문이었던 미국의 데이비드 바 장군은 미국이 중국 내전에 직접 참여하지 않는 한, 국민당은 이길 수 없다고 했다. 그 이유는 물자나 무기의 부족이 아닌 국민당 지도부의 무능 때문이라고 했다. 이미 4월에 공산당의 백만 대군이 양쯔강을 넘어 국민당의 마지막 남은 남부 지역으로 쳐들어갔다. 이제 중국 본토 전체가 공산당에 넘어가는 것은 시간문제였다.

더 큰 문제는 트루먼 정부가 중국의 실패 원인을 설명하기 위해 발간한 문서였다. 8월 4일 트루먼은 국무부가 작성했던 409 페이지에 달하는 보고서를 발표했다. 이 보고서는 그간 미국이 국민당에 보낸 원조 내용을 공개하며 국민당의 실패는 지도부의 문제라고 발표했다. 중국 공산화의 원인이 국민당이라는 것을 명백히 하려는 의도에서 작성되었던 보고서는 오히려 미국 여론의 역풍을 맞았다.

그간 미국 여론은 국민당의 반공산화 투쟁에 우호적이었고 언론은 이 보고서가 트루먼 정부 내의 친공산주의자들이 자신들의 친공산주의 정책을 감추기 위해 의도적으로 만든 것이라고 비판했다. 당시 미국 내의 반공 정서는 매우 강해 결국 미국은 중공 정부를 인정하지 않기로 했다. 하지만, 미국이 중국과의 관계 개선을 포기하면서 모택동은 결국 자신을 홀대했던 소련에 손을 벌렸다.

핵 경쟁의 심화

　트루먼 정부는 소련 문제로도 다시 비판의 표적이 되었다. 1949년 8월 말, 중국의 공산화가 거의 확실시되는 상황에서 소련이 핵 개발에 성공했다는 소식이 전해졌다. 이어 10월 1일에 중화인민공화국이 세워졌다.

　소련의 핵 개발과 중국의 공산화로 트루먼 정부가 전 세계 공산화를 막기 위해 단순히 경제적 지원만 하는 것으로 충분한지에 대한 근본적인 의문을 제기하게 되었다. 미국 내 반공 세력은 트루먼 정부가 전 세계의 공산화에 지나치게 소극적으로 대응했다고 비판했다.

　소련의 핵 개발은 그 자체로 놀랄 일은 아니었다. 소련은 이미 핵 개발을 위한 과학 기술을 보유하고 있었다. 또한, 소련은 장거리 폭격기를 개발하지 못했으며 대공 방어 능력도 갖추어지지 않았기 때문에 미국은 소련의 핵무기를 언제든 무력화시킬 수 있었다. 하지만, 미국의 반공 여론은 소련이 스스로의 능력으로만 핵무기를 개발하지는 못했을 것이라면서 미국 정부 안에 있는 소련의 스파이가 핵 개발에 필요한 핵심 기술을 몰래 빼냈을 것이라고 비난했다.

　조지 캐넌은 소련에 대한 봉쇄 정책에 무력을 사용하는 것을 반대했고 독일의 통일과 비무장으로 냉전의 긴장을 완화시키자고 주장했다. 하지만, 소련의 핵무기 개발로 이런 그의 노력은 수포로 돌아갔다.

강한 반공 분위기 속에서 트루먼 정부는 1950년 초 수소폭탄 개발에 나섰다. 하지만, 핵무기보다 훨씬 강력한 수소 폭탄 개발은 핵폭탄 개발을 주도했던 과학자 사이에서도 반대 의견이 있었다. 수소폭탄은 수백만 톤의 TNT와 맞먹는 폭발력을 가지고 있으며 기존의 원자 폭탄보다도 수백 배의 폭발력을 가진 무서운 무기였다.

아인슈타인은 물론, 핵 개발에 참여했던 제임스 코난트 하버드 대학 총장도 수소 폭탄 개발을 반대했다. 그는 도덕에도 정도의 차이가 있다며 수소폭탄은 그 정도를 훨씬 넘는 무기이고 미국이 이미 핵폭탄을 보유하고 있기 때문에 수소폭탄까지 개발할 필요는 없다고 반대했다. 맨해튼 프로젝트의 중심인물이던 오펜하이머도 반대했다.

반면, 미국의 유엔 대표로 지명되었던 엘러노어 루즈벨트는 수소폭탄 개발에 찬성했다. 루이스 스트라우스는 제임스 코난트가 회원이었던 핵에너지위원회의 보고서에 반대하는 소수 의견에 "미국은 상대방 국가가 언젠가는 가질 수 있는 무기 개발을 스스로 먼저 포기할 이유가 없다"며 개발을 종용했다. 이렇게 국론 분열 상태에서 트루먼은 1월 31일 수소폭탄 개발을 추진하기로 결정했다.

그의 결정에는 합참의장단의 일원이었던 브래들리 장군의 조언이 큰 역할을 했다. 또한, 정치적으로도 트루먼이 수소폭탄 개발을 포기한다면 반공 세력의 비판이 더욱 거세 질 것이었고 무엇보다 소련이 개발하지 않을 이유가 없었다. 이제 미국은 원자폭탄에 이어 수소폭탄 개발에 나섰다.

맥카시 열풍

1950년. 공화당 등 트루먼 반대세력들은 소련의 동유럽 지배, 핵 개발 성공과 중국의 공산화가 이어지면서 트루먼이 미국 안보와 외교 문제에 제대로 대응하지 못했다고 비난했다. 특히 공화당은 트루먼 정부가 여전히 친공산당 인사를 보호하려한다며 맹비난을 했다. 리처드 닉슨은 트루먼 정부가 의도적으로 히스와 다른 친공산당 인사가 공산당을 돕는 것을 감추려 하고 있다고 주장했다.

맥카시 상원도 트루먼 정부가 여전히 국무부 내의 친공산당 세력을 두둔하고 있다고 거들었다. 트루먼 정부에 대한 비난은 2월 4일 영국 당국이 맨해튼 프로젝트에 참여했던 물리학자였던 클라우스 푸치스가 소련 스파이에게 핵무기 기술을 건넸다는 이유로 체포되면서 더욱 거세졌다.

트루먼이 수소폭탄 개발에 나선 이유 중의 하나도 정부에 대한 비난 때문이었다. 트루먼은 반대 세력들이 트루먼 정부와 공산당의 관계를 계속 비판하는 것을 피하기 위해서라도 수소폭탄 개발에 나설 필요가 있었다.

수소폭탄 개발은 냉전 상황에서 공산당을 이기기 위한 적극적인 공세 전략이기도 했다. 수소폭탄 개발을 위해서는 미국 정부가 14조 달러의 국방 예산을 50조 달러로 증액해야 했고 이는 미국 GNP의 무려 20%에 달하는 막대한 금액이었다. NSC-68이라고 불린 수소폭탄 개발 전략은 소련과의 협상을 배제하지는 않았지만, 어떠한 협상도 군사적으로 절대적 우위 상황을 전제로 했다.

트루먼 정부의 수소폭탄 개발 추진에도 불구하고 미국 내의 공산당에 대한 두려움은 가라앉지 않았다. 특히, 맥카시 상원의원은 이런 미국 대중의 두려움을 정치적으로 활용하는데 뛰어난 재주를 보였다.

1950년 2월, 공화당여성클럽 모임에서 맥카시는 미 국무부에 205명의 공산당원이 있다고 주장했다. 이어 맥카시는 백악관에 텔레그램을 보내 자신이 국무부 소속 57명의 공산당 명단을 가지고 있다고 주장했다. 이어 그는 의회에서 숫자를 81명으로 높였고 상원은 결국 국무부에 대한 청문회를 열게 되었다. 트루먼은 맥카시를 선동가 수준으로 폄하했지만, 1950년에서 1954년 사이 트루먼 정부에 대한 맥카시의 공격은 대중을 선동하는데 성공했고 트루먼 정부는 정책 추진과 국정 동력 유지에 큰 어려움을 겪었다.

맥카시 상원의원(Joseph Raymond McCarthy)

김일성의 야망과 스탈린의 필요

2차 세계 대전 이후 한반도는 독일과 마찬가지로 미국과 소련이 분단 점령하에 있었다. 1945년, 일본이 원자폭탄으로 갑자기 패망하자 만주로 진입했던 소련군은 한반도 북부로 진입할 수 있었고 일본 본토 점령을 위해 한반도에 파견되었던 미군 부대는 한반도 남부로 진입했다. 이렇게 해방 전후 소련 군과 미군이 한반도에 동시 주둔하고 있었던 현실로 양국의 분단 합의는 쉽게 이루어졌다.

양국은 한반도 정부가 들어서면 동시 철수하기로 합의했지만 한반도에 어떤 정부가 들어설 것인지에 대해서는 합의가 없었다. 스탈린은 김일성을 활용하여 북한에 공산주의 국가를 세웠고 이승만 대통령은 이에 대응하여 남한에서 유엔 주재의 선거로 인한 자유민주주의 국가 건국으로 대응했다. 이렇게 분단의 역사가 시작되었다.

완전히 다른 두 체제의 두 정부가 한반도에 들어서면서 이미 내전의 가능성은 내재되었다. 하지만, 소련과 미국의 영향력 하에 있었던 두 국가는 이들의 지원 없이 독자적인 내전을 치를 힘이 없었다.

이런 위태로운 상황에서 트루먼 정부는 동아시아 전략을 바꾸어 일본으로 방어선을 내렸고 한국과 대만은 미국의 방어선에서 벗어났다. 이승만 대통령과 맥아더 장군은 트루먼 정부의 소극적 대응에 반대했지만 트루먼은 듣지 않았다. 결국 미군은 대한민국에서 철수했다. 반면, 미군 철수로 힘의 균형이 깨지자 이를 기회로 삼은 김일성은 남침에 대한 스탈린의 승인을 여러 차례 구했지만 거절당했다.

하지만, 1950년 1월부터 스탈린의 입장이 바뀌었다. 그는 유럽에서 미국과의 대치 상황이 벌어지자 2차 세계 대전 때와 마찬가지로 제2전선이 필요했다. 이때 한반도가 눈에 들어온 것이었다.

이렇게 김일성의 야망과 스탈린의 필요가 맞물리자 북한의 남한침공 계획은 갑자기 활기를 띠기 시작했다. 1950년 1월 12일, 애치슨 장관이 남한은 더 이상 미국의 방어선에 포함되지 않는다는 사실을 공개적으로 발표하자 김일성과 소련의 팽창 야욕은 더욱 강해졌다.

스탈린은 애치슨의 발표문을 읽어본 후 몰로토프에게 모택동과 만나 전쟁 가능성과 준비를 논의하도록 지시했다. 스탈린의 동아시아 전략은 한반도뿐만 아니라 아시아 전체를 놓고 세운 것이었다.

스탈린은 김일성에게 남침 계획을 승인 해준 이후 호치민에게는 프랑스에 대한 공세를 강화할 것을 설득했다. 스탈린은 이 두 지역에서 승리한다면 중국에 이어 아시아 전체의 공산화가 빠르게 진행될 것이라고 판단했다. 스탈린은 아시아 전략으로 유럽에서의 실패를 상쇄하고 미국이 일본을 소련 봉쇄의 일환으로 활용하려는 전략에 대응하고자 했다. 특히, 스탈린의 이 전략은 소련이 직접 나서지 않고 베트남과 한반도 통일의 명분을 이용하여 중국이 존재감을 드러내기 위해 이들을 지원할 것을 내다본 전략이기도 했다.

한편, 자신이 남침하면 대한민국 국민의 다수가 북한 인민군을 환영할 것이라고 생각한 김일성은 침공을 단행한다.

중공군의 개입

하지만 6.25 전쟁은 스탈린의 오판이었다. 트루먼 정부는 한반도의 전략적 가치를 크게 보지 않았지만, 북한이 38선을 노골적으로 침략하는 상황을 보면서 소련과 냉전 대응 방식에 있어 완전한 인식의 전환이 생겼다. 트루먼 정부는 1930년대 유럽의 질서가 무너진 이유가 독일의 초기 침공을 억제하지 못했기 때문이라는 사실을 경험으로 알고 있었다. 무엇보다 이제 갓 태어난 유엔이 국제 평화를 위한 실질적인 영향력을 행사하기 위해서는 미국이 가만히 있을 수 없었다.

트루먼 정부는 즉각 대한민국 방어에 나섰고 미국의 단독 개입이 아닌 유엔과의 협력을 통한 개입을 추진했다. 트루먼 정부는 미군이 이미 일본에 주둔하고 있어서 한반도에서의 군사 작전을 빠르게 진행할 수 있었고 소련이 안보이사회에 중공 대표를 앉히지 않겠다는 이유로 유엔 주재 대사를 철수시키는 바람에 안보이사회에서의 거부권 행사가 불가능했기 때문에 발빠르게 대응할 수 있었다. 이렇게 유엔의 동의가 이루어지면서 국제 사회는 연대하여 북한과 소련의 위협에 대응하게 되었다.

전쟁 초 북한의 파죽지세로 대한민국은 거의 공산화가 될 뻔했다. 하지만, 미국의 인천상륙작전 성공으로 이번에는 북한이 퇴각하기 시작했다. 스탈린은 미국이 북한을 점령하여 중공과 국경을 맞댈 것이라는 우려에 "할 수 없지, 우리가 미국의 이웃이 되면 되겠네"라며 자조섞인 반응을 보였다고 한다.

하지만 북한의 뒤에는 아직 중공이 있었다. 모택동에게 한반도는 더 절실한 지역이었다. 모택동은 대만 반대편에 있었던 중공군을 북한과의 국경으로 이동시켰다. 이들 병력 대부분이 국민당 출신이었다는 점도 모택동에게 일석이조의 선택이었다.

워싱턴도 중국의 개입을 우려했고 전쟁이 자칫 중국과 미국의 전쟁으로 확산되는 것을 막기 위해 트루먼은 맥아더 장군에게 압록강까지 진군하지 말 것을 명령했다.

하지만 11월 26일 중공군 30만 명이 인해전술로 밀고 내려왔다. 1950년 11월, 압록강에 거의 다다른 미군은 곧 집에 갈 것을 기대하고 있었지만, 전쟁은 이제 새로운 국면에 들어섰다.

맥아더를 해고 합시다

11월 30일. 중공군의 개입 직후 기자 회견을 가진 트루먼은 미국이 핵무기를 사용할 계획이 전혀 없으며 국군통수권자 이외에 누구도 핵무기를 자의적으로 사용할 수 없다고 못 박았다.

미국은 중공의 개입에도 불구하고 더 이상 확전을 원하지 않았다. 1951년 3월 30일, 트루먼은 맥아더에게 미국이 중공과 휴전 협상에 들어가겠다고 했다. 4일 후 맥아더는 트루먼의 언질에도 불구하고 스스로 중공과의 협상에 나서겠다고 했고 중공이 협상에 동의하지 않는다면 중공을 공격하겠다고 공언했다. 이 소식을 들은 트루먼과 측근들은 맥아더를 해임했다.

4월 19일 맥아더는 워싱턴에 도착했다. 그는 수많은 인파의 환영을 받앗고 연방의회에서 유명한 "노병은 죽지 않는다. 사라질 뿐이다."는 연설을 했다. 이어 그는 워싱턴의 펜실베이니아 가에서 퍼레이드를 벌이며 30만 인파의 환호를 받았다.

　당시 미국인의 69%가 맥아더를 지지했고 백악관에는 트루먼을 비난하는 편지 수만 통이 보내졌다. 하지만, 5월에 사고로 사망했던 워커 장군 대신 리지 장군이 한국으로 파병되면서 미군은 다시 전열을 가다듬어 중공군의 남하를 저지했다.

　6.25 전쟁은 이후 2년간 계속 이어졌고 1953년 휴전이 선포되기까지 36,568명의 미국 군인이 사망했다. 정확한 수치는 없지만 중공군 60만 명과 군인과 민간인 포함 한국인 2백만 명이 사망한 것으로 추정한다.

맥아더 장군

떠오르는 별, 아이젠하워

1951년 후반. 6.25 전쟁이 교착 상태에 빠지면서 트루먼의 인기는 점점 떨어졌다. 이해 9월 미국은 일본과의 평화협정을 체결했지만, 협정에도 불구하고 트루먼의 인기는 회복되지 않았다. 덜레스(John Foster Dulles) 국무장관이 일본과의 평화협정으로 "미국은 일본에 미군을 얼마든지, 어디든지, 언제까지든지 주둔시킬 수 있게 되었다."고 밝혔지만, 6.25전쟁으로 인한 부정적인 여론을 환기시키지 못했다.

트루먼은 외교안보 정책에서 이어지는 부정적인 이미지를 극복하기 위해 1950년 12월, 아이젠하워 장군을 나토 사령관으로 임명했다. 아이젠하워는 미국에서뿐만 아니라 유럽에서도 인기가 높았다. 트루먼 정부는 그의 지명으로 지지도의 회복을 바랐지만 별다른 효과는 보지 못했다.

트루먼의 외교안보 정책뿐만 아니라 국내 정책에서도 계속 점수를 잃었다. 1, 2차 세계 대전으로 루즈벨트의 뉴딜 정책이 지연되었던 것처럼 트루먼의 공정한 디일도 6.25 전쟁으로 지연되었다. 전쟁 상태에서 국민과 연방의회 모두 개혁정책을 추진할 여력이 없었다.

1951년 여름에는 미국인의 45%가 여론조사에서 경제와 물가 상승이 가장 큰 문제라고 답변했다. 이런 상황에서 트루먼이 2차 세계 대전 당시 수준의 정부 통제 정책을 추진하려 하자 국민들은 당시와는 달리 더 이상 호응을 보내지 않았다. 1951년에 물자 부족으로 일시적인 인플레이션 현상이 발생하기는 했지만, 그 수준은 1943년과 1944년 당시와 비교가 되지 않을 정도로 약했기 때문에 국민과 연방의회는 트루먼의 물가 통제 정책을 지지하지 않았다.

미국 국민은 연방정부의 경제 통제와 높은 세금에 지쳐 있었고 정부 예산이 너무 커졌다고 우려했다. 이런 여론의 우려를 의식하여 1951년 통과되었던 방위생산법은 트루먼 정부가 요구한 내용을 거의 반영하지 않았다. 그는 이 법이 자신이 서명한 법 중 최악이라며 이 때문에 인플레이션이 발생할 것이라고 예상했지만, 인플레이션은 발생하지 않았다. 그는 이어 정부가 전쟁을 이어가기 위해 요청했던 예산법안이 턱도 없이 깎였지만 그대로 서명할 수밖에 없었다.

1951년 2월. 미네소타 주가 미국 대통령이 재임 이상 연임을 할 수 없도록 명시한 미국의 제22차 수정헌법을 추인했다. 이로써 그동안 전통으로만 이어졌던 미국 대통령의 3선 금지는 이제 미국의 법이 되었다. 공화당이 이 수정헌법을 제안했을 때 민주당은 이 수정헌법이 루즈벨트의 4선에 대한 공화당의 복수라고 했지만 공화당은 이 수정헌법이 당시 대통령이었던 트루먼에게는 적용되지 않는다고 하며 비난의 화살을 피했다. 트루먼은 수정헌법의 통과와 무관하게 3선에 도전할 수 있었다. 하지만, 미국 대통령 선거가 있었던 1952년, 트루먼은 아이젠하워를 포함한 공화당의 어떤 후보가 나와도 패배할 것으로 여론조사 결과가 나왔다.

트루먼은 이미 1950년 중반에 일기에 3선에 도전할 의사가 없다고 적었다. 1951년 11월에 측근들에게도 자신의 결정을 전했다. 하지만, 그는 대중들에게 이 사실을 알리지 말 것을 지시했고 자신이 1952년 초에 직접 밝힐 것이라고 알렸다. 레임덕을 막기 위해서였다. 선거에 대한 부담이 사라지면서 트루먼은 여론과 무관하게 자신의 신념과 의지를 펼칠 수 있다.

특히, 트루먼은 자신의 정부에 대해 계속 제기되었던 부정부패에 대해 단호한 방어에 나섰다. 그는 비리가 사실로 밝혀졌을 때는 이들을 정부 직에서 파면했지만, 그렇지 않은 스캔들 수준이라면 자신에게 충성하는 사람을 쉽게 버리지 않았다. 그는 공화당의 공세는 부정부패보다는 정치적 공세라고 받아쳤다.

이런 스캔들 중에 가장 여론의 주목을 받은 사건은 법무장관이었던 맥그래스 스캔들이었다. 맥그래스는 로드아일랜드 출신으로 주지사와 상원의원을 역임했으며 법무차관직을 맡기도 했었다. 그런데 맥그래스는 술을 좋아했고 일을 부하 직원에게만 맡기는 사람이었다.

이런 우려에도 불구하고 트루먼은 대통령 후보 시절 자신을 지지했고 특히 가톨릭 지지자들을 위한 자리로 맥그래스 임명을 강행했다. 이 임명으로 임기 내내 트루먼의 인사가 능력보다는 자신과의 친밀 정도에 의해 더 좌우된다는 여론의 비난이 거세졌다. 1951년 말 부터 트루먼은 맥그래스를 임명한 사실을 후회하기 시작했다. 한 투서에는 한때 미국에서 가장 뛰어난 법무기관이었던 연방정부 법무부가 가장 형편없는 조직으로 전락했다고 비난했다.

트루먼은 맥그래스 문제를 해결하기 위해 그의 후임을 찾았지만, 적당한 인물을 찾지 못했다. 또한, 맥그래스도 자신은 사임할 생각이 없다며 버텼다. 트루먼의 인사 실패로 그의 지지도는 더욱 내려갔다.

냉전의 고착

　한반도는 6.25전쟁으로 냉전 시대를 상징하는 지역이 되었다. 트루먼은 6.25전쟁이 발발하자마자 대한민국 방어를 위해 나서면서 한동안 소련과 전 세계 공산화의 위협에 대해 너무 안일하게 대응했다는 비난에서 벗어날 수 있었지만, 전쟁선포 권한이 있었던 연방의회와의 협의 없이 유엔군 참여를 명분으로 전쟁에 참여한 것은 이후 전쟁이 교착 상태에 빠지자 트루먼 정부에게 모든 비난이 쏟아지는 원인이 되었다.

　또한, 미국이 38선을 넘어 압록강까지 진군한 것은 전쟁 참여의 명분을 약화시켰고 이후 중공군의 개입을 가능케 하는 원인이 되었으며 미국은 이로 인해 혹독한 대가를 치러야 했다.

　6.25전쟁이 끝난 직후 미국은 나토와 더욱 강한 군사 연대를 맺었고 일본을 반공산화 기지로 활용하기 위한 전후 복구 사업이 가속되었다. 또한, 미국은 중공과 대만의 대립 사이에서 대만을, 인도차이나 반도에서 프랑스를 지지하게 되었다.

　6.25전쟁은 미국의 군사 수요를 증가시켜 2차 세계 대전 당시부터 본격적으로 시작되었던 미국의 호황을 이어갔다. 하지만, 이어지는 호황으로 인플레가 발생했고 이로 인해 60만 명의 철강 노동자들이 파업을 벌이기도 했다. 트루먼은 철강 생산을 이어가기 위해 국가 위기 시 군수통수권자의 권한으로 철강 회사의 국유화를 단행했는데, 대법원이 이 조치를 위헌으로 판결하여 철강 회사의 국유화는 실패로 돌아갔다.

　국방 재정은 1950년에 13조 달러였던 것이 1953년에는 50조 달러를 넘기도 했다. 이어 1950년대 후반의 국방 예산은 40조에서 46조 달러 수준에 머물렀다. 그러나 국방예산에 비해 다른 예산에는 별다른 변화가 없었기 때문에 군수 산업이 특수를 보았지만, 다른 산업 분야는 별다른 혜택을 보지 못했다.

하지만, 트루먼 정부는 6.25 전쟁에 개입함으로써 전 세계 평화 안정에 큰 역할을 했다. 유엔과 미국은 북한의 침략을 격퇴했고 전쟁에서의 실패로 소련은 이후 다른 지역에서의 모험적인 전면전 지원을 주저하게 되었다. 이렇듯 미국의 전쟁 참여는 한동안 불안했던 세계 평화를 찾는데 도움이 되었지만, 미국 내의 전쟁과 공산화에 대한 우려는 더욱 강해졌다. FBI 국장이었던 후버는 다시 공산당 추적에 나섰고 학교는 원자폭탄 공격으로부터 대피하는 훈련을 수시로 실시했다.

지방 정부는 공산당원이 학생을 가르치는 것을 금지했고 정부에서도 일을 못하도록 했다. 이런 사회 분위기에 편승하여 당시 미국의 새로운 여가 생활로 자리 잡은 텔레비전은 공산당 퇴치를 위한 프로그램을 내보냈다.

백악관을 탈환하라

1952년 임기 마지막 해를 앞두고 트루먼이 가장 원했던 것은 민주당의 재집권이었다. 민주당이 대선에 승리한다면 1932년 루즈벨트가 대통령으로 당선된 이후 20년 동안 이어진 민주당의 백악관 행진을 이어갈 수 있었고 무엇보다 트루먼 정부에 대한 국민의 인정을 받을 수 있었다.

트루먼은 공화당 후보로 로버트 태프가 가장 유력할 것으로 보고 태프의 대항마로 자신의 친구이자 연방대법원장이었던 프레드 빈슨(Fred Vinson)에게 출마를 권유했다. 그러나 빈슨이 자신의 요청을 거절하자 당시 가장 인기가 높던 아이젠하워 장군이 대통령 후보에 관심이 있는지 알아보았다.

그러나 아이젠하워는 민주당 후보로 나설 생각이 없었다. 그는 트루먼의 능력을 인정하지 않았고 연방정부 권한 확대를 반대하여 민주당과는 다른 입장을 갖고 있었다. 아이젠하워는 고향으로 돌아가고 싶다고 했지만, 태프와 같은 고립주의자가 백악관에 입성하는 것은 막겠다고 했다.

아이젠하워 장군은 여러 차례 선출직에 관심이 없다고 했지만, 매사추세츠 상원이자 외교안보 전문가로 유명했던 핸리 캐봇 로지 상원은 아이젠하워를 대통령 후보로 운동을 시작했다.

아이젠하워는 여전히 자신이 선출직에 대해 조심스럽다고 밝혔지만 로지 공화당 상원의 캠페인을 막지는 않았다. 트루먼은 민주당 정부에서 요직을 맡았던 아이젠하워가 민주당 대신 공화당 후보로 나서겠다는 사실에 역정을 냈다.

아이젠하워가 대통령 후보 경선에 나서게 되자 트루먼은 대항마 물색에 박차를 가했다. 트루먼은 일리노이 주지사였던 에들레이 스티븐슨(Adlai Stevenson)에게 출마를 권유했다. 그러나 스티븐슨은 1952년 선거에서 민주당이 승리하기는 어려울 것으로 보았고 특히 트루먼이 지지한다면 당선보다는 패배가 더 확실시 될 것을 우려하여 거절했다.

민주당의 후보 선정이 어려움을 겪는 가운데 공화당은 드디어 찾아 온 백악관 탈환 기회를 놓치지 않기 위해 7월 전당대회에서 아이젠하워를 단 한 차례 투표 만에 대통령 후보로 지명했다.

아이젠하워가 공화당 후보로 확정되었지만 민주당 후보 선출은 계속 난항을 겪다 민주당 전당대회에서 스티븐슨이 대통령 후보로 선정되었다. 스티븐슨은 대통령 후보가 되자마자 트루먼과 멀찍이 거리를 두었고 민주당전국위원회 의장도 자신의 심복으로 갈아치웠다. 트루먼은 자신을 의도적으로 피하는 스티븐슨에게 화가 났지만 공개적인 비난은 피했다.

1952년 대선은 미국의 대통령 선거 역사에서 가장 치열했던 선거 중 하나였다. 모처럼 기회를 얻은 공화당은 승리를 위해 트루먼과 민주당에 대한 공격을 주저하지 않았다.

아이젠하워는 트루먼 정부의 스캔들을 의식하여 트루먼의 "공정 딜" 대신 "명예로운 딜"을 내세웠다. 그러면서도 국민 전반으로부터 지지를 받았던 자신의 긍정적 이미지를 위해 트루먼에 대한 직접적인 공격은 피했다.

대신 악역은 부통령 후보였던 닉슨에게 맡겼다. 이미 반공 투사로 유명했던 닉슨은 맹공에 나섰다. 1952년 대선 결과는 예상한 대로 공화당의 대승으로 끝났다. 아이젠하워는 6천 1백만 명이 투표한 선거에서 직접 투표에서 6백 6십만 표 이상으로 승리했고 대의원 투표에서도 442대 89로 압승했다. 이 선거에서 공화당은 양원의 다수당이 되었다.

아이젠하워 대통령

트루먼, 냉전을 이끌다

마치 투명 인간이 갑자기 보이게 된 것처럼 트루먼은 루즈벨트의 사후에 일약 전 세계 최강의 국가를 이끌어가는 미국의 대통령이 되었다. 모두가 트루먼이 이 어려운 시기에 루즈벨트처럼 미국을 제대로 이끌어 갈 수 있을까를 걱정했지만, 트루먼은 자신에게 던져진 과제를 당당하게 풀어갔다. 그는 2차 세계 대전 이후 소련과의 냉전이 시작되면서 서유럽과 대한민국을 지켜내고 소련에 대한 본격적인 봉쇄전략을 단행했다.

두 차례의 세계 대전으로 미국은 명실공히 세계 최강의 국가 자리에 올랐다. 영토는 여전히 북미 대륙을 중심이었지만, 막강한 군사력으로 전 세계에 영향을 미칠 수 있는 국가가 되었다. 미국은 전례 없는 제국이 되었지만, 그 규모만큼이나 독특한 제국이었다. 오래된 역사, 문화와 혈통을 중심으로 하지 않고 가치와 이념을 기반으로 한 국가로 이제 또 다른 이념으로 세워진 소련과의 본격적인 대결에 나섰다.

트루먼은 루즈벨트 정부의 정책 방향을 이어가려 했지만, 전쟁이 끝난 후 미국은 점차 보수적으로 변해갔다. 국민들은 대공황 당시와 같이 연방정부의 각종 실험에 더 이상 호응하지 않았고 소련과의 냉전으로 사회 분위기도 안보와 안정을 중시하는 분위기로 바뀌었다.

그렇다고 루즈벨트의 등장과 함께 미국의 신주류가 된 아이비리그 출신 리버럴들의 영향력이 하루아침에 무너진 것은 아니었다. 오히려 루즈벨트가 이루지 못한 진보 정책을 이루겠다는 리버럴의 의지는 더 강해졌다. 트루먼 이후 아이젠하워가 공화당 출신으로 드디어 백악관을 탈환했지만, 그는 중도 성향으로 루즈벨트 정부의 정책을 어느 정도 수용했다.

아이젠하워 이후에는 케네디의 등장으로 리버럴은 재충전이 되었다. 그의 죽음으로 잠시 주춤하기는 했으나 케네디를 이은 존슨 대통령은 인권법 등을 통과시키고 가난과의 전쟁을 선포하며 리버럴의 전통을 이어갔다.

하지만, 미국의 한 쪽에서는 리버럴의 가치와 정책에 반대하는 보수 세력이 성장하고 있었다. 그리고 이들은 레이건 시대를 준비했다.

5 | 로널드 레이건
Ronald Wilson Reagan

어느날인가 우리의 후손들이
우리가 살아온 시대에 대하여 이야기할 때,
우리가 할수 있는 모든 것을 다 했다고
말할 수 있도록 합시다.
우리는 경쟁을 종식 시켰고
자유를 지켰으며
신념을 지켰노라고 말하도록 합시다.

소련의 미인계

"고르바초프 서기장님, 이 문을 여십시오! 고르바초프 서기장님, 이 벽을 무너뜨리십시오!"

1987년, 레이건은 소련 서기장 고르바초프와의 회담을 앞두고 베를린 장벽 앞에서 유명한 연설을 했다. 이 부분은 레이건 스스로가 준비했다. 1986년 10월, 레이건은 고르바초프와의 레이캬비크 회담에서 실패한 후 한동안 냉각기를 가졌다. 고르바초프는 소련공산당중앙위원회에서 레이건을 '계급의 적'이라 공격했고 슐츠 국무장관은 고르바초프가 다 된 합의에 찬물을 뿌렸다며 비난했다. 당시 레이건은 전략방위구상으로 핵무기를 모두 제거할 수 있다고 생각했다. 과학자들은 이런 무기의 개발이 불가능하다고 했지만, 레이건은 믿음을 저버리지 않았다. 더 놀라운 사실은 소련이 미국의 이런 전략이 현실화 될 수도 있다고 두려워했던 것이다.

레이캬비크 회담 이후 레이건 정부는 이란-콘트라 문제로 한동안 어떤 정책도 추진하지 못했다. 1987년 봄 이란-콘트라 사건이 어느 정도 정리되면서 미-소 간의 대화가 재개되었지만 소련은 내부적으로 고르바초프의 개혁 정책으로 더 이상 공산주의를 유지할 수 없는 상황에 이르고 있었다. 고르바초프는 정치범을 석방하고 아프가니스탄 전쟁에서도 철수하겠다고 선언했다.

하지만, 1987년 4월, 소련의 KGB가 미인계를 이용해 모스크바에 근무하던 해병으로부터 미국의 기밀을 가져간 사실이 드러났다. 여론은 소련을 비난했지만, 레이건은 막후에서 고르바초프에게 협상을 하고 싶다고 전했다. 그는 이렇듯 공개적으로는 소련의 스파이 행각을 비판하면서 막후에서는 협상을 유도했다. 도덕적 압력이 정치협상을 유도하는 중요한 무기가 된다는 사실을 레이건은 알고 있었다.

레이건은 고르바초프와의 회담을 갖기 전 베를린에 들러 위의 유명한 연설을 했다. 레이건은 이 연설을 통해 그간 레이건이 소련에 대해 너무 유화적이었다는 미국 보수주의자들의 비판을 잠재웠다. 이렇게 다시 정치 동력을 회복한 레이건은 1987년 9월 소련과 중거리 핵무기 조약을 맺었다. 이 합의로 양측은 사정거리500km에서 5,000km 사이의 중거리 핵무기 2,611개를 폐기하기로 합의했다.

1988년 5월. 레이건은 드디어 소련 본토에 발을 디뎠다. 그는 차로 모스크바를 이동하다 KGB의 반대에도 불구하고 차에서 내려 광장에 모인 소련 사람들을 만났다. 레이건은 이어 소련의 인권운동가들과도 만났다. 그는 고르바초프에게 종교의 자유를 허락하라는 뜻으로 이렇게 말했다. "이제 시간이 되었다네, 이제 시간이 되었어"
모스크바 미-소 정상회담 한 달 후, 고르바초프는 스탈린 이후 처음으로 공산당 인민회의를 열어 실질적인 선거를 통해 새 정부와 대통령을 선출하기로 했다. 냉전이 끝났다.

낙천적 소년

레이건은 어린 시절 친구가 많지 않았다. 그의 아버지 존 에드워드 레이건(John Edward Reagan)은 1883년에 태어났다. 아일랜드 가톨릭 출신으로 원래 이름이 오레이건(O'Regan)이었는데, 아일랜드계 사람들이 차별을 받던 시절이어서 성을 레이건으로 바꾸었다. 잭이라고 불리기도 했던 레이건의 아버지는 일리노이주의 풀턴으로 이사하여 신발을 팔았다.

그는 아들에게도 재능을 물려준 뛰어난 이야기꾼이었는데, 술을 좋아하여 매일 술을 마셨다. 어머니 넬 클라이드 윌슨 레이건(Nelle Clyde Wilson Reagan)은 스코틀랜드 장로교 출신이었다. 두 사람은 고등학교도 가지 못했고 1908년에 결혼했다. 로널드 레이건은 형 니일(Neil)에 이어 둘째로 태어났다. 레이건은 태어날 당시 통통해서 아버지는 그를 보고 뚱뚱한 더치맨이라고 불렀다. 그의 별명인 더치(Dutch)는 여기서 비롯되었다.

아버지 잭은 나쁜 사람은 아니었지만, 매일 술에 취해 살았다. 이런 환경에서도 레이건이 안정을 찾을 수 있었던 이유는 어머니 넬의 신앙심 때문이었다. 넬은 매주 자녀들과 함께 교회를 다녔고 자녀들이 종교적으로나 도덕적으로 바르게 성장하도록 이끌었다.
하지만, 자리를 잡지 못한 아버지 때문에 10살이 되었을 때, 레이건의 가정은 이미 10번이나 이사를 다녔었다. 다행히 시카고로부터 160km 떨어진 딕슨에 정착하게 되어 이 때 부터 21살까지 레이건은 낙농업이 주업이었던 인구 8,000명의 소도시에서 컸다.

레이건은 성장기에 문학과 연극을 즐겼다. 그는 책과 연극을 통해 다른 사람의 삶을 상상하고 살면서 자신의 가난하고 불우한 환경을 극복했다. 무엇보다 레이건은 형 니일과 달리 낙천적인 인물이었다. 불우한 환경 속에서도 레이건은 어린 시절에 대해 긍정적인 추억만 간직했다.

레이건은 고등학교를 졸업하고 유레카 대학(Eureka College)으로 진학했다. 그는 운동에도 소질이 있어 운동선수 장학금으로 학비의 반을 대고 나머지는 접시를 닦아 번 돈으로 대학을 다녔다. 그는 대학에서 풋볼 선수로 활약했지만, 학점은 별로였다. 대신, 고등학교 시절부터 이어온 연기를 계속했고 졸업 후에도 배우의 꿈을 포기하지 않았다.

젊은 시절 레이건은 프랭클린 루즈벨트를 지지하는 민주당 지지자였다. 그의 아버지가 루즈벨트 정부가 실시한 직업 프로그램으로 일을 하게 되었기 때문이다. 레이건의 부모는 인종차별에 반대하여 자녀들에게 현대 영화의 원형인 그리피스의 The Birth of a Nation(국가의 탄생)을 못 보게 했을 정도였다. 이 영화는 KKK단을 미화한 영화였다.

레이건, B급 영화를 찍다

레이건은 대학을 졸업한 후 라디오 방송국에서 일했다. 그의 묵직하고 편안한 목소리는 라디오 시청자들에게 매력적으로 다가갔다. 그는 라디오에서 스포츠 중계를 했었는데, 4년 동안 시카고 컵스 경기를 중계했다. 당시 라디오 방송은 직접 현장에 나가 중계를 하는 방식이 아니라 텔레그래프로 전달된 경기 소식을 읽고 현장을 설명하는 방식으로 진행되었기 때문에 레이건은 마치 경기 현장에 있는 것처럼 이야기를 지어내야 했다.

한 번은 컵스와 세인트루이스 카디널스의 경기에서 텔레그래프가 고장 나 20분 동안 아무 소식도 들어오지 않았다. 레이건은 이 상황에서 마치 경기가 진행 중인 것처럼 중계를 했는데, 선수가 계속 파울을 치고 있다며 시간을 끌었다. 레이건은 라디오 진행을 통해 이야기꾼의 면모를 여실히 보여주었다.

라디오 중계는 괜찮은 벌이였지만, 레이건은 배우에 대한 꿈을 버리지 않았다. 그는 1936년 컵스가 로스앤젤레스 인근의 카탈리나섬에서 봄 전지훈련 중일 때 이곳으로 날아가 로스앤젤레스로 향했다. 마침 라디오 방송국에서 함께 근무했던 조이 호지(Joy Hodges)가 할리우드로 진출했을 때였고, 조이는 레이건을 자신의 매니저에게 소개해 주었다. 이를 계기로 레이건은 워너브러더스에 오디션을 보게 되었고 1937년부터 워너브러더스의 영화에 출연했다.

레이건은 워너브라더스에서 15년간 일하며 41편의 영화를 찍었다. 그는 A급 영화배우는 못 되었지만, B급 영화에는 자주 출연했다. 레이건은 배우 생활 중 제인 와이먼(Jane Wyman)과 사귀었다.

　그녀는 레이건을 만날 당시에 벌써 두 번째 이혼을 진행 중일 만큼 사생활이 복잡했다. 그런데도 레이건은 1940년에 와이먼과 결혼했다. 레이건은 2차 세계 대전 때, 잭 워너가 지휘했던 육군의 연예부대에서 일했다. 1945년 9월 제대 후 레이건은 할리우드에 복귀했지만, 인기는 예전만 못했다.

　특히, 전후 할리우드는 노조 문제와 이념 문제로 복잡했다. 레이건은 영화배우노동조합(Screen Actors Guild)의 이사가 되어 배우를 위한 노조 활동을 했다. 그런데, 이 기간에 공산당이 노조에 침투하는 것을 보며 민주당 지지에서 공화당 지지로 돌아서기 시작했다. 그는 연방의회에 출석하여 공산당의 활동에 대해 증언했다. 그렇다고 그가 맥카시즘에 쏠렸던 것은 아니다. 그는 '공산당의 침투는 막아야 하지만 표현의 자유가 침해되어서는 안된다'는 입장을 견지했다. 이렇듯 레이건은 배우로는 성공하지 못했지만, 노조 활동을 하며 정치력을 키웠다.

텔레비전 덕분에 잘 된 남자

존 와이먼과 이혼한 레이건은 한동안 실의에 빠져 지내다가 낸시 데이비스(Nancy Davis)를 만났다. 낸시는 MGM과 계약을 맺었는데, 배우보다는 가족을 이루는데 더 관심이 많았다. 1949년에 처음 만난 두 사람은 레이건이 와이먼과 헤어진 후 본격적인 데이트를 시작했고 1950년에 약혼, 1952년 3월에 결혼했다. 이어 큰 딸 패티가 태어났고 1958년에는 아들 로널드 주니어가 태어났다. 낸시는 레이건의 성공을 위해 헌신했고 그가 본격적으로 정치에 뛰어든 이후에는 레이건을 보호하는 데 최선을 다했다.

레이건은 할리우드 배우로는 성공하지 못했지만, 새로 시작된 텔레비전 시대에 빛을 보기 시작했다. 1954년 GE사가 텔레비전 한 프로그램을 지원하기로 했다. 레이건은 이 프로그램을 소개하고 출연도 했다. 이 일을 시작할 때만 해도 레이건은 반공주의 리버럴이었는데, 이 프로그램을 마친 1962년에는 완전히 보수주의자로 바뀌어 있었다. 이 프로그램은 당시 세 번째로 인기 있는 텔레비전 프로그램으로 이후 레이건의 정치에 큰 영향을 미친 텔레비전의 도사가 되는 데 큰 도움이 되었다.

레이건은 텔레비전 프로그램 진행뿐만 아니라, 전국의 GE 직원을 만나며 기업 홍보를 했다. 그는 GE의 홍보대사로 '전기(electricity)'의 중요성을 사람들에게 알렸고 기업의 성공이 삶의 질을 높인다고 홍보했다. 그는 1년에 12주간 전국의 GE사를 다녔는데, 이 과정을 통해 정치 연습을 했다. 그는 이 기간 동안 25만 명 이상의 GE 직원들을 만났다. 그는 수많은 사람을 만나 이들과 친해지는 방법을 배웠고 연설과 토론을 준비하며 자신의 생각을 정리해갔다.

기업 홍보를 하고 일반 시민들을 만나면서 레이건은 보수주의의 중요성을 알게 되었다. 그는 과도한 정부는 단순히 성가신 존재가 아니라, 개인의 자유와 성공을 제약한다고 생각하게 되었다. 그는 한 연설에서 "정부의 서비스가 늘어나고 정부 지원이 늘어나는 것에 비례하여 개인의 자유는 삭감된다."라며 큰 정부의 폐해를 지적했다. 그리고 미국이 점점 전체주의 길로 나아가고 있다며 경고했다.

이제 레이건은 지금껏 그가 지지했던 리버럴들이 사실은 동부지역 상류층 출신으로 서민을 위한다면서 결국 자신들을 위하는 존재에 지나지 않으며, 중산층 출신인 자신이야말로 진정한 보통사람들의 대변자가 될 수 있다고 생각하게 되었다.

민주당에서 공화당으로

레이건은 전국의 GE사의 직원들을 만나고 이들과 만남을 준비하기 위해 많은 책과 자료를 보며 생각이 바뀌기 시작했다. 하루는 레이건이 GE 투어를 마치고 집에 돌아와 낸시에게 "전국 방방곡곡을 다니며 정부가 너무 커지고 있다고 이야기하면서 4년마다 정부를 키우는 인사를 지지해 왔다는 것을 깨달았다."고 말했다.

레이건은 아직 민주당 지지자였지만, 1952년에는 아이젠하워에게 민주당으로 출마할 것을 권유했고 아이젠하워가 공화당 대통령 후보로 출마한 후에도 민주당 대통령 후보였던 아들레이 스티븐슨(Adlai Stevenson) 대신 아이젠하워에게 투표했다. 그럼에도 그는 계속 민주당원으로 남았었다.

1960년, 존 케네디가 대통령으로 출마했을 때, 그의 아버지 조셉 케네디는 전에 할리우드 영화에 투자했던 인연으로 레이건에게 아들을 지원해달라고 요청했다. 하지만, 레이건은 공화당 후보였던 리처드 닉슨을 지지했다. 레이건은 공화당으로 이적할까 고민했지만, 닉슨은 레이건에게 "닉슨을 지지하는 민주당원"으로 남아 있는 것이 더 도움이 될 것이라며 그를 말렸다. 닉슨이 대통령 선거에서 패배한 후에도 닉슨이 1962년 캘리포니아 주지사로 출마하자 레이건은 여전히 닉슨을 지지했다.

레이건의 정치 성향이 바뀌면서 점점 정치에 더 많은 관심을 갖기 시작했다. 그런데, 레이건이 진행하던 GE 텔레비전 프로그램이 1960년대 초부터 서서히 인기를 잃기 시작했다. 여기에 1961년, 미국 법무부는 GE에 대한 반독점 조사를 시작했다. 케네디 정부가 들어서면서 다시 기업에 대한 리버럴들의 공격이 시작된 것이다. 정부의 조사가 이어지자 GE는 레이건이 GE 프로그램에서 정치적인 발언을 하는 것이 부담되었다. GE사는 레이건에게 정치적 발언을 자제한다면 GE 프로그램을 계속 진행할 수 있다고 제안했다. 레이건은 GE사의 제안을 거절했고 다시 실업자가 되었다.

레이건이 실업자가 된 1960년대 초반은 미국이 세계 곳곳에서 소련과 이념 대결을 벌이던 시절이었다. 2차 세계 대전 이후 한국전쟁에서 미국은 휴전을 했고 이어 베트남과 전쟁을 치렀다. 소련의 입김은 아시아뿐만 아니라 미국의 뒷마당인 중남미까지 퍼져나갔다. 카스트로의 혁명으로 쿠바는 공산 국가가 되었고 남미의 다른 국가들도 공산화되거나 내전을 겪고 있었다.

냉전이 세계 곳곳으로 퍼져가면서 소련은 미국의 U2 정찰 비행 중단을 구실로 쿠바에 미사일 기지 건립에 나섰다. 핵전쟁 코앞까지 갔던 쿠바 위기는 당시에는 알려지지 않았지만, 미국이 터키에 있는 미사일을 철수하는 것으로 마무리되었다. 이런 미국의 시련기에 레이건의 정치 인생이 시작된다.

연설로 시작된 정치인생

소련의 입김이 미국의 뒷마당까지 침투하면서 공화당의 보수파들이 다시 힘을 얻기 시작했다. 프랭클린 루즈벨트가 집권하고 복지정책이 본격화되면서 공화당은 집권을 위해 한국적 표현으로 "중도"를 주장했다. 뉴딜의 일환이었던 사회보장제도가 미국에 뿌리를 깊이 내렸기 때문에 공화당도 복지 문제를 외면할 수 없었다. 이들은 공화당이 케네디에게 빼앗긴 백악관을 되찾기 위해서는 아이젠하워 대통령 때와 같이 실용주의 노선을 걸어야 한다고 주장했다.

케네디의 갑작스러운 죽음으로 린든 존슨 부통령이 대통령이 되자 1964년 선거에서 공화당은 백악관 탈환을 노려볼 만했다. 공화당 내의 보수파 중 베리 골드워터(Berry Goldwater)는 유대인이지만 기독교를 믿었고 1952년에는 아리조나주에서 아이젠하워 돌풍에 힘입어 공화당 상원의원으로 당선되었다. 그는 아이젠하워 덕에 당선되었지만, 정치적으로는 아이젠하워를 "싸구려 뉴딜(dime store New Deal)"이라며 비난했다. 골드워터는 공화당 내의 비주류였지만, 1958년 재선에 성공했다.

골드워터는 작은 정부를 주장하는 보수주의 정치가였지만, 안보 문제에 대해서만큼은 정부의 팽창을 지지했다. 그는 미국이 베트남에서 너무 우유부단하다며 더 강력한 개입이 필요하다고 주장했다.

또한, 백인과 흑인의 법 앞의 평등을 인정했지만, 연방 정부가 인권법을 제정하는 것은 반대했다. 1964년 공화당 예비 선거에서 보수파를 대변한 골드워터는 중도파였던 록펠러 상원과 경합을 벌였다. 그해 공화당 전당 대회는 역대 가장 많은 네거티브가 오간 전당대회였다. 록펠러 상원은 이혼 경력이 있었는데, 보수파에서는 그의 이혼 경력을 들추며 공화당이 절대 이혼한 정치인을 대통령 후보로 선출하지 않을 것이라고 비난했다.

골드워터는 공화당의 대통령 후보로 선출되었지만, 베트남에 대한 지나치게 호전적인 발언으로 국민으로부터 외면을 당했다. 공화당 전당대회 직후 골드워터는 민주당의 린든 존슨 후보보다 지지율이 현저하게 뒤처져 있었다.

하지만 레이건은 골드워터를 위해 텔레비전 연설을 준비하고 있었다. 1964년 대통령 선거 막바지에 레이건은 "선택의 순간(Time for Choosing)"이라는 제목의 연설을 했는데 이 연설로 그는 일약 전국적인 정치인으로 떠올랐다. 이후 "연설(The Speech)"라고도 불리는 이 연설에서 레이건은 그간 배우로 닦은 기량과 GE사에서 일하며 배운 지식을 모두 녹여내어 '작은 정부와 강한 미국'이라는 이후 레이건 정부의 정책 기조를 일반인들이 쉽게 공감하도록 만드는 탁월한 능력을 보여주었다.

캘리포니아 주지사가 되다

1964년의 인상 깊은 연설로 레이건은 일약 전국적인 정치인으로 떠올랐다. 그는 여세를 몰아 1966년 캘리포니아 주지사를 노려보기로 했다 당시 주지사는 재선인 민주당 출신의 팻 브라운(Pat Brown) 주지사였다. 레이건은 대부분의 캘리포니아 유권자가 몰려 있었던 남부 캘리포니아 출신으로 북부 캘리포니아 출신이었던 팻 브라운보다 지역적으로 유리하기도 했다.

1960년대 중반 이후, 미국 전역에서 인권 운동이 격화되면서 리버럴 바람이 거셌다. 하지만, 곳곳에서 흑인 폭동이 일어나면서 사람들은 불안에 떨었다. 1965년 8월에는 캘리포니아에서도 흑인 폭동이 일어났다. 이 폭동으로 34명이 사망하고 수천 명이 부상당했다. 이런 분위기에서 캘리포니아 유권자들 역시 안정에 대한 욕구가 컸다.

레이건은 아직 출마를 공식화하지 않았지만, 기회가 있을 때마다 자신의 정치 철학을 말했다. 그는 "모든 사람에게는 양도할 수 없는 권리가 있다… 미국은 개인에 대한 믿음으로 태어났다 나는 대가 없는 세금을 믿지 않는다. 모든 사람은 언제 무엇을 위해 세금을 지불하는지 알 권리가 있다."며 보수주의를 알렸다. 이런 레이건을 보며 에반스와 노박

(Rowland Evans and Robert Novak)과 같은 보수주의 지식인들이 레이건을 지지하기 시작했다. 이어 윌리엄 버클리 주니어도 그를 지지하게 되었다.

1966년이 되자, 레이건은 출마할 여건이 충분히 성숙했다고 판단했다. 그는 이전과는 달리 유권자들의 출마 요구에 부응하는 답변을 내놓기 시작했다. 자신은 작은 정부를 지지하며 민주당의 정책으로 미국이 점점 혼란에 빠져들고 있다고 비난했다. 공화당의 캘리포니아 주지사 후보 선출을 앞두고 레이건은 본격적인 선거운동에 돌입했다. 그는 다니는 곳마다 환영을 받았고 간단하면서도 분명한 그의 연설은 많은 사람의 공감과 지지를 받았다. 결국 레이건은 공화당 전당대회에서 다른 유력 후보를 크게 따돌리고 승리했다.

1966년 캘리포니아 주지사 선거에서 레이건은 일찌감치 현역이었던 브라운을 따돌렸다. 1966년 6월에 실시된 여론조사에서 그는 이미 두 자리 숫자로 브라운을 앞서고 있었다. 브라운은 레이건을 따라잡으려 노력했지만 역부족이었다. 레이건은 사람을 빨아들이는 매력이 있었다. 그는 특유의 친화력으로 어딜 가든지 사람들이 그를 지지하도록 만들었다. 11월 선거 결과 그는 브라운보다 무려 백 만 표나 더 받았다. 뿐만 아니라 레이건 자신의 인기로 인해 캘리포니아 전역에서 공화당의 승리를 견인했다. 전국적으로도 공화당은 8명의 주지사, 3명의 상원의원과 47명의 하원의원을 당선시켜 약진했다.

닉슨 이후를 노리다

주지사가 된 레이건은 내심 닉슨 대통령 이후의 백악관을 노리고 있었다. 그런데 닉슨의 사임으로 포드가 대통령이 되는 의외의 상황에 직면하게 되었다. 레이건은 1976년 대선 도전 여부를 고민했다.

대개의 경우, 같은 당 출신의 현직 대통령이 백악관을 차지하고 있는 상황에서는 대통령 후보에 도전하기가 쉽지 않다. 도전하더라도 현직 대통령의 막강한 힘을 넘어서기란 매우 힘든 일이다. 이 때문에 점점 나이가 들어가던 레이건은 마음이 급했지만, 1976년 도전은 포기하고 있었다.

그런데, 닉슨이 사임하면서 얘기가 달라지기 시작했다. 닉슨의 사임 문제 외에도 1975년 사이공이 함락되고 베트남 전쟁에서 CIA의 월권행위 등이 드러나면서 포드의 지지율이 점점 떨어지고 있었던 것도 레이건에게는 하나의 기회 요인이었다.

포드는 공화당 내에서도 실수를 했다. 그는 레이건과 같은 보수파를 싫어해서 자신의 부통령으로 레이건 대신 넬슨 록펠러를 지명했는데, 이 사건으로 포드에 대한 당내 보수파의 불만이 더욱 커졌다. 심각한 역풍이 불자 포드 쪽에서는 록펠러 대신 레이건을 부통령으로 지명하겠다고 다시 제안했지만, 이번에는 레이건이 제안을 거부했다. 부통령이 아니라 포드를 밀어내고 대통령 자리에 직접 도전하기로 한 것이다.

직접 선거에 뛰어든 레이건은 "악의 근원은 워싱턴 D.C."라며 워싱턴을 공격했고 자신은 "정부에 대항하기 위해 시민이 지지하는 시민 후보"라고 주장했다.

하지만 그에겐 약점이 하나 있었다. 레이건은 보통 사람들에게 큰 정부의 문제를 쉽게 설명하는 데는 능했지만, 정책 문제에서는 아직 준비되지 않았다. 그는 소위 "창조적 연방주의(creative federalism)"라는 주정부에게 더 많은 권한을 부여하는 전통적인 리버럴의 주장을 반복했다. 포드 진영은 이런 레이건의 정책에 레이건이 당선되면 실업률이 오르고 주정부가 파산할 것이라면서 레이건을 경험 없는 무책임한 후보라고 몰아붙였다. 이런 포드 팀의 전략이 성공하여 레이건은 뉴햄프셔에서 패배했다.

레이건은 외교 문제로 포드를 공략했다. 그는 데탕트 정책이 실패했다며 포드의 헬싱키 조약 가입과 솔제니친과의 만남 거부를 비난했다. 그러나 레이건은 대안을 제시하지 못하면서 예비 선거에서 연거푸 패배했다. 연이은 패배는 레이건의 특기인 연설 능력으로 회복할 수 있었다. 노스캐롤라이나 주에서 방영한 레이건의 연설이 히트를 치면서 남부와 중부주에서 다시 승리하기 시작했다.

결국, 대통령 후보는 전당대회에서 실제 투표로 결정하게 되었다. 상황이 이렇게 되자 현직 대통령의 힘이 작동하기 시작했고 레이건은 결국 패배를 인정했다. 부통령 자리도 자신이 아닌 로버트 돌(Robert Dole)에게로 넘어갔다. 하지만, 그는 강렬한 전당대회 연설로 차기를 노릴 수 있는 발판을 마련했다.

1980년 대선

1976년 공화당 전당대회에서 레이건은 포드에게 자리를 내주었지만, 전당대회 연설로 강렬한 인상을 남겨 다음 대선의 공화당 선두 주자로 자리를 굳히는 성과를 거두었다. 그는 전당대회가 끝난 후 라디오로 돌아갔다. 텔레비전으로 인해 라디오는 이미 한물간 미디어로 간주되었지만 레이건은 목소리만 전달되는 라디오의 힘을 잘 알고 있었다.

그의 논평은 286개의 방송국에서 방송되었고 226개의 신문에 실려 2천만 명의 유권자에게 전해졌다. 레이건은 논평을 직접 작성했다. 특히, 이 기간의 논평은 현학적이고 진지하기보다는 이해하기 쉽고 레이건 특유의 농담이 섞여 있어 많은 사람의 공감을 불러일으켰다.

1980년이 되자, 레이건은 본격적인 선거 운동에 나섰다. 초창기 선거 운동은 1976년 선거 운동을 맡았던 존 시어스(John Sears)가 다시 맡았다. 하지만, 아이오와주에서 부시에게 패배하고 독단적인 캠프 운영이 문제가 되자, 윌리엄 케이시(William J. Casey)가 레이건의 선거 운동을 맡게 되었다. 디버와 미스 등 레이건의 새크라멘토 측근들과도 가까웠던 케이시는 존 시어스와 달리 레이건이 가장 레이건다운 방향으로 선거 운동을 지휘했다.

전당대회에서 가뿐히 공화당 후보로 선출된 레이건은 부통령 러닝메이트를 고민했다. 부통령으로는 자신의 약점을 보완해줄 수 있었던 조지 부시가 적격이었다. 부시는 레이건과 달리 북동부 출신으로 이 지역의 표심에 영향을 미칠 수 있었고 레이건과는 달리 공화당 온건파여서 레이건에게 가장 잘 맞는 후보였다.

한 때, 레이건과 낸시는 부시가 지나치게 정치적이며 믿을 수 없다면서 포드 전 대통령을 고려했지만, 전직 대통령이었던 포드를 부통령으로 둘 경우 자신의 권위가 손상될 수 있다는 생각에 결국 조지 부시로 결정했다.

9월까지만 해도 레이건과 카터의 지지율은 거의 비슷했다. 하지만, 남부 출신으로 민주당 내 리버럴의 견제를 받았던 카터는 테드 케네디의 도전으로 상당한 타격을 받았다. 반면, 공화당 쪽은 다시 백악관 탈환의 기회가 왔다는 생각에 시장주의자와 복음주의 세력까지 가세하면서 급속도로 세를 키워갔다.

이 선거에서 정책 생산은 전통적인 공화당 싱크탱크였던 브루킹스 연구소(Brookings Institution) 대신 헤리티지 재단(Heritage Foundation)이 제공했다.

선거에서 레이건은 카터와의 토론을 벌이며 "또 같은 말을 하네요 (there you go again)" "당신의 삶은 4년 전보다 나아지셨나요?(are you better off than you were four years ago?)"라는 유명한 어록을 남기기도 했다.

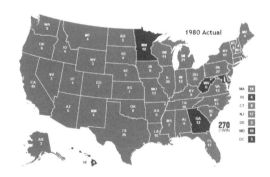

보수의 시대

레이건의 당선으로 프랭클린 루즈벨트 이후 백악관을 주도했던 민주당 리버럴 시대가 막을 내렸다. 레이건이 당선되기 전까지 아이젠하워, 닉슨 및 포드가 공화당 출신으로 대통령이 되었지만, 포드는 닉슨 사임 이후 부통령에서 대통령직을 이어받았고 재선에도 실패하여 이 기간 동안 공화당 출신의 대통령은 아이젠하워와 닉슨뿐이었다. 하지만, 이 둘도 공화당 내의 보수파이기보다는 중도파였다. 아이젠하워는 민주당 대통령 후보로 거론될 정도로 정책의 색깔이 불분명했고 닉슨도 중국과의 데탕트, 환경보호법 제정 등 보수파와는 거리가 먼 정책을 단행했다.

막강했던 리버럴 시대가 막을 내리게 된데에는 이들과 대항한 보수의 역할이 컸다. 미국의 보수 운동은 지식인들로부터 시작되었다. 하이에크와 같은 오스트리아 학파는 시장의 중요성을 강조하며 리버럴의 정부 주도 경제 정책을 비판했다. 무엇보다 국가의 경제 통제는 실패할 수밖에 없고 전체주의로 이어질 수 있다는 이론적 기반을 제공했다.

경제뿐만 아니라 정치, 사회 분야에서도 보수의 지식인들은 유럽의 보수주의를 소개하며 이를 기반으로 미국의 보수주의 이론을 정립해갔다. 러셀 커크는 영국의 버크를 미국에 다시 소개하며 유럽의 보수주의 사상을 전파했다. 여기에 윌리엄 버클리 주니어는 내셔널 리뷰라는 보수 잡지를 만들어 보수주의 사상을 전파했다.

이런 미국의 보수 운동이 본격적으로 대중화된 데에는 기독교의 역할이 컸다. 빌리 그래햄을 통해 미국의 복음주의가 다시 꽃을 피고 남부침례교단 출신의 폴웰 목사는 도덕적 다수라는 풀뿌리 운동을 전개하여 기독교인들을 투표장으로 이끌어냈다. 이런 수십 년 간의 노력이 레이건이라는 인물을 통해 보수의 시대로 이어진 것이다.

레이거노믹스

카터를 꺾고 대통령선거에 승리한 레이건이 취임 후 집중한 첫 정책은 소위 레이거노믹스(Reaganomics)라고 불리는 경제 정책이었다. 당시 미국은 높은 이자율과 경기 둔화가 동시에 발생하는 스태그플레이션에 시달리고 있었다. 레이건은 이 문제의 본질이 그동안 민주당 정권에서 이어져 온 비대해진 정부 때문이라고 생각했다. 레이거노믹스에는 크게 감세, 정부지출축소, 민영화와 금융정책 등 네 개의 경제 정책이 담겨있었다.

재정 정책은 정부가 추진할 수 있었지만, 통화정책은 정부와 독립한 연방준비제도 위원장이었던 폴 볼커(Paul Volcker)의 몫이었다. 정부의 세입세출 문제는 당시 34살로 역사상 가장 어린 나이에 장관급인 예산청장에 오른 데이빗 스탁맨(David Stockman)이 맡았다.

천재로 인정받았던 스탁맨은 레이건의 정책 목표가 상호 공존할 수 없었던 것을 바로 알았다. 레이건이 원하는 감세 규모와 정부 지출로는 균형 재정 달성이 불가능했다. 둘 사이의 괴리를 줄일 수 있었던 이론 중 하나는 공급경제학(supply-side economics)이었다. 공급경제학은 감세를 하면 민간 부분의 소비 지출이 늘어나 경제가 살아나게 되고 그 결과 세수도 늘어난다는 이론이다.

하지만, 경제이론만으로 부채를 줄일 수는 없었다. 이를 위해서는 정부 지출을 줄여야 했는데, 이는 쉽지 않았다. 각 부처는 예산 방어를 비해 로비에 나섰고 케스퍼 와인버그(Caspar Weinberger) 국방장관은 레이건의 또 다른 정책 목표였던 소련과의 군비 경쟁을 위해 오히려 재정을 늘렸다. 와인버그는 국방예산을 카터가 제시했던 1980년도 예산 대신 연방의회가 제시한 금액을 기준으로 7%나 인상시켰다. 연방의회 예산안은 카터 정부 안보다 이미 50%나 증액된 금액이었다.

이렇듯 여러 정부 기관의 로비가 이어지면서 스탁맨은 결국 균형 재정 목표 달성 대신 부채 증가율을 늦추는 수준의 재정안을 마련했다. 재정 감소는 교육 재정 지원과 같은 복지 프로그램에서 추진되었다.
레이거노믹스는 쉽게 성과를 내지 못했다. 감세 정책은 소득세수 감소,

레이건의 레이거노믹스

감가상각의 가속화 등으로 이어졌다. 세수 감소로 연방 재정이 악화되자 레이건 정부는 휘발유세 등 간접세를 올려 재정 균형을 맞추고자 했다. 특히, 국가 재정 지출 감소가 경기 둔화 상황에 악영향을 미치는 바람에 일시적인 경제 공황을 일으키기도 했다. 레이건의 감세 정책이 본격적인 효과를 보기 시작한 것은 볼커의 고이자율 정책으로 인플레이션이 잡힌 이후였다.

총 맞을 만 했네요

1981년 3월 30일. 대통령에 취임한 지 69일째 되던 레이건은 워싱턴의 힐튼호텔에서 연설을 하고 다음 장소로 이동하기 위해 차로 이동 중이었다. 이때 갑자기 총성이 울렸다. 조디 포스터를 짝사랑했던 존 힝클리 주니어가 그녀의 주목을 끌고 싶다는 이유로 대통령을 향해 총을 쏜 것이다.

총알 한 발이 레이건의 언론 담당이었던 제임스 브레디를 관통했다. 이어 경찰관이 한 발을 맞고 대통령 경호원도 총알을 맞았다. 레이건은 안전하게 대통령 전용 차량으로 들어간 것으로 보였는데, 잠시 후 그는 심한 고통에 시달리면서 피를 토했다. 차에 맞은 총알 파편이 그의 몸에 박혔다. 레이건은 고통에 시달리며 숨을 쉴 수 없었다. 대통령 전용차는 곧바로 조지 워싱턴 대학병원을 향해 내달렸다. 엑스레이를 찍어보니 파편이 그의 심장 근처에 박혔고 이 과정에서 혈관을 손상한 것으로 보였다. 의사들은 파편을 제거하기 위해 곧바로 수술에 나섰다.

전신 마취를 하기 전 레이건은 둘러싼 의료진들에게 "모두 공화당원이기를 바란다."는 농담을 남기고 잠이 들었다. 의료진은 레이건의 피를 모두 빼서 새 피로 바꾸면서 수술을 성공적으로 끝냈다. 언론에는 레이건이 큰 부상을 당하지 않았고 곧 회복될 것이라고 발표했지만, 사실 레이건은 죽음의 문턱까지 이르렀다.

남편의 총격 사건에 충격을 받은 낸시는 곧바로 병원으로 향했다. 긴 수술을 끝낸 레이건은 마취에서 깨어나자마자 옆에서 손을 잡고 있던 간호사에게 "낸시가 우리 둘 사이에 대해 알고 있나요?"라고 농담을 건넸다. 이어 옆으로 온 낸시에게 "여보 머리를 숙이는 걸 잊어버렸어"라며 농담을 이어갔다. 레이건은 13일 동안의 회복 기간을 갖고 다시 백악관으로 돌아갔다. 의사들은 그에게 휠체어를 타고 이동할 것을 권했지만 그는 걸어서 차로 이동했다.

1981년 레이건 총격 사건

그러나 이 사건은 레이건 정부에 큰 영향을 미쳤다. 제임스 브래디 비서는 결국 완전히 회복하지 못했다. 대통령이 위험한 상태에 빠졌는데도 제임스 베이커 비서실장은 수정 헌법 25조에 따른 부통령에게로의 권력 이양을 거부했다. 여기에 국무장관이었던 알렉산더 헤이그(Alexander Haig) 장관은 레이건이 사경을 헤매는 중, 마치 자신이 대통령을 대리한다는 인상을 주면서 레이건의 눈 밖에 났다. 무엇보다 이후 낸시는 더욱 남편의 안전에 신경 쓰며 레이건 보호에 나섰다.

하지만, 치명상을 입었던 레이건의 여유로운 표정과 힝클리를 용서하는 모습에서 레이건의 지지율은 67%까지 치솟았다. 4월 초 연방합동의회 연설에 나선 레이건은 양당의 기립 박수를 받자 "총을 맞을 만 했네요"라며 농담을 건넸다.

소련을 거칠게 다루다

레이건은 레이거노믹스를 통해 미국 경제 정책의 방향을 바꿨고 동시에 외교 정책의 방향도 바꾸었다. 특히, 소련에 대해 한동안 유지되었던 데탕트 기조를 바꾸었다. 레이건은 50년대부터 일관되게 대소련 강경 대응을 주문해왔고 공화당의 네오콘과 같이 소련과의 무기 경쟁에서 단순히 균형을 이루는 것이 아니라 압도적인 우위를 이루어야 한다고 생각했다. 네오콘과 차이가 있다면 레이건은 소련에 대한 군사적, 경제적, 도덕적 압박을 최대한 가하면 결국 소련이 붕괴할 것이라고 생각했다는 점이었다. 지금 돌이켜보면 당시 소련의 붕괴는 불가피해 보였지만, 1981년만 해도 소련이 붕괴할 것이라는 생각은 레이건이 거의 유일했다.

소련에 대한 강경 정책은 레이건 뿐만 아니라 바다 건너 런던에서도 부활했다. 마가렛 대처는 1975년에 보수당의 지도자가 된 이후 캘리포니아 주지사였던 레이건을 처음 만났다.

대처의 남편 데니스는 앞서 1960년대 후반에 레이건을 만난 적이 있었는데, 그는 대처에게 "그의 매력, 유머와 진정성에 단숨에 호감을 갖게 되었다."며 레이건을 칭찬했다. 대처는 이어 레이건의 글을 읽으며 "나는 그의 글에 모두 동의한다."라며 레이건과의 만남을 고대했다. 대처는 1979년 봄에 영국의 수상으로 선출되었고 이어 레이건이 미국의 대통령으로 당선되었다. 레이건은 대통령으로 당선된 이후 대처를 첫 외국 정상으로 백악관에 초대했다.

레이건의 이런 낙관적인 전망은 이후 소련 붕괴를 위한 미국의 적극적인 역할로 이어졌다. 그는 한동안 베트남 전쟁 당시 역할로 여론의 타깃이 되었던 중앙정보국의 위상을 다시 회복시키고 동유럽과 남미에서 소련의 지원을 받는 정부의 붕괴를 위한 작업에 나섰다. 특히, 이미 소련 내에서도 가장 큰 저항을 시도 중이던 폴란드를 지지하기 시작했다. 경제적으로 위기에 빠져있던 폴란드의 노동자들은 소련의 위성 정부를 향해 시위를 벌이기 시작했다.

레이건은 1983년 3월 올란도에 모인 미국복음주의협의회 모임에서 소련을 "악의 제국"이라고 지칭하며 도덕적 압박을 가했다. 그는 이 연설에서 "공산주의는 인류의 역사에서 간혹 있는 슬프고 이상한 한 장으로 그 끝에 이르렀다."라고 선언했다. 그는 소련을 붕괴시키기 위한 다양한 압박을 가했는데, 직접적인 갈등만은 피했다. 대신, 소련의 위성국을 타깃으로 각종 갈등을 유발하면서 소련의 의지를 시험했다.

이런 레이건의 정책은 이전의 "봉쇄정책"과 달리 "롤 백 정책"이라고 불렸다. 단순히, 소련을 봉쇄하는 것이 아니라 미국이 적극적으로 소련의 영향력과 힘을 소멸시키는 굴복 정책이었다.

롤 백 (Roll Back)

레이건이 롤 백 정책을 위해 우선 집중한 지역은 중미와 캐리비안 지역이었다. 니카라과에서는 소모사 정부가 무너지면서 소련과 쿠바가 지원하는 산다니스 정부가 들어섰다. 헤이그 장관은 산다니스 정부에 미국이 경제 지원을 중단하겠다는 압력을 넣자고 했다.

그러자 레이건은 쿠바에 어떤 압력을 넣을 수 있는지 물었다. 와인버그 장관은 비밀작전이나 경제 제재가 가능하다고 했다. 레이건이 어떤 군사 작전이 가능하냐고 물으니 와인버그는 "군사 작전도 가능하지만, 무력 사용이 늘면 연방의회의 개입으로 작전 수행이 어렵다."고 말했다.

레이건이 군사 작전만 고집한 것은 아니었다. 레이건에게 군사적 압력이란 결국 상대방을 협상 테이블로 끌어내고 양보를 얻어내 합의를 이루기 위한 수단이었다. 레이건이 대통령이 되었을 때, 미-소 관계는 아프가니스탄 전쟁 문제로 이미 냉각된 상태였다.

소련의 브레즈네프 서기장은 레이건이 취임한 후 정상회담을 제안했다. 레이건은 소련의 대화 손짓을 거부했지만, 암살 시도 사건 이후 소련과의 협상에 적극적인 태도로 바뀌었다. 레이건은 인류 평화를 위해 신께서 자신을 다시 살려주셨다고 믿었다.

그는 브레즈네프 서기장에게 편지를 보냈다. 이번에는 소련에서 레이건의 회담 제안을 거부했다. 미국과 소련 사이에 오해가 쌓이면서 레이건의 1기 정부에서는 소련과의 정상회담이 없었다. 여기에 소련의 서기장이 브레즈네프, 앤드로포프, 체르넨코에서 고르바초프로 이어지면서 소련 내부 사정으로 인해 정상회담이 어려워지기도 했다. 레이건은 소련 서기장의 연이은 사망이 계속되자 정상회담을 하려해도 "저들이 계속 죽어 나간다."며 농담을 했다.

레이건은 소련의 무기 경쟁 의지를 꺾기 위해 〈전략방위구상(Strategic Defense Initiative)〉에 나섰다. 이는 한편으로는 연방의회가 레이건 정부의 무기 경쟁 확산을 견제하면서 무기 경쟁을 멈추기 위한 수단으로도 고려했다. 레이건은 우주에서 레이저를 사용하여 소련의 핵무기를 조기에 폭파시키는 방어 수단 도입을 통해 국민들에게 소련을 이기기 위한 국방 예산 확대를 설득하고 소련과의 군사 전략에서 우위를 점하려 했다. 레이건의 "악의 제국" 연설 이후 "스타워즈" 연설이 이어지면서 소련은 패닉에 빠졌고 미국은 협상에서 우위를 점할 수 있었다.

다시 미국에 아침이 찾아왔다

레이건 임기가 후반으로 가면서 민주당은 1984년 대선에서 백악관을 탈환할 수 있다는 희망을 키워가고 있었다. 민주당은 이미 1982년 중간 선거에서 승리한 상태였고 1982년 12월 미국의 실업률은 여전히 11%나 되었다. 여기에 레이건의 군사력 강화 정책으로 평화주의자들이 거리에 나섰고 민영화로 정부와 노조의 갈등도 심해졌다.

그런데, 1983년에 들어 미국의 경제가 드디어 긴 침체의 터널에서 벗어나 활기를 띠기 시작했다. 1983년 초반부터 실업률과 인플레이션이 떨어졌다. 레이건은 자신의 경제정책으로 미국 경기가 회복될 것이라고 누누이 강조했는데, 실제 경제 회복이 되자 레이건은 자신감을 갖게 되었다.

민주당의 대선 후보로는 월터 먼데일이 가장 유력했다. 그는 1980년 선거에서 카터의 러닝메이트로 출마한 경험이 있었다. 먼데일은 역사상 최초로 여성인 제럴딘 페라로(Geraldine Ferraro)를 부통령 후보로 지명했다. 그는 선거 운동에서 "우리의 미래에 대한 진실은 우리가 현재 빚으로 살고 있으며 내년에 누가 대통령이 되든 레이건이 쌓은 채무를 갚는 일을 해야 한다."며 레이건의 경제 정책을 비판했다. 먼데일은 리버럴이었지만, 정부 재정 문제에 있어서만큼은 균형 예산을 주장했다.

레이건이 늘어난 미국의 재정적자를 방어하기는 어려웠다. 그가 택한 전략은 먼데일에 대한 역공이었다. 레이건은 "먼데일 후보는 균형예산을 어떻게 달성할 것인지에 대한 계획이 없다. 단지, 세금을 올릴 계획만 있다."며 유권자들에게 먼데일이 당선되면 증세를 단행할 것이라고 공격했다. 먼데일도 반격에 나섰다. 그는 레이건도 재선에 성공하면 결국 증세를 단행할 것이라고 공격하며 "그의 재무장관이 소비세와 부가세 인상을 검토하고 있다."고 주장했다.

레이건은 먼데일의 공격을 특유의 화법으로 받아쳤다. 한 토론회에서 "미국의 중산층에 대한 세금이 너무 많다고 생각하는가요? 아니면 적다고 생각하는가요?"라는 질문에 레이건은 여유만만한 표정으로 "내가 이 말을 안 하려고 했는데, 할 수밖에 없네요. 또 시작이군요.(there you go again) 세금 인상 계획은 없습니다."라고 답변했다.

레이건은 미국에 대한 자긍심과 경기 회복을 강조하며 "다시 미국에 아침이 찾아왔다(It's morning again in America)"라는 구호로 자신의 재임 기간의 업적을 선전했다. 레이건은 미국의 50개의 주 중 먼데일의 고향인 미네소타를 제외한 모든 주에서 승리했다.

따뜻한 보수주의자

레이건이 재선에 성공하자 워싱턴 사람들은 그의 성공 비결에 관심을 갖게 되었다. 프랭클린 루즈벨트가 등장했던 1930년대 이후 미국은 리버럴의 시대였다. 그런데, 레이건의 등장으로 한참 동안 열세에 몰려 있었던 공화당과 보수 세력은 마치 부활이라도 한 듯 미국의 정치, 사회, 문화의 흐름을 완전히 바꾸어 놓았다. 국민들은 레이건이 실수를 하더라도 결코 그에게 악의는 없다고 생각했다. 그래서 그의 실정에도 미국 국민은 너그러웠다. 이런 레이건에 대해 어떤 사람은 대통령직을 연기한다고도 했고, 어떤 사람은 엄청나게 운이 좋다고도 했다. 그러나 누구도 레이건이 바꾸어 놓은 미국의 변화를 부인할 수는 없었다.

레이건은 재선에 당선된 이후 사법부 인선에 적극적으로 나섰다. 레이건의 측근이었던 에드윈 미스는 미연방 헌법에 대한 문구적 해석을 주장했던 페더럴리스트 소사이어티(The Federalist Society)를 설립했는데, 이 모임의 핵심 인물이었던 안토닌 스칼리아(Antonin Scalia)가 1986년 연방 대법원 판사로 임명되었다. 레이건은 연방대법원뿐만 아니라 많은 하위 연방법원 판사도 임명했다. 그는 376명의 연방법원 판사를 임명했는데, 이는 역대 대통령 중 최다였다. 레이건은 스칼리아를 포함하여 3명의 연방대법원 판사를 임명했고 윌리엄 렝퀴스트(William Rehnquist)를 연방 대법원 원장으로 임명했다.

레이건은 제1기에 이은 경제 개혁을 계속하며 소득세 개혁을 단행했다. 1985년까지만 해도 최상위 개인 소득세는 50%나 되었고 법인 소득세도 46%나 되었다. 1986년 개정 세법으로 14개나 되었던 소득 구간을 3개로 줄였고 최상위 소득세율을 개인은 28%, 법인은 34%로 줄였다. 레이건은 소득세율을 줄였을 뿐만 아니라 6백만 명의 저소득층이 아예 세금을 내지 않아도 되도록 했고 근로소득공제를 확대했다.

레이건은 1986년에 이민법에 서명하여 3백만 명의 불법 이민자를 합법화했다. 대신, 고용주가 불법 이민자인 것을 알고도 고의로 고용할 경우 이를 형사 처벌 대상으로 삼도록 하여 불법 이민자 활용을 제한했다. 레이건은 보수주의자였지만, 그렇다고 사회적 약자의 존재를 잊어버린 것은 아니었다.

레이건이 이렇듯 다양한 정책을 실행할 수 있었던 이유는 특유의 설득력 때문이었다. 레이건은 오랜 세월 다져진 연기력으로 훌륭한 연설을 소화해냈고, 당시 대통령 연설을 준비했던 페기 누난(Peggy Noonan)은 라디오 작가 출신으로 레이건이 자신의 커뮤니케이션 능력을 십분 발휘할 수 있도록 옆에서 큰 힘이 되었다. 그는 연설을 통해 국민과 의회를 설득했고, 다양한 정책을 추진할 수 있었다.

고르바초프를 만나다

레이건 정부와 함께 거론하지 않을 수 없는 인물이 고르바초프이다. 레이건은 이미 마거릿 대처 영국 수상과 요한 바오로 2세 등 함께 일할 수 있었던 여러 정상을 동 시절에 만났지만, 그래도 냉전이 끝날 수 있었던 가장 중요한 이유는 고르바초프의 등장이었다.

고르바초프는 레이건 1기의 다른 소련 서기장과는 달리 54살밖에 되지 않았고 서방 세계와의 잦은 왕래와 교류를 통해 마음이 열린 지도자였다. 고르바초프의 아내였던 라이사(Raisa)는 미국 대통령의 아내처럼 퍼스트 레이디의 역할을 했다.

고르바초프는 서기장이 되자마자, 대외적으로 중거리 핵미사일 생산을 동결하고 대내적으로는 경제개혁(perestroika)에 나서겠다고 밝혔다. 키신저와 닉슨 등 미국의 외교 전문가들은 레이건에게 고르바초프의 개혁도 소련 정치의 한계에 부딪칠 것이라고 경고했지만, 대처 수상은 "고르바초프 서기장이 마음에 들어요. 이 사람하고는 협상이 가능합니다."라며 레이건에게 고르바초프와 대화를 할 것을 추천했다. 고르바초프는 레이건과 마찬가지로 자신의 직감을 더 신뢰했고 소련에 변화가 필요하다는 것을 인정했다.

1985년 11월, 레이건과 고르바초프 간의 첫 정상회담을 준비하면서 고르바초프는 레이건에게 중거리 핵미사일의 50%를 폐기하자고 제안했다. 대신, 미국이 우주방어전략의 추진을 멈출 것을 요구했다. 고르바초프는 실제 협상 과정에서 한 걸음 더 나아가 미국이 스타워즈 전략을 폐기한다면 모든 중거리 핵미사일을 폐기하겠다고 안을 냈다. 그러나 레이건은 우주방어전략을 포기할 의사가 없었다.

고르바초프와의 첫 만남에서 레이건은 모든 의제를 없애고 서로를 알기 위한 이야기를 먼저 나누자고 제안했다. 그는 "우리는 둘 다 아무도 들어보지 못한 작은 마을에서 태어났고 우리가 어떤 인물이 될지 아무도 기대하지 않은 삶을 살아왔다."며 둘 사이의 공통점을 강조하기도 했다.

미하일 고르바초프 소련 공산당 서기장

결과적으로 우주방어전략에 대한 둘 사이의 간극은 좁혀지지 않았고 회담은 결렬 되었지만, 이런 방식의 회담을 통해 두 지도자 사이에는 깊은 신뢰가 쌓이기 시작했다.

회담은 결렬되었지만 미-소 두 강대국 사이에 핵무기 경쟁을 멈추고 냉전을 끝내자는 공통의 목표가 생긴 것은 큰 성과였다. 1986년 1월, 고르바초프는 레이건에게 모든 핵무기를 2000년까지 없애자고 제안했다. 레이건은 "왜 2000년까지 기다려야 하나요?"라며 시일을 더 앞당기자고 제안했다. 핵무기에 대한 불안 심리는 체르노빌 사태로 더욱 고조되고 있던 시절이었다. 미-소 간에 전례 없는 우호 관계가 형성되어 나가자, 레이건은 내심 이제 소련이 더 이상 버틸 수 없는 상황에 이르렀다는 자신감을 갖게 되었다.

이란-콘트라 사건

레이건 정부의 스캔들로 가장 유명한 사건은 이란-콘트라 사건이었다. 앞에서 살펴보았듯이 레이건은 소련의 붕괴를 가속화시키기 위해 중남미에서의 소련의 영향력을 차단하려 했다. 특히, 니카라과의 산다니스트 정부는 쿠바 정부의 지원을 받아 인근의 엘살바도르 정부까지 전복하려 하는 바람에 레이건의 큰 골칫덩어리였다.

레이건은 산다니스트 정부의 영향력을 약화시키기 위해 CIA를 강화했다. 레이건은 윌리엄 케이시(William Casey)를 CIA의 수장으로 임명했는데 그는 2차 세계 대전 당시 미국 정보국의 아버지라고 불리는 와일드

빌 도너번(Wild Bill Donovan)의 수제자였다.

케이시는 이후 변호사로 성공했지만, 레이건 정부에서 CIA의 수장으로 돌아왔다. 그는 레이건과 마찬가지로 미국의 안보를 위해 가능한 모든 수단과 방법을 동원했다.

그러나 민주당이 다수당이 된 연방의회는 니카라과가 또 다른 베트남이 될 것을 우려한 나머지 산다니스트와의 충돌보다는 협상을 주장했다. 1982년. 미 의회는 정부가 산다니스트와 싸우고 있는 니카라과 반군, 콘트라에 대해 군사, 재정 지원을 하지 못하도록 제한하는 법률을 통과시켰다.

돈줄이 끊긴 정부는 공화당의 부유한 후원자들과 미국의 동맹국이었던 이스라엘, 대만, 사우디아라비아 등에서 기부금을 받았고, 그 돈으로 비밀리에 콘트라에 지원을 계속했다. 그런데, 1984년 초 CIA가 니카라과 항구에 지뢰를 매설했다는 사실이 밝혀지면서 정치권이 발칵 뒤집어지는 일이 벌어졌다. 민주당은 1982년 법보다 더 강한 법을 만들어 정부의 손발을 묶었다.

더 이상의 예산 지원이 곤란해지자 케이시 국장과 NSC의 수장이었던 맥팔렌(McFarlane)은 산다니스트 정부를 전복하기 위한 막대한 자금을 구할 수 없었다. 이때 맥팔렌의 보좌관으로 있었던 올리버 노스(Oliver North)가 비공식 자금을 마련하여 은밀히 콘트라에 정보, 무기, 보급품을 제공하기 시작했다.

이 무렵 NSC의 수장을 맡게 된 사람은 포인덱스터였는데 올리버 노스는 포인덱스터에게 이란에 무기를 수출해서 받은 돈을 산다니스트 전복

자금으로 활용하자는 아이디어를 냈다.

1986년 가을. 콘트라를 지원하러 갔던 미국 비행기가 격추되면서 이란-콘트라 사건이 알려졌다. 대이란 무기 수출 대금이 콘트라 지원 자금으로 쓰였다는 사실이 알려지면서 의회와 여론은 레이건의 개입 여부를 집중적으로 추궁했다. 결국 이 사건은 노스 대령과 포인덱스터가 감옥을 가는 것으로 마무리되었다. 연방의회 조사단은 포인덱스터와 노스가 대통령의 뜻을 오해하고 벌인 독단적인 사건이었다고 종결지었다.

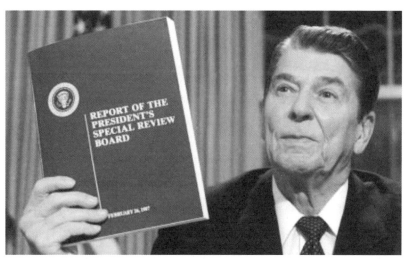

레이건 정부의 최대 스캔들 〈이란-콘트라 사건〉

냉전의 종결

소련에서 고르바초프와의 정상회담을 마치고 돌아온 레이건은 앤드루 공군 기지에서 부시 부통령의 영접을 받았다. 부시 부통령은 이미 레이건의 뒤를 이어 공화당 대통령 후보로 나서기 위해 충분한 대의원을 확보한 상태였다. 곧 대통령직에서 물러나야 했던 레이건은 자신의 후계자인 부시가 당선되는 것이 곧 자신의 업적에 대한 국민의 평가라는 점을 잘 알고 있었다. 이란-콘트라 스캔들의 그림자가 남아 있었고 레이건의 약속과는 달리 미연방 정부 예산은 전례 없는 적자에 시달리고 있었지만, 레이건의 카리스마와 지도력은 이미 많은 미국인으로 부터 인정받았다.

레이건은 "우리는 새로운 출발을 위해 함께 미국을 구하고 다시 언덕 위의 빛나는 도시로 세우는 꿈을 꾸었습니다. 우리의 국가를 전 세계 평화를 지킬 수 있을 만큼 강하게 만들고 우리의 정체성을 회복하는 것이 꿈이었습니다."라며 레이건은 국민과 함께 위대한 미국을 재건하는 것이 자신의 꿈이었음을 설명했다.

전당대회에 등장한 레이건의 연설에 공화당원들은 환호를 보냈다. 그는 자신으로 인해 조지 부시가 가려지는 것을 우려하여 "조지가 함께 있었다."며 후보를 추켜세웠지만, 대회장은 레이건에 대한 열기로 가득했다. 사람들은 "4년 더, 4년 더"를 외쳤다. 레이건은 흥분하는 군중을 진정시키기 위해 "아직 제 이야기를 끝까지 듣지 않았습니다."라며 "조지 부시가 남은 정부 규제를 풀 것입니다."라고 설명했다. 레이건은 자신이 공화당원과 함께 새로운 공화당의 열기를 지폈다는 점을 강조하며 "만일

이 불이 다시 약해진다면, 저는 백의종군을 위해 여러분에게 제 전화번호와 주소를 남기고 갑니다."라며 자신은 언제든 공화당을 위해 나설 것임을 밝혔다.

레이건의 임기는 거의 끝나갔지만, 그렇다고 세상이 다음 대통령이 등장할 때까지 잠잠할 수는 없었다.

무엇보다 이란과 이라크의 전쟁은 점점 격화되었다. 이란은 페르시아만을 통과하는 유조선을 공격하기 시작했고 특히, 이라크의 중요한 군수재원이었던 쿠웨이트 선적의 유조선을 공격했다. 해군이 없었던 쿠웨이트는 강대국의 도움이 필요했다.

레이건은 미국이 나서지 않으면 소련이 나설 것을 우려했다. 그는 유조선 보호를 위해 미국 해군을 보냈다. 민주당은 미국이 직접적인 이해관계가 없는 지역에 미군을 투입할 필요가 없다며 레이건의 조치에 반대했다.

그러나 냉전의 종말과 더불어 미국은 중동이라는 새로운 화약고에 발을 들여놓지 않을 수 없었다. 레이건의 임기는 그렇게 끝나갔다.

대통령의 진정한 임무, 소통

레이건은 뛰어난 지식인도 아니었고 명망가 출신도 아니었다. 그는 배우 출신으로 얼핏 생각하기에는 대통령으로 성공하기 어려운 경력을 가진 것으로 보인다. 그러나 그에게는 타고난 낙천적 성격과 오랜 배우 생활로 다져진 대중과의 호흡능력 이라는 중요한 장점이 있었다. 이로서 레이건은 어느 자리에서든 사람들과 쉽게 소통할 수 있었다.

그는 깊은 학문적 지식이나 전문성은 없었지만, 지식인들이 정리해 놓은 내용에서 핵심이 무엇이며 그것을 어떻게 국민들에게 전달해야 하는지에 대해 타고난 감각으로 재빨리 파악해 냈다. 그는 자신의 믿는 바를 지나친 확신과 신념으로 강요하기보다는 유머와 여유로 전달하는 능력을 보여주었다.

그는 자신의 주변에 항상 최고의 지식인과 전문가를 모아 놓고 국정을 운영했다. 한편에서는 이런 그의 모습을 보며 레이건이 과연 대통령인가 의심하기도 했지만, 가장 중요한 결정 사항에 대해서는 직접 결단을 내렸고 그렇게 내린 결단에 대해서는 끝까지 밀고 나가는 지도력을 보였다.

우리는 레이건을 보며 진정한 대통령의 모습에 대해 생각해 보게 된다. 대통령이란 시대정신을 실현할 수 있는 비전과 능력을 갖고 이를 국민과 소통할 수 있는 지도자이다.

송근존의
미국 대통령
이야기 2

초판 1쇄 인쇄 2019년 7월 6일
초판 1쇄 발행 2019년 7월 11일
저자 송근존
발행 홍기표
기획 허현준
디자인 조근형
등록 2011년 4월 4일 (제319-2011-18호)
전화 02-780-1135
팩스 02-780-1136
페이스북 http://www.facebook.com/Geultong
이메일 geultong@daum.net
ISBN 979-11-85032-35-1
정가 15,000원